中部地区经济发展研究丛书
丛书主编 张秀生 陈志福

中部地区农业产业结构调整研究
ZHONGBU DIQU NONGYE CHANYE JIEGOU TIAOZHENG YANJIU

王军民 著

中国地质大学出版社
ZHONGGUO DIZHI DAXUE CHUBANSHE

图书在版编目(CIP)数据

中部地区农业产业结构调整研究/王军民著. —武汉:中国地质大学出版社,2009.5
(中部地区经济发展研究丛书)
ISBN 978-7-5625-2340-6

Ⅰ.中…
Ⅱ.王…
Ⅲ.地区经济:农业经济-产业结构-调整-研究-中国
Ⅳ.F327

中国版本图书馆 CIP 数据核字(2009)第 059575 号

中部地区农业产业结构调整研究　　　　　王军民　著

责任编辑:周　华	责任校对:林　泉
出版发行:中国地质大学出版社(武汉市洪山区鲁磨路388号)	邮政编码:430074
电话:(027)67883511　　　传真:67883580	E-mail:cbb@cug.edu.cn
经　　销:全国新华书店	http://www.cugp.cn
开本:787mm×1092mm 1/16	字数:243千字　印张:9.5
版次:2009年5月第1版	印次:2009年5月第1次印刷
印刷:武汉市教文印刷厂	印数:1—800册
ISBN 978-7-5625-2340-6	定价:38.00元

如有印装质量问题请与印刷厂联系调换

《中部地区经济发展研究丛书》总前言

按照原来东、中、西的划分,中部地区包括山西、安徽、江西、河南、湖北、湖南、吉林和黑龙江八省。2002年,党的十六大对我国区域发展战略格局作出了进一步的调整和完善,在原来东、中、西三大经济地带划分的基础上,首次提出了东部、中部、西部和东北四大区域布局的设想。按照这一设想,现在的中部地区包括山西、安徽、江西、河南、湖北、湖南六省,土地面积102.80万 km^2,占全国的10.7%;人口总数3.52亿,占全国的27.3%;2006年实现国内生产总值43 218.0亿元,占全国的18.7%。

2004年3月,温家宝总理在十届全国人大二次会议的政府工作报告中指出:"促进区域协调发展,是我国现代化建设中的一个重大战略问题。要坚持推进西部大开发,振兴东北地区等老工业基地,促进中部地区崛起,鼓励东部地区加快发展,形成东中西互动、优势互补、相互促进、共同发展的新格局。"明确提出了促进中部地区崛起的战略。

2006年4月,《中共中央国务院关于促进中部地区崛起的若干意见》明确提出了促进中部地区崛起的总体要求、基本原则、工作重点和政策措施,标志着我国以四大区域为主要内容的区域经济协调发展战略格局初步形成,国家正式启动中部地区崛起战略。提出的36条政策措施,基本精神是建设"三基地一枢纽",即:要把中部地区建成全国重要的粮食生产基地、能源原材料基地、现代装备制造及高新技术产业基地,以及综合交通运输枢纽。2006年10月,党的十六届六中全会通过的《中共中央关于构建社会主义和谐社会若干重大问题的决定》中指出:"落实区域发展总体战略,促进区域协调发展。继续推进西部大开发,振兴东北地区等老工业基地,促进中部地区崛起,鼓励东部地区率先发展,形成分工合理、特色明显、优势互补的区域产业结构,推动各地区共同发展。"

2007年1月,为贯彻落实《中共中央国务院关于促进中部地区崛起的若干意见》的精神,国务院办公厅发布了《关于中部六省比照实施振兴东北地区等老工业基地和西部大开发有关政策范围的通知》。国务院确定,中部六省中26个城市比照实施振兴东北地区等老工业基地有关政策,243个县(市、区)比照实施西部大开发有关政策。2007年10月,党的十七大提出"推动区域协调发展,优化国土开发格局。缩小区域发展差距,必须注重实现基本公共服务均等化,引导生产要素跨区域合理流动。要继续实施区域发展总体战略,深入推进西部大开发,全面振兴东北地区等老工业基地,大力促进中部地区崛起,积极支持东部地区率先发展"。"重大项目布局要充分考虑支持中西部发展,鼓励东部地区带动和帮助中西部地区发展。"为了落实国家推动区域协调发展方针和中部地区崛起战略,推动东、中、西部协调发展,2007年12月,经国务院批准,武汉城市圈和长株潭城市群正式成为"全国资源节约型和环境友好型社会建设综合配套改革试验区"。

2008年3月,第十一届全国人民代表大会第一次会议上,温家宝总理在政府工作报告中提出,"促进区域协调发展。深入推进西部大开发,开工建设一批重点工程,支持重点地区优先开发。继续搞好天然林保护、防沙治沙、石漠化治理,落实退耕还林后续政策。组织实施东北地区振兴规划,支持先进装备制造业、现代农业发展和资源枯竭型地区经济转型。编制和实施促进中部崛起规划,落实并完善相关政策。鼓励东部地区率先发展,着力提升国际竞争力。进一步加大对革命老区、民族地区、边疆地区、贫困地区发展的扶持力度。制定并实施主体功能区规划和政策。"

中部地区具有独特的经济发展优势。一是交通、区位优势。中部地区六省地处中国内陆中心腹地,位于长江中游和黄河中游地带,承东启西、连南通北,作为连接东西南北各经济带的桥梁,在区域经济协调发展战略中发挥着不可替代的重要作用。中部地区是我国重要的交通要地、客货运输的主要集散地和中转中心,具有承接东西、贯通南北的区位优势,已形成联系方便的交通运输网络。二是农业发展优势。中部地区具备农业生产的有利条件,是全国重要的粮食主产区、商品粮输出基地和重要农产品生产加工基地,在全国具有重要的战略地位。三是能源原材料优势。中部地区是我国重要的能源生产和输出基地。四是市场优势。五是产业优势。中部地区具有不可替代的基础产业优势,中部地区是我国重要的农副产品生产和输出基地,也是我国重要的原材料和主要初级产品的生产和输出基地,是开发前景最好的地区。具有接受国外和东部地区产业转移的优势条件。六是劳动力及人才优势。中部地区科教实力居全国前列,大专院校集中,各类专业技术人员荟萃。

中部地区具有明显的综合优势,在我国经济社会发展全局中占有重要地位,长期以来为全国经济社会发展作出了重大贡献。实施促进中部地区崛起战略,是党中央、国务院从我国现代化建设全局出发作出的又一重大决策,是我国区域经济协调发展总体战略的重要组成部分。加快促进中部地区崛起是保障国家粮食安全和资源安全的需要,是解决"三农"问题,统筹城乡发展的需要,有利于形成中东西互动、优势互补、相互促进、共同发展的新格局。促进中部地区崛起战略的提出标志着我国区域发展战略由单元战略向多元战略、由单体战略向多体战略的转变,对于推进区域协调发展、提升我国综合实力、构建社会主义和谐社会、实现全面建设小康社会的宏伟目标具有重大的现实意义和深远的历史意义。

出于为中部地区崛起尽微薄之力的想法,我们编写了《中部地区经济发展研究丛书》。本丛书共4本:《中部地区经济发展》、《农业发展与中部地区崛起》、《中部地区农业产业结构调整研究》、《中部地区产业竞争力研究》。

《中部地区经济发展》共11章。

第一章,中国区域经济发展战略的演变及对中部地区经济发展的影响。主要研究了新中国建立前、改革开放前和改革开放后中国区域经济发展现状、发展战略及对中部地区经济发展的影响。

第二章,中部地区经济发展概况与发展路径。分析了中部地区经济社会发展的现状,研究了中部地区经济发展的宏观环境,有针对性地提出了中部地区经济发展的对策。

第三章,中部地区在中国经济发展中的地位和作用。从交通、区位、农业、能源原材料、市场、劳动力及人才等方面分析了中部地区具有的独特的经济发展优势,论述了中部地区崛起的重要战略意义,并评析了中部地区的经济发展模式。

第四章,中部地区产业结构的优化。从理论上研究了区域产业结构演进的基本规律;分析了中部地区产业结构的现状;提出了从国民经济全局出发、抓住"促进中部地区崛起"战略机遇、合理选择中部地区的主导产业、提升对外开放水平、促进产业集群化发展、打造有强经济势能的中心城市等优化中部地区产业结构的政策建议。

第五章,农业发展与中部地区崛起。论述了农业在中部地区经济发展中的地位和中部地区农业在全国农业发展中的地位,分析了中部地区农业发展的优劣势,研究了中部地区农业发展面临的环境约束,考察了中部地区农业发展存在的主要问题,从继续抓好农业结构调整,建立以工促农、以城带乡长效机制,加快农业科技创新,完善农村公共产品供给机制,以创新推进乡镇企业发展,转移农村剩余劳动力等方面提出了促进中部地区农业发展的对策。

第六章,中部地区的城市化与城市经济发展。分析了中部地区城市化发展的现状,提出了加快中部地区城市化进程的政策选择。论述了城市群对中部地区崛起的意义,分析了中部地区城市群发展面临的问题,提出了确立城市一体化发展的战略,实现中部地区城市协调合作;坚持多元化的城市发展道路,建立功能互补、布局合理、等级规模有序的城镇体系;规范政府行为,倡导建立共赢合作机制;努力提升中部地区城市群的产业素质;以新型城市化模式不断解决城市群发展中出现的问题等推进中部地区城市群发展的战略思考。

第七章,中部地区县域经济发展。论述了壮大县域经济对中部地区崛起的重要意义,分析了中部地区县域经济发展的现状和存在的主要问题,从树立经营县域经济的新理念;突出县域特色,培育和发展县域主导产业;推进县域工业化进程,提高县域城镇化水平,壮大民营经济;推进社会主义新农村建设;转变政府职能,优化县域经济环境等方面提出了壮大县域经济、促进中部地区崛起的对策。

第八章,对外开放与中部地区的经济发展。从总体上评价了中部地区对外开放水平,从对外商品贸易结构、外资利用结构、对外服务贸易和国际旅游的角度评价了中部地区对外开放结构,分析了中部地区对外开放水平落后的原因,从观念、政策、产业结构、环境、区域合作等方面提出了提高中部地区对外开放水平的对策。

第九章,人力资本与中部地区经济发展。研究了人力资本与经济发展的一般理论,运用模型对中部地区人力资本与经济发展相关性进行了实证研究,从加大教育投资和教育体制改革,引导中部地区人才流动,增强人力资本利用率,完善制度安排,促进中部地区人力资本积累等方面提出了开发人力资本,促进中部地区经济发展的对策建议。

第十章,中部地区的区域创新能力。介绍了区域创新能力评价体系的指标选择和分析方法,并对中部地区的区域创新能力进行了评价。分析了中部地区区域创新能力落后的原因,提出了提高中部地区区域创新能力的对策。

第十一章,中部地区经济的协调发展。研究了区域经济协调发展的一般理论,论述了加强中部地区经济协调发展的必要性。从重视区域合作的制度建设,建立区域协调机制;制定区域发展的总体规划,避免重复建设和内部恶性竞争;通过基础设施合作,建立完善区域交通、通讯网络和公共信息平台;经济结构区域整合;营造良好的区域协调发展环境等方面提出了促进中部地区经济协调发展的对策。

《农业发展与中部地区崛起》核心是论述农业发展与中部地区崛起之间的关系问题,其目的是通过发展中部地区农业来促进中部地区经济发展。除导论外,共有9章。

第一章,社会主义市场经济条件下农业的地位和作用。从农业是国民经济基础的理论出发,分析了社会主义市场经济条件下农业基础地位面临的挑战,阐述了在社会主义市场经济条件下农业依然是国民经济不可动摇的基础。

第二章,中部地区农业发展的现状、问题与政策框架。研究了中部地区农业发展的区域特征,阐述了中部地区农业发展的地位和作用,分析了中部地区农业发展面临的问题,并据此提出了发展农业促进中部地区崛起的政策框架。

第三章,农业产业结构调整与中部地区农业发展。考察了中部地区农业发展的优势和劣势,论证了中部地区农业在中部地区经济发展和全国农业发展中的地位和作用,分析了中部地区农业发展面临的主要问题,提出了中部地区农业发展的指导思想、基本原则与总体思路。

第四章,农业科技进步与中部地区农业发展。分析了农业科技进步的内涵及其作用,考察了中部地区农业科技发展的现状与问题,在此基础上提出了促进中部地区农业科技进步的政策建议。

第五章,乡镇企业与中部地区农业发展。研究了乡镇企业的地位及其对农业发展的作用,考察了中部地区乡镇企业发展的现状和面临的困境,并据此提出了促进中部地区乡镇企业发展的政策建议。

第六章,农民收入与中部地区农业发展。论述了农民收入增长的重要性,分析了中部地区农民收入的现状和影响中部地区农民收入增长的因素,在此基础上提出了构建中部地区农民收入增长的长效机制的政策建议。

第七章,农产品加工与中部地区农业发展。论述了农产品加工业对农业和农村经济发展的作用,评价中部地区农产品加工业发展现状,分析了中部地区农产品加工业发展中存在的主要问题和发展的广阔空间,提出了促进中部地区农产品加工业发展的政策建议。

第八章,中部地区特色农业发展。研究了特色农业的基本特征和发展模式,论述了发展特色农业的重要意义,分析了中部地区特色农业的发展现状,在此基础上提出了促进中部地区特色农业发展的对策。

第九章,中部地区农业可持续发展。从农业可持续发展的内涵和特征入手,考察了中部地区农业可持续发展的现状,并据此提出了实现中部地区农业可持续发展的政策建议。

《中部地区农业产业结构调整研究》除导论外,共分为8章。

第一章,农业产业结构调整的理论基础。阐述了农业产业结构的内涵与特点,研究了农业产业结构演进的基本规律及其成因,分析了农业产业结构调整的内涵及其评价标准。

第二章,农业产业结构调整的国际比较。从发达国家和发展中国家两个不同的角度分析了国际上农业产业结构调整的基本历程,在此基础上阐述了国际农业产业结构调整的经验,并据此提出了对中国中部地区农业产业结构调整的启示。

第三章,中部地区农业产业结构的现状与评价。从横向和纵向两个方面考察了中部地区农业产业结构的现状,并从整体上对中部地区农业产业结构进行了评价。

第四章,中部地区农业产业结构调整的总体框架。分析了中部地区农业产业结构调整的区域特征和国内外环境,在此基础上提出了中部地区农业产业结构调整的指导思想、基本原则与总体思路。

第五章,农业产业化与中部地区农业产业结构调整。从农业产业化与农业产业结构调整的关系出发,评析了中部地区农业产业化的现状与问题,考察了制约中部地区农业产业化发展的因素,在此基础上,提出了中部地区农业产业化发展的政策建议。

第六章,特色农业与中部地区农业产业结构调整。从特色农业与农业产业结构调整的关系出发,评价了中部地区特色农业的发展现状,提出了促进中部地区特色农业发展的建议。

第七章,农民专业合作经济组织与中部地区农业产业结构调整。从农民专业合作经济组织的内涵、特征及其分类入手,阐述了农民专业合作经济组织与农业产业结构调整的关系,考察了中部地区农民专业合作经济组织的现状与问题,并据此提出了发展中部地区农民专业合作经济组织的政策建议。

第八章,农业剩余劳动力转移与中部地区农业产业结构调整。阐述了农业剩余劳动力转移与农业产业结构调整的关系,考察了中部地区农业剩余劳动力转移的总体特征,分析了制约中部地区农业剩余劳动力转移的因素,在此基础上提出了促进中部地区农业剩余劳动力转移的政策建议。

《中部地区产业竞争力研究》除导论和结论外,共有9章。

第一章,地区产业竞争力研究的相关理论。首先探讨竞争力的涵义、影响因素和本质;然后梳理了地区产业竞争力研究的相关理论,包括波特的市场竞争理论、成本优势理论、技术创新理论、竞争优势理论、制度创新优势理论等,而成本优势理论又包含绝对优势论、比较优势论、要素禀赋论、集聚优势论、人力资本论、技术差距论和规模经济论等。

第二章,构建欠发达地区产业竞争力的分析模型与评价指标体系。在总结以往竞争力分析模型的基础上,依据相关理论,结合中部地区的实际,运用系统研究方法,构建新的地区产业竞争力分析模型,这是中部地区产业竞争力研究的整体逻辑思路;根据竞争力评价理论,结合中部发展的实际以及统计资料的易获得性,给出中部产业竞争力评价的指标体系。

第三章,中部地区产业竞争力总体现状研究——以工业为例。参照中国工业统计年鉴的数据,以27个工业产业为分析对象,列表研究了包括中部6省在内的全国31个省、市、区(不含港、澳、台)的工业销售收入市场份额和资产利润率,对中部地区工业产业总体状况进行把握。

第四章,自然资源与中部地区产业竞争力。揭示了自然资源影响地区产业竞争力的机理,并结合中部地区的实际,具体分析了中部地区内外部资源现状对中部地区产业竞争力的影响,最后给出了改善中部地区资源条件提升产业竞争力的具体途径。

第五章,基础设施与中部地区产业竞争力。探讨了基础设施对地区产业竞争力的影响机理,并结合中部地区基础设施的实际,具体分析了基础设施对中部地区产业竞争力影响,最后给出了加大中部地区建设力度,促进提升产业竞争力提高的具体途径。

第六章,企业素质与中部地区产业竞争力。探讨了企业自身素质影响和决定地区产业竞争力的机理,并结合中部地区企业素质的实际,具体分析了企业自身素质对中部地区产业竞争力影响,最后给出了提高中部地区企业素质,进而提升产业竞争力的具体途径。

第七章,产业结构与中部地区产业竞争力。探讨了产业结构通过影响地区产业产品的成本、差异性从而影响产业竞争力的机理,并结合中部地区产业结构的实际,具体分析了产业结构对中部地区产业竞争力的影响,最后给出了优化中部地区产业结构,提升产业竞争力的具体途径。

第八章,市场竞争环境与中部地区产业竞争力。探讨了市场竞争环境影响地区产业竞争力的机理,结合中部地区市场状况,具体分析了市场竞争环境对中部地区产业竞争力的影响,最后给出了优化市场竞争环境,提升产业竞争力的具体途径。

第九章,政府作用与中部地区产业竞争力。探讨了政府作用影响地区产业竞争力的机理,结合中央政府和中部地区各省各级地方政府在培育产业竞争力中的实际作用状况,具体分析了政府作用对中部地区产业竞争力的影响,最后给出了改善政府作用,提升产业竞争力的具体途径。

本丛书由张秀生、陈志福任总主编,负责丛书的框架设计,组织每本书的写作提纲和内容的研讨。

我们深感我们的知识水平很难将区域经济研究和中国中部地区经济发展领域浩瀚的知识进行全面和准确的概括,书中的错误和遗漏在所难免,我们真诚地希望专家学者、实际工作者和读者给我们提出宝贵的批评和建议,我们将表示深深的谢意。如果本丛书能够对从事区域经济和中部地区经济发展研究的专家学者和实际经济管理工作者有所参考的话,对我们是一种鼓励,我们将感到欣慰。

感谢中国地质大学出版社对本丛书出版的大力支持,感谢责任编辑刘桂涛付出的辛勤劳动!

张秀生　陈志福
二〇〇八年十二月

目 录

导　论 …………………………………………………………………………………… (1)
　一、选题缘由 ……………………………………………………………………… (1)
　二、国内外相关文献研究综述 …………………………………………………… (3)
　三、研究内容与基本框架 ………………………………………………………… (8)
　四、研究方法 ……………………………………………………………………… (9)

第一章　农业产业结构调整的理论基础 ……………………………………………… (11)
　第一节　农业产业结构的内涵与特点 …………………………………………… (11)
　　一、产业结构与农业产业结构 ………………………………………………… (11)
　　二、农业产业结构的特点 ……………………………………………………… (12)
　第二节　农业产业结构演进规律及其影响因素 ………………………………… (14)
　　一、农业产业结构演进的一般规律 …………………………………………… (14)
　　二、农业产业结构演进的影响因素 …………………………………………… (18)
　第三节　农业产业结构调整的内涵及其评价标准 ……………………………… (18)
　　一、农业产业结构调整的基本涵义 …………………………………………… (18)
　　二、农业产业结构合理化的评价标准 ………………………………………… (19)
　　三、农业产业结构合理化的评价方法 ………………………………………… (20)

第二章　农业产业结构调整的国际比较 ……………………………………………… (22)
　第一节　发达国家农业产业结构的调整 ………………………………………… (22)
　　一、农业产业的横向结构调整 ………………………………………………… (22)
　　二、农业产业的纵向结构调整 ………………………………………………… (27)
　第二节　发展中国家农业产业结构的调整 ……………………………………… (28)
　　一、发展中国家农业地位的变化 ……………………………………………… (28)
　　二、发展中国家农业产业结构的调整 ………………………………………… (28)
　第三节　国际农业产业结构调整的经验及其借鉴 ……………………………… (30)
　　一、国际农业产业结构调整的经验 …………………………………………… (30)
　　二、国际农业产业结构调整的经验对中部地区的启示 ……………………… (31)

第三章　中部地区农业产业结构的现状与评价 ……………………………………… (35)
　第一节　中部地区农业产业的横向结构 ………………………………………… (35)
　　一、中部地区农林牧渔业结构 ………………………………………………… (35)
　　二、中部地区种植业结构 ……………………………………………………… (37)
　　三、中部地区林业结构 ………………………………………………………… (40)
　　四、中部地区牧业结构 ………………………………………………………… (42)

五、中部地区渔业结构 …………………………………………………………（43）
第二节　中部地区农业产业的纵向结构 …………………………………………（44）
一、中部地区农业产业的总体结构 ……………………………………………（44）
二、中部地区非农产业结构 ……………………………………………………（46）
第三节　中部地区农业产业结构的整体评价 ……………………………………（47）
一、产业结构演进与转换整体水平较低 ………………………………………（47）
二、农业产业结构趋同且产业之间的关联程度较低 …………………………（47）
三、农民收入水平较低且增长的长效机制尚未建立 …………………………（48）
四、区域化、专业化程度仍较低，特色农业发展滞后 ………………………（48）
五、中部地区农村产业二元结构特征依然明显 ………………………………（49）
六、农村小康建设水平较低 ……………………………………………………（51）
七、农业投入明显不足，农业基础设施薄弱 …………………………………（51）

第四章　中部地区农业产业结构调整的总体框架 ………………………………（53）
第一节　中部地区农业产业结构调整的区域特征分析 …………………………（53）
一、中部地区农业产业结构调整的区域优势与劣势 …………………………（53）
二、中部地区农业产业结构调整的区域特征 …………………………………（56）
第二节　中部地区农业产业结构调整的环境 ……………………………………（58）
一、中部地区农业产业结构调整的国际环境 …………………………………（58）
二、中部地区农业产业结构调整的国内环境 …………………………………（59）
第三节　中部地区农业产业结构调整的指导思想、基本原则与总体思路 ……（61）
一、中部地区农业产业结构调整的指导思想 …………………………………（61）
二、中部地区农业产业结构调整的基本原则 …………………………………（61）
三、中部地区农业产业结构调整的总体思路 …………………………………（63）

第五章　农业产业化与中部地区农业产业结构调整 ……………………………（66）
第一节　农业产业化是农业产业结构调整的有效实现形式 ……………………（66）
一、农业产业化的基本内涵 ……………………………………………………（66）
二、农业产业化是农业产业结构调整的有效实现形式 ………………………（69）
三、农业产业化的组织形式 ……………………………………………………（72）
第二节　中部地区农业产业化的现状与问题 ……………………………………（74）
一、中部地区农业产业化的发展现状 …………………………………………（74）
二、中部地区农业产业化存在的问题和原因 …………………………………（77）
第三节　中部地区农业产业化发展的政策建议 …………………………………（80）
一、树立现代农业经营理念 ……………………………………………………（81）
二、组织和壮大龙头企业 ………………………………………………………（81）
三、大力发展科技兴农 …………………………………………………………（81）
四、创新农业生产经营体系，培育壮大市场竞争主体 ………………………（82）
五、转变政府职能，加强宏观调控 ……………………………………………（82）
六、实现农业产业化与城乡一体化的结合发展 ………………………………（83）
七、加快农产品加工业的发展 …………………………………………………（83）

第六章 特色农业与中部地区农业产业结构调整 (85)
第一节 特色农业是推进农业产业结构调整的有效途径 (85)
一、特色农业的基本内涵及其分类 (85)
二、特色农业是推进农业产业结构调整的有效途径 (88)
第二节 中部地区特色农业的发展现状评价 (90)
一、中部地区特色农业发展现状的综合优势度评价 (90)
二、中部地区特色农业发展现状的资源及生态适宜性评价 (95)
三、中部地区特色农业发展现状的农业产业化水平评价 (96)
第三节 促进中部地区特色农业发展的建议 (97)
一、选择和培植有区域特色的主导产品和支柱产业 (97)
二、推进农业产业化来发展特色农业 (98)
三、依靠农业科技创新来发展特色农业 (98)
四、充分发挥农民的主体地位 (98)
五、强化政府的引导和支持 (98)
六、以市场为导向,适时调整特色农业发展战略 (99)
七、加快农产品市场建设,搭建农产品信息平台 (99)
八、与生态环境保护和动植物资源的可持续利用相结合 (99)

第七章 农民专业合作经济组织与中部地区农业产业结构调整 (100)
第一节 农民专业合作经济组织的内涵、特征及其分类 (100)
一、农民专业合作经济组织的内涵 (100)
二、农民专业合作经济组织的基本特征 (101)
三、农民专业合作经济组织的类型 (103)
第二节 农民专业合作经济组织是推进农业产业结构调整的重要载体 (105)
一、有利于节省农户的市场交易费用,降低农业生产总成本 (106)
二、有利于推进农业的规模经营,提高农业生产效益 (106)
三、有效地提高农民的组织化程度 (106)
四、有效地降低和规避各种农业经营风险 (107)
五、有利于发展现代农业 (107)
六、有助于提高农民自身的素质 (107)
七、有利于促进农业剩余劳动力转移 (108)
八、有利于改善和加强政府对农业产业结构调整的调控 (108)
第三节 中部地区农民专业合作经济组织的现状与问题 (108)
一、中部地区农民专业合作经济组织的现状 (108)
二、中部地区农民专业合作经济组织面临的问题 (111)
第四节 发展中部地区农民专业合作经济组织的政策建议 (112)
一、强化农民专业合作经济组织内在机制的建设 (113)
二、规范政府行为,建立和完善政策支持体系 (113)
三、促进农民专业合作经济组织的能力建设 (113)
四、拓宽资金渠道,鼓励各种社会力量参与 (113)

五、加强国际交流与合作 ………………………………………………… (114)
第八章　农业剩余劳动力转移与中部地区农业产业结构调整 ………… (115)
　第一节　农业剩余劳动力转移是农业产业结构调整的重要内容 ……… (115)
　　一、农业剩余劳动力概念的界定 ………………………………………… (115)
　　二、农业剩余劳动力转移是农业产业结构调整的重要内容 …………… (116)
　第二节　中部地区农业剩余劳动力转移的总体特征 …………………… (118)
　　一、中部地区农业剩余劳动力的估算 …………………………………… (118)
　　二、中部地区农业剩余劳动力转移的总体特征 ………………………… (120)
　　三、制约中部地区农业剩余劳动力转移的因素 ………………………… (122)
　第三节　促进中部地区农业剩余劳动力转移的政策建议 ……………… (125)
　　一、严格控制人口增长 …………………………………………………… (125)
　　二、实施农业重点保护政策 ……………………………………………… (125)
　　三、大力推进农业产业化经营 …………………………………………… (125)
　　四、继续发展乡镇企业,加快小城镇建设 ……………………………… (126)
　　五、建立有利于农业剩余劳动力转移的制度体系 ……………………… (126)
　　六、加强农村人力资源开发,增强农业劳动力就业适应能力 ………… (127)
　　七、采取多种转移方式,拓宽转移渠道 ………………………………… (127)
　　八、逐步建立城乡统一的劳动力市场 …………………………………… (128)
参考文献 …………………………………………………………………… (129)
后　记 ……………………………………………………………………… (138)

导 论

一、选题缘由

(一)选题背景

民以食为天,农为政本。我国是一个农业大国,农村人口占到70%左右,因而"农业、农村和农民问题始终是一个关系我们党和国家全局的根本性问题","是关系着改革开放和社会主义现代化事业的大局,关系着党的执政地位的巩固,关系着国家的长治久安。这不但是个重大的经济问题,同时也是个重大的政治问题"。一部中国经济的发展史,很大程度上就是一部农业经济的发展史,是以农业为主导的传统经济逐步演化成工业和第三产业占主导的现代经济的发展过程。但是,随着第二、三产业逐渐成为国民经济的主导,农业逐渐成为一种弱势产业,农业发展速度和农民收入增幅日益低迷,城乡差距在不断扩大,城乡居民收入比在2007年达到改革开放以来的最高点,为3.33:1,由此可见,缩小城乡、区域发展差距和促进经济社会协调发展任务十分艰巨。因此,胡锦涛在党的十七大报告就指出,"解决好农业、农村、农民问题,事关全面建设小康社会大局,必须始终作为全党工作的重中之重。要加强农业基础地位,走中国特色农业现代化道路,建立以工促农、以城带乡长效机制,形成城乡经济社会发展一体化新格局。"要实现这一目标,就要求我们必须适应国内外形势的新变化,把握经济社会发展趋势和规律,"加快转变经济发展方式,推动产业结构优化升级","由主要依靠第二产业带动向依靠第一、第二、第三产业协同带动转变","这是关系国民经济全局紧迫而重大的战略任务。""十一五"规划纲要也指出:"坚持把发展农业生产力作为建设社会主义新农村的首要任务,推进农业结构战略性调整,转变农业增长方式,提高农业综合生产能力和增值能力,巩固和加强农业基础地位。""优化农业产业结构、优化农业产品结构、优化农业区域布局"。由此看来,农业产业结构调整仍将是我国今后一个时期经济工作的重要任务,也是农业和农村经济理论界极具研究价值的重大课题。因此,本书选择中部地区农业产业结构调整这一课题进行深入研究,具有重要的理论意义和现实价值。

(二)选题意义

1. 研究中部地区农业发展问题具有重要的理论意义和现实价值

中部地区地处我国内陆腹地,黄河、长江、淮河、海河四大水系流经中部地区,历来都是农业发达的地区,农业资源优势明显,中部地区农业GDP比重明显要高于全国平均比重。而且中部地区也是我国农业人口最为集中的地区,人均耕地少,农民收入低,是我国"三农"问题最为突出的地区。因此,农业在中部地区崛起战略中具有相对重要的地位和作用,其发展的成败不仅关系到中部地区崛起战略能否顺利实施,而且也与保证和加强我国农村实现小康、保持全国经济社会的稳定发展、保持和加强我国在国际竞争中独立自主地位的战略要求关系极大。

(1)中部地区农业发展是解决"三农"问题,建设农村全面小康社会的根本所在。

农业是国民经济的基础。没有农业的持续、稳定发展,就没有整个国民经济的持续、快速、健康发展;没有农村的社会稳定,就没有整个国家的长治久安;没有农民收入的不断增长,就没有全国人民的安康富裕。从全局和战略的高度来认识并做好农业、农村、农民工作,是保证改革开放和现代化建设顺利进行的一条极为重要的经验。我国是个农业大国,绝大部分人口在农村,农业、农村、农民工作事关党和国家工作的全局。正确的农业发展战略,对解决中国的"三农"问题、实现现代化至关重要。

中部地区是我国"三农"问题最为突出的区域,农业人口众多,农民收入低,人均耕地少,其"三农"的解决直接关系到全国"三农"问题的解决,关系到农村全面建设小康,关系到社会主义和谐社会的建立。而要解决中部"三农"问题,除了依靠外部力量以外,中部农业的发展也至关重要。只有农业高效、快速的发展,才能更快地提高农民的收入,解决农村存在的系列问题,从而化解"三农"难题。

(2)中部地区农业发展是提高中部地区发展水平、缩小区域差距的基础。

2007年,全国农村人口占总人口的55.1%;中部六省的农村人口占全国农民总数的30.9%,占中部地区总人口的60.55%。有学者认为,中国经济能否持续稳定增长,关键在于能否稳定72 750万农民;那么中部地区能否崛起,成为中国的脊梁,关键也在于数额达2.25亿的农村人口。从统计数据上可以看出,中部地区农业不仅在全国具有举足轻重的地位和作用,而且对中部地区经济的发展贡献巨大。随着东部的进一步发展,以中部地区为主的农业矛盾将会成为主要矛盾。因此,要缩小东、中、西部差距,协调区域之间经济发展水平,必须加快以中部地区为主的农业地区的发展。

(3)中部地区农业发展是确保粮食安全、实现中国健康发展的重要举措。

"民以食为天","为政之要,首在足食"。粮食是一种具有战略意义的特殊商品,是国家安全战略的重要组成部分,是社会稳定和国民经济发展的基础。中部地区作为我国重要的粮产区,2006年粮食产量占全国粮食总产量的31.6%,其粮食的商品化比率也很高。我国重点规划几大粮食主产区中,中部地区就包括黄淮海和长江下游优质弱筋小麦带、黄淮海专用玉米等优势区。因此,促进中部地区农业的发展对于我国粮食生产的稳定、确保我国粮食安全具有重要意义。

(4)中部地区"三农"问题的解决有利于中国城市化水平的提高。

中部地区连南贯北、承东启西,战略位置非常显著,但其经济发展水平与区域核心地位极不一致,一个重要的原因就在于中部地区"三农"问题突出,城市化水平低下。因此,中部地区应积极利用国家关于城市发展的宏观政策,转移农村人口,提高城镇化水平,这既是促进中部经济快速发展,缩小中部地区与东部地区差距,实现中部地区崛起的战略性选择,又是促进我国城市化进程的一个重要措施。

2. 中部地区农业产业结构调整是促进中部地区崛起的重要举措

(1)农业产业结构调整是中部地区发展现代农业的必由之路。

农业产业结构调整的目标是促进农业增效、农民增收,而在现代市场经济条件下农业增效的一个前提条件是发展现代农业。胡锦涛同志在党的十七大报告中指出:"坚持把发展现代农业、繁荣农村经济作为首要任务"。所谓现代农业,就是指处于一个时期和一定范围内具有现代先进水平的农业形态。具体地说,就是用现代物质条件装备农业,用现代科学技术改造农业,用现代产业体系提升农业,用现代经营形式推进农业,用现代发展理念引领农业,用培养新型农民发展农业,着力提高农业水利化、机械化和信息化水平,提高土地产出率、资源利用率和农业劳动生产率,提高农业素质、效益和竞争力,努力走出一条顺应客观规律、符合实际的新型农业现代化道路。具体到农业产业结构,现代农业要求农业产业向多样化发展,加强农业多种功能的开发。农业不仅具有食品保障功能,而且具有原料供给、就业增收、生态保护、观光休闲、文化传承等功能。农业不仅仅局限于第一产业,还有加快农业二、三产业发展。因此,要做精一产、做强二产、做活三产,不断提高非农经济比重,优化农业产业结构,这样才能更好地发展现代农业。中部地区与国际现代农业相比,还有很大差距,因而必须借助于农业产业结构调整,把结构调优,产量调增,质量调高,效益调好,经济调活,最终把农民调富,这样才能真正实现现代农业的发展。

(2)农业产业结构调整有利于推动中部地区社会主义新农村建设。

建设生产发展、生活宽裕、乡风文明、村容整洁、管理民主的社会主义新农村,发展农村经济是中心,广大农村地区的生产发展是物质基础。当前中部地区社会主义新农村建设面临着一些问题,农业产业结构不合理是重要原因。通过调整农业产业结构,使现代农业、工业、第三产业等产业协调健康发展,这将有助于着力培育新农村建设的产业支撑,有助于夯实新农村建设的经济基础,有助于统筹城乡经济发展,最终全面推进中部地区社会主义新农村建设。

(3)农业产业结构调整是实现中部地区农业可持续发展的必然要求。

中部地区农业发展面临资源与市场双重制约,资源短缺的矛盾越来越突出,国内外市场竞争的压力越来越大。通过调整农业产业结构,加快经济发展方式的转变,促进经济增长"由主要依靠增加物质资源消耗向主要依靠科技进步、劳动者素质提高、管理创新转变",形成低收入、高产出,低消耗、少排放,能循环、高效率的农业经济体系,坚持节约发展、清洁发展、安全发展,提高农业发展质量和效益,从而实现中部地区农业的可持续发展,促进中部地区国民经济又好又快发展。

二、国内外相关文献研究综述

(一)国外农业产业结构研究动态

1. 关于农业产业结构内涵的研究

国外对农业产业结构的理解和研究由于国家类型不同、发展阶段不同,研究的侧重点也不尽相同。概括起来,对农业产业结构的理解主要有两个角度。一是欧美日等发达的市场经济国家主要是从分析农场结构的角度来分析农业产业结构,在他们看来,农业产业结构就是与农户有关的各要素的相关关系或结构,其实质就是农场结构。例如,美国经济学家华莱士(I. T. Wallace)认为,农业结构是农业资源组织和控制方式,包括农场数量和规模,农业用地、资本与农业劳动力的占有和控制,投入物与农产品市场的管理以及影响农业政策制定和资源控制等要素。华莱士的定义概括了美国农业结构的基本内容,指明了农业结构的一般功能。日本经济学界对日本农业结构及其变化的研究也多集中在对农场结构的研究,日本学者小仓武一就指出,农业结构是指农业的"支持框架","这种框架包括关于土地占有制、农场组织和市场组织的因素和条件"。二是前苏联和多数实行计划经济的国家把农业产业结构归结为农工综合体内部各部门提供的农产品的比例关系。1990年,苏联农业科学院院士多勃雷宁主编的《农业经济学》,从三大部门的角度论述农业结构:第一部门是提供农业生产资料的部门,第二部门是农林等业直接从事农业生产的部门,第三部门是包括农产品的收购、加工、商业、餐饮业在内的部门。著作中没有提到农场结构。1980年,匈牙利中央统计局发表的《匈牙利农业结构的变化》,也只讨论农业生产结构,不提农场结构。

2. 关于农业产业结构调整的研究

国外农业发达国家多实行市场经济体制,经济研究者多主张现实经济问题应由市场机制去解决。学者们从产业结构的演进、主导产业的选择、农业发展阶段、农业产业结构的调整等角度进行了卓有成效的研究,产生了大量的理论成果,如配第-克拉克定理、库兹涅茨法则、霍夫曼定律、里昂惕夫投入产出分析法、钱纳里-赛尔奎因发展形式理论、刘易斯的二元结构理论、罗斯托发展阶段理论和筱原三代平动态比较成本说等。具体到中国农业产业结构的调整问题,国外学者涉足不是很多,例如,日本东京大学的田岛俊雄教授在其著作《中国和东亚的农业结构问题》中指出,调整农业结构不仅要调整品种结构,更要调整要素结构,而后者更为重要。美国经济学者盖尔·约翰逊在《中国农业结构调整:台湾的经验及涵义》中指出,中国农业结构调整问题的关键在于劳动力转移。

(二)国内关于农业产业结构调整的研究动态

1. 农业的内涵

要调整农业产业结构,首先必须明确农业的内涵。实际上,农业的内涵随着社会生产的不断发展,其内涵处在一个不断的发展过程中。也就是说,从人类社会的发展历程来看,农业的含义并不是一成不变的,而是与一定的生产力发展阶段相关的。在不同的生产力发展阶段,农业劳动生产率的高低不同,作为基础的"农业"内容也不完全相同。根据生产力和商品经济的发展,人们对作为"国民经济基础"的农业,至少经历了3个认识阶段:

一是原始农业乃至传统农业生产水平阶段,认为狭义农业,即以动植物生产为主的农业是国民经济的基础。在这个阶段,农业劳动生产率很低,农业重点是解决人的温饱问题。这里的基础,内容比较单一,主要体现在农业为人类提供了衣食之源、生存之本,同时也为非农产业部门的缓慢发展提供必要的劳动力、资金等条件。

二是在农业内部各业分工及非农产业有所发展的生产力发展阶段,认为传统广义农业,即农林牧渔业为主的农业是国民经济的基础。在这个阶段,农业劳动生产率有了明显提高,农业已不仅仅是解决人的衣食问题。这里的基础,既指农业为人类提供生存资料,又指农业为非农产业,特别是为加工业提供原料,提供所必需的资金、劳动力等要素。

三是在商品经济和分工分业有了较高程度发展的市场经济阶段,认为现代广义农业,即包括农业产前、产中、产后3个环节在内的农业产业是国民经济的基础。在这个阶段,农业劳动生产率进一步提高,农业已融入社会化大生产之中。这里的基础,内涵与外延都有了明显变化,也就是说,它是以农产品的生产与加工、销售等环节的结合,来构成整个国民经济各部门发展的基础。

在上述3个不同的生产力发展阶段,"农业"的内容不同,以动植物生产为主的狭义农业,可以称之为单一农业或"两点"(动物生产与植物生产)农业;以农林牧渔业为主的传统广义农业,可以称之为"一字型"大农业;包括农业产前、产中、产后三个环节的现代广义农业,可以称之为"十字型"大农业。从经济发展的阶段来看,目前我国已经处于工业化中期,此时的农业已不再是传统的农业阶段,而是已经进入现代广义农业阶段。因此,本书对农业产业结构的理解,并不仅仅局限于传统的农林牧渔业,还包括农业产前和产后环节,即既包括传统的农林牧渔业,也包括非农的第二、三产业。按照美国农业部的定义,农业是由一系列与农业相关联的产业组成的复杂结构,其中包括农业的供应、生产、加工、销售、服务等产业环节和产业部门。

2. 农业产业结构的变迁

张秀生等认为,根据生产力发展状况,农村产业结构发展大致可以分为5个阶段:第一阶段是原始的农村产业结构,它是建立在农村的生产力和社会分工极不发达的基础之上的。第二阶段是半自给交换为主的产业结构,它以自然半自然经济和极不发达的商品经济为基础。基本特征是:种植业为主,副业为辅;三大产业顺序是Ⅰ(第一产业)＞Ⅱ(第二产业)＞Ⅲ(第三产业)。第三阶段是农村商品经济代替自然经济初期的产业结构。这一时期,农村手工工具逐渐为机器取代,农业的经验逐渐让位于农业科学,这也就是农村工业化、商品化和产业革命阶段。产业结构的基本特征是"农-工"结构,三大产业顺序是Ⅱ＞Ⅰ＞Ⅲ。第四阶段是农村商品经济完全代替自然经济的产业结构。这一阶段农业生产力较为发达,社会分工较为深化,专业化、社会化生产已形成为基础,其基本特征是"工-商-农"结构,三大产业顺序是Ⅱ＞Ⅲ＞Ⅰ,农业主体地位进一步下降。第五阶段是高度协调型的农村产业结构。它以生产力发达、社会生产机械化、电气化实现为基础,其基本特征是"商-工-农"结构。三大产业顺序是Ⅲ＞Ⅱ＞Ⅰ。可见,生产力水平不同,农村产业结构也就不同。我国目前农村产业结构处于农村产业结构发展的第三阶段。

王贵宸等研究认为,在以农业为主体的自然经济时期,剩余劳动力一般先向商业、交通业和饮食业转移,这一时期农民资金的主要来源是农产品剩余的出售,积累较少,因此,农民也可能将资金投放在投资少、周期短、见效快的第三产业中去。在以农业向工业为主体的结构过渡时期,剩余农业劳动力多数转移到工业生产中去。当形成以工业为主体结构以后,农业剩余劳动力(包括一部分工业剩余劳动力)主要是向第三产业转移。因此,我国一般地区农村剩余劳动力大体沿着"三、二、三"的次序进行。

刘朝明对农村各次产业产值比例变化进行研究认为,农村产值结构模式的4个递进阶段为:初期阶段,Ⅰ＞Ⅱ＞Ⅲ,初级结构;量变阶段,Ⅱ＞Ⅰ＞Ⅲ,部分换位;质变阶段,Ⅱ＞Ⅲ＞Ⅰ,全面换位;高级阶段,Ⅲ＞Ⅱ＞Ⅰ,高级结构。三次产业由于增长速度各不相同,产业结构比例变动的趋势是第一产业在整个产业结构的比重持续下降并且下降幅度较大,第二产业比重不断上升,到工业总产值超过农业总产值并且开始逐步下降,第三产业比重则持续上升。产业组合比例变动的阶段性时限为10~15年。

马晓河将我国农村产业结构比例(包括生产要素组合和产值配置等)的演变过程归纳为4个阶段:起步阶段,在此阶段城乡差异显著,农业生产水平较低,农村产业结构的配置关系是Ⅰ＞Ⅲ＞Ⅱ;初变阶段,此阶段农民商品观念加强,同时农业生产力水平获得提高,农业剩余增多,农村产业结构的配置关系是Ⅰ＞Ⅱ＞Ⅲ;递转阶段,农业生产力水平迅速提高,生产要素进一步转移流动,该阶段农村产业结构组合为Ⅱ＞Ⅰ＞Ⅲ;发达阶段,农村经济全面增长,农产品品种、数量、质量水平大大提高,农民生活水平迅速提高,此阶段农村产业结构配置关系变为Ⅲ＞Ⅱ＞Ⅰ。

罗建根据影响产业结构的因素,并结合我国国情,认为我国农村产业结构的变迁大体可分为4个阶段:第一阶段为单一农业产业时期(1949—1982年);第二阶段为农村产业结构新格局初始时期(1982—1992年);第三阶段为农村产业结构调整初见成效时期(1992—2002年);第四阶段是从2002年开始为调整优化提升时期。

王景嵫认为,新中国成立以来,伴随着我国国民经济的发展,农村产业结构的变化大致可分为以下3个历史时期:1949—1978年的缓慢变动时期,其基本特点是单一的种植业结构;1979—1990年的开始形成和逐步完善时期,其基本特点是改变过去"重农型"的状况,形成了农、林、牧、副、渔并举,以农村工业为龙头,全面发展农村产业结构的新格局;1990年以来对农村产业结构进行全面调整时期。

3. 农业产业结构调整的原因

常平凡等认为,在市场经济条件下农业和农村产业结构调整,应以农业和农村政策、市场供求状况、先进农业科学技术以及自然经济资源为基本依据,综合考虑各种因素,近期和长期相结合,有计划、有步骤地进行,逐步建立起合理的农业和农村产业结构。他分别从政策依据、市场依据、技术依据、资源与资金依据等方面阐述了农业产业结构调整的必要性。

田燕认为,对农业产业结构进行战略性调整,主要基于以下原因:①对农业产业结构进行战略性调整,是农村经济发展新阶段提出的客观要求;②对农业产业结构进行战略性调整,是我党在新时期治理国家、发展国民经济的重要手段;③对农业产业结构进行战略性调整,是实现我国农业现代化的必然选择;④对农业产业结构进行战略性调整,是WTO对中国参与国际竞争的客观要求。

刘翠杰等认为,农业产业结构调整不仅是时代进步的要求,也是提高农民自身利益的要求,更是加快我国城镇经济建设步伐的客观要求。这主要体现在4个方面:①农业产业结构调整是全面建设小康社会的必然要求;②农业产业结构调整是经济全球化发展的客观要求;③农业产业结构调整是实现现代化农业的客观要求;④农业产业结构调整应与农业产业化的客观需要相适应。

杨满沧等认为,农村产业结构不断调整优化,即农业从简单再生产时代的单一种植业结构,逐步调整进化为大农业结构,再持续上升到多元化产业结构,这种产业结构由单一到多元、逐步细化的过程,将使产业结构越来越合理,生态循环越来越平衡,经济效益越来越提高,因此是一个产业不断升级进化的过程。这种不断升级的运动,是不以人们的意志为转移,而是自然规律和经济规律的必然趋势,也是社会进步的客观要求,具体包括自然动力、需求动力、科技动力、政策动力等。

4. 农业产业结构的合理化判断标准

姚阳认为,农村产业结构合理化也是一个动态的演化的概念,具体来说有以下标准:农村产业结构体系较完整并能充分利用国内、国际分工协作;各个农村产业部门的协调发展;农村社会的总供给和总需求大体处于平衡状态;农村产业结构和本国技术、生产水平相适应;能够促进社会和生产的可持续发展。农村产业结构合理化的这5个标准是一个有机整体。而且由于农村产业结构具有地域性和相对性,因而结构的合理性也有地域性和相对性,合理的农村产业结构是相对于一定的时空和条件来论的,没有适合于一切时间、地点和条件的合理的农村产业结构,因此,对农村产业结构的评价不能静止化、绝对化。

翟有龙从以下3个方面提出了农业产业结构合理化的判断标准:农产品的数量和质量能最大限度地满足社会需要;农业经济系统有较高的投入产出效率;农业生态系统能够保持良性循环,为可持续发展创造条件。

5. 农业产业结构调整的经济效应

朱孔山认为,农业产业结构调整的经济效应主要体现在以下几个方面:结构调整是促进农民收入持续稳定增长的主要途径;结构调整有利于培育有竞争力的农业产业体系;结构调整是转移农村剩余劳动力和实现城镇化的关键;结构调整将最终推动农业生产实现第二个飞跃。

吴先满等以江苏为例认为,江苏农村经济的高速增长,就是由农村非农产业尤其是农村工业的高速增长及由此导致的产业结构的提升引起的。具体来说,这种效应体现在劳动力资源再配置效应、农民收入增长效应等。

6. 农业产业结构调整的主体

左晓民等认为,在市场经济条件下,农民是农村产业结构调整的主体。但由于市场机制本身所固有的缺陷和农民自身的局限性,政府必须充分发挥其自身的功能,对农民进行的产业结构调整予以引导和扶持,这对于现阶段搞好农村产业结构调整具有重要意义。

刘映宏也认为,农业结构调整的主体是农民。尊重农民的意愿,不搞强迫命令,这是总结历史经验得出的结论,也是农业结构进一步调整的一条基本原则。

(三)关于中部地区农业产业结构调整的研究动态

自从中部地区崛起战略提出以来,中部地区经济发展问题成为国内产、学、官、媒关注的热点之一,其中一个重要的方面就是农业产业结构调整问题。

1. 中部地区的界定

研究中部地区农业产业结构问题,首先就涉及一个问题,就是中部地区应该包括那些地域单元。"七五"计划时期,国家计委曾经按照距离海岸线的远近和经济发展水平指标,将我国大陆(不含香港、澳门特区和台湾省,下同)划分为东、中、西三大地区。其中,东部地区包括辽宁、河北、北京、天津、山东、江苏、上海、浙江、福建、广东、广西和海南12省、市、自治区;中部地区包括内蒙古、黑龙江、吉林、山西、河南、安徽、湖北、湖南、江西9个省区;西部地区包括陕西、甘肃、宁夏、新疆、青海、四川、云南、贵州、西藏9个省区①。在之后几个五年计划以及各年度计划和统计公报中,国家均采用了这一划分标准。但随着西部大开发战略和东北老工业基地振兴战略的实施,原属东部的广西和中部的内蒙古被划到西部,中部的黑龙江和吉林则被纳入东北老工业基地的范围。因此,目前所提出的中部地区是指山西、河南、湖北、湖南、安徽和江西六省。此外,也有学者把中部地区定义为河南、湖北、湖南、安徽和江西五省。

当然,中部地区从概念上讲并不是一个单纯的区域性概念,它还包括经济和政治上的概念。从经济角度上讲,中部地区是人口高度密集、耕地资源稀缺、以传统农业为主导产业的地区,在农业经济时代曾经富足,在市场经济发展过程中取得一定成就但因发展速度过慢而逐渐落伍的地区。在这一意义上,中部地区既包括中部六省,也包括东北的农业地区,甚至包括东部和西部的传统农业区。从这一角度讲,中部地区包括黑龙江、吉林、河北、四川、重庆、安徽、江西、河南、湖北、湖南、陕西、广西等省、自治区、直辖市。从政治角度上讲,中部地区是当代中国"三农"问题和政治稳定问题相对突出的地区,其发展和治理问题的解决关系到国家安定团结的政治局面。从这一角度上讲,中部地区的发展问题是涉及到地区发展差异、经济结构调整和转型、政治局面稳定的一个综合性发展问题。

本书所指的中部地区如未特别注明,都是指区域意义上的中部地区,即晋、豫、鄂、湘、皖、赣六省。

---

① 加上重庆直辖市,共计为10个省、市、自治区。

2. 关于中部地区的农业产业结构调整研究

目前,关于中部地区农业的论述多集中在发展农业促进中部地区崛起方面,如笔者认为,中部地区是我国重要的农业基地,也是我国"三农"问题最突出的地区,因而中部地区农业的发展意义重大。中部地区农业有其固有的优势,也存在诸多不足,应该扬长避短,以推进中部地区农业发展,促进中部地区崛起。潘锦云认为,中部地区崛起的关键在于大力发展农业,增加农民收入,繁荣农村经济。其中,由于中部地区存在制约工业反哺农业的特殊因素,因而要积极探索中部地区实施工业反哺农业的新思路,以促进中部农业发展。李双胜认为,"三农"问题是中部地区崛起面临的最主要问题,应该根据"十一五"规划建议中对中部地区的发展定位,大力发展农业产业化,使之成为中部崛起的突破口。刘鹏凌等认为,农业产业群战略对"中部崛起"具有根本性意义:①农业产业群战略是解决"三农"问题的有效途径;②农业产业群战略促进农业结构升级;③农业产业群战略是解决二元经济结构矛盾的有效途径;④农业产业群战略推动产业间协调发展;⑤农业产业群战略实现区域经济联动效应。中部地区具有发展农业产业群的有利条件,因而在产业转移的引导下,围绕主导产业培育具有竞争优势的产业群是中部地区崛起的基础和方向。对中部地区农业产业结构调整的论述则多是从各省的角度展开的,从整体来研究的还较少。从中国期刊网的检索结果来看,目前只有袁璋在总体上对中部八省农业产业结构进行了研究,但没有分要素展开论述,以中部六省为研究范围来系统研究农业产业结构问题的专著基本没有。本书正是基于这方面的研究空白,力足于中部六省,从影响产业结构调整的几个主要方面入手,系统探索中部地区农业产业结构的调整。

三、研究内容与基本框架

研究农业产业结构调整问题,首先应该弄清农业产业结构调整的本质是什么,即通过对农业和农业产业结构的界定,明确农业产业结构演进的基本规律,在正确理解其本质特征的基础上认识农业产业结构调整在社会主义新农村建设和农村全面小康社会建设中的重要地位和意义。然后在借鉴国外农业产业结构调整经验的基础上,探讨如何来促进中部地区农业产业结构调整,最终推进中部地区崛起战略的顺利完成。本书除导言外,共分为8章。

第一章,农业产业结构调整的理论基础。该章阐述了农业产业结构的内涵与特点,在此基础上探索了农业产业结构演进的基本规律及其成因,分析了农业产业结构调整的内涵及其评价标准。

第二章,农业产业结构调整的国际比较。该章从发达国家和发展中国家两个不同的角度分析了国际上农业产业结构调整的基本历程,在此基础上阐述了国际农业产业结构调整的经验,并据此提出了对中部地区农业产业结构调整的启示。

第三章,中部地区农业产业结构的现状与评价。该章从横向和纵向两个方面考察了中部地区农业产业结构的现状,并从整体上对中部地区农业产业结构进行了评价。

第四章,中部地区农业产业结构调整的总体框架。该章分析了中部地区农业产业结构调整的区域特征和国内外环境,在此基础上提出了中部地区农业产业结构调整的指导思想、基本原则与总体思路。

第五章,农业产业化与中部地区农业产业结构调整。该章从农业产业化与农业产业结构调整的关系出发,评析了中部地区农业产业化的现状与问题,探索了制约中部地区农业产业化发展的因素,在此基础上,提出了中部地区农业产业化发展的政策建议。

第六章,特色农业与中部地区农业产业结构调整。该章从特色农业与农业产业结构调整的关系出发,评价了中部地区特色农业的发展现状,提出了促进中部地区特色农业发展的建议。

第七章,农民专业合作经济组织与中部地区农业产业结构调整。该章从农民专业合作经济组织的内涵、特征及其分类入手,阐述了农民专业合作经济组织与农业产业结构调整的关系,考察了中部地区农民专业合作经济组织的现状与问题,并据此提出了发展中部地区农民专业合作经济组织的政策建议。

第八章,农业剩余劳动力转移与中部地区农业产业结构调整。该章从农业剩余劳动力概念的界定出发,阐述了农业剩余劳动力转移是农业产业结构调整的重要内容,估算了中部地区农业剩余劳动力的数量,考察了中部地区农业剩余劳动力转移的总体特征,分析了制约中部地区农业剩余劳动力转移的因素,在此基础上提出了促进中部地区农业剩余劳动力转移的政策建议。

四、研究方法

研究农业产业结构调整问题,从根本上说必须以马克思主义基本理论为指导原则,科学地运用唯物辩证法来观察和分析影响农业产业结构变动的各种经济现象,并透过经济现象,发现和认识农业产业结构演进的基本规律。

1. 唯物辩证法是方法论基础

方法论基础在经济理论研究中起着决定性的作用,因为它决定了研究经济问题的基本原则,也因此决定了研究的科学性。唯物辩证法是建立在唯物论基础上的辩证法,是揭示自然、人类社会和思维发展的一般规律的科学理论和方法,是研究和认识世界上任何事物的根本方法,也是经济理论研究唯一正确的方法论基础。"分析经济形式,既不能用显微镜,也不能用化学试剂。二者都必须用抽象力来代替"。也就是说,唯物辩证法体现在经济理论研究上,形成了一套从现象到本质、从具体到抽象地研究经济问题,再由本质到现象、由抽象到具体地描述经济现象的方法论体系。只有这样,才能科学地揭示经济运动的规律性。因此,在研究农业产业结构调整问题时,应该把唯物辩证法作为其方法论的基础,把它贯穿到农业产业结构调整研究的全过程中,以便透过复杂的经济现象,进行理论分析,发现、认识并运用农业产业结构演进的基本运动规律,去指导和推进中部地区农业产业结构的调整。

2. 结构主义分析方法

J·G·帕尔马认为:"结构主义的主要特征是它把考察对象当作一种'体系',即考察一个整体的各部分之间的相互关系,而不是孤立地研究各部分。"因此,在分析农业产业结构调整问题时应将其看作一个整体,即它是由影响农业产业结构调整的各种相互依存、相互制约而又各具特定功能的子系统构成的;在研究农业产业结构调整问题时就必须采用结构主义的分析方法,从而对农业产业结构演进的基本规律有一个明确的整体认识,为中部地区农业产业结构调整指出一个基本的方向。

3. 定量与定性分析相结合的方法

农业产业结构作为一个有机的体系,既有量的表现,又有质的规定性。因此,研究农业产业结构问题既要分析它的量,又要分析它的质,把定量分析与定性分析结合起来。因为定性分析与定量分析是辩证统一的,两者相互补充、相辅相成。定性分析是定量分析的前提与基础,而定量分析只有建立在定性分析的基础上才能揭示出事物的本质和特征。通过定量和定性分析,可以发现中部地区农业产业结构存在的问题,揭示产生这些问题的原因,为中部地区农业产业结构的调整与优化提供现实的支撑。

4. 理论与实践相结合的方法

理论和实践相统一是马克思主义认识论的基本原则。研究农业产业结构调整问题应该强调和体现这一原则,力求将基本理论和政策理论较好地运用到农业产业结构调整的现实表现之中,在分析问题和提出政策建议过程中,以基本经济原理和政策理论为逻辑基础,并立足于中部地区的实践,力图为中部地区的农业发展提供更好的理论支撑。

此外,在具体的研究分析过程中,还采用了一些数学和统计学工具来分析中部地区农业产业结构的现状,主要是经济统计分析和计量经济分析。

第一章 农业产业结构调整的理论基础

第一节 农业产业结构的内涵与特点

一、产业结构与农业产业结构

产业的概念随着社会分工的产生就已经产生了,但产业结构概念产生得却比较晚。一般认为,产业结构概念的应用始于20世纪40年代,开始应用时这一概念的意义和定位还很混乱:产业结构既可以用来解释产业间和产业内部的关系,也可以用来解释产业内企业间的关系结构以及地区间产业分布。随着对产业经济学研究的逐步深化,产业结构的概念和研究领域也逐步界定下来。按照产业结构研究的内涵和外延的不同,对产业结构的研究主要有两种观点。一种观点认为:产业结构是研究分布在国民经济各产业中经济资源之间的相互联系、相互依存、相互提升资源配置效率的运动关系,这是"产业发展形态理论"的观点。产业发展形态理论是从"质"的角度动态地揭示产业间技术经济的相互联系形态和发展趋势,它是一个国家或地区的劳动力、资金、各种自然资源与物质资料在国民经济各部门的配置状况及其相互制约的方式,反映着一国经济的发展水平、发达程度、内在活力与增长潜力,它一般由两个指标来衡量:一个是价值指标,如某一产业部门所创造的国民收入占全部国民收入的比例,或某一产业的资本额占全社会资本额的比例;另一个是就业指标,如某一产业部门就业人数占总就业人数的比例。

另一种观点认为:产业结构是研究产业间技术经济的数量比例关系,即产业间的"投入"和"产出"的数量比例关系,这是"产业联系理论"的观点。广义的产业结构理论是这两种观点的总合。产业联系理论是从"量"的角度静态地研究和分析产业间联系方式的技术经济数量比例关系,即产业间的投入产出关系,这种关系说明国民经济各产业间的联系是:一个产业的产出就是另一个产业的投入,一个产业的投入就是另一些产业的产出,投入产出关系就是产业间在投入与产出上的相互依存关系。

因此,产业结构通过产业间质的组合和量的规定,构成了产业间经济资源的分布结构,这种结构既是产业间数量比例关系,又是产业间质的联系的有机耦合;既是静态比例的关系,又是动态关联的发展。推及到农业产业,农业产业结构就是指一个国家、一个地区或一个农业企业的农业产业各部门和各部门内部的质的联系及其相互之间的比例关系。它既是农业资源配置中的一个基本问题,也是农业生产力诸要素如何结合的基本问题,它直接影响着农业以至整个国民经济的发展。

从广义来讲,农业产业结构应包括两个方面。从横向来看,农业结构是指农、林、牧、渔业及其内部的组合比例和相互关系,一般可以划分为3级:一级结构是指种植业、林业、畜牧业、渔业组成的结构,一般意义上的农业产业结构主要就是指这一层次的结构;二级结构是指一级结构各业内部根据产品和产业特点不同而划分的若干个不同产业之间组成的结构,如种植业内部分为粮食作物、经济作物和其他作物等多种产业,林业内部分为用材林、经济林等不同林木产业,畜牧业内部可分为养牛业、养羊业等;三级结构是指二级结构内部各业的进一步划分,如粮食作物可划分谷物、豆类或食用粮食作物、饲用粮食作物等,依次类推,农业产业结构还可以继续分级。从纵向来看,农业产业结构是指农产品生产、加工、流通、农业生产服务之间的比例关系。所以,农业作为一个完整的产业,是生产、加工、流通、生产服务等环节紧密相联形成的产业体系。在农业发达国家或地区,农业早已不是指单纯的农业生产,而是指包括农产品加工、流通和农业生产服务等在内的一个完整产业体系。本书主要是站在区域产业角度上研究中部地区的农业产业结构,着重从以下3个层次展开:一是纵向的农业产业结构,主要指三次产业之间的关系,特别是农业(第一产业)与非农产业(第二、三产业)之间的关系[①];二是农业(第一产业)的内部结构,主要是农、林、牧、渔各业之间的关系;三是农、林、牧、渔各业内部的结构。

这里需要明确的是在不少的论述中将农村产业结构与农业产业结构混为一体,习惯上将两者通用。但实际上,两者虽然有一定的共同点,也存在区别。从内涵上看,农村产业结构强调的是产业在农村这一地域的分布,是一个区域性概念,而农业产业结构强调的是产业结构中的行业构成,是一个产业范畴的定义。从组成内容上看,农村产业结构包括的范围更广,包括分布在农村的三大产业,即:第一产业,包括产品直接取自自然界的生产部门;主要是有生命的物质生产部门,如种植业、林业、牧业、渔业等,基本上是指传统的农业生产部门;农村第二产业,指分布在农村的各业、建筑业等;农村第三产业,包括分布在农村的为农村生产和生活服务的交通运输业、邮电通信业、金融保险业、商业服务业、科技文教卫生以及其他公用事业等服务业部门。而农业产业结构虽然也包括三大产业部门,但其中的第二、三产业范围要比农村产业结构的范围要小,主要是指为农业生产服务的关联产业,包括从事农业生产资料生产与供应、农产品生产、加工和运销以及与农业有关的信贷、保险、科研教育等相关产业,如日本农林水产省把农林渔业、关联制造业(食品产业、资财供应产业)、关联投资、饮食店和关联流通产业(商业、运输业)等统称为"农业·食物关联产业"。

二、农业产业结构的特点

农业产业结构的内涵决定农业产业结构的特点,研究农业产业结构的特点是研究农业产业结构运动规律的重要方面。

(一)农业产业结构的地域差异性

农业产业结构具有明显的地域差异性。农业产业结构的地域性取决于两方面的因素:一

[①] 也有学者根据农业的生产过程将现代大农业分为3个部门:一是农业第一部门,又称为农业前部门或农业产前部门,即为农业生产提供生产资料的部门,包括提供农业机械、化肥、农药、配合饲料以及其他农用生产资料;二是农业第二部门,又称为农业生产部门或农业产中部门,包括种植业、牧业、渔业、林业生产等;三是农业第三部门,又称为农业后部门或农业产后部门,包括农业产品的加工、储藏、运输、销售等。本书为了便于资料的收集,依然采用通用的三次产业分类法来对现代大农业进行分类。

是一个地区对农产品需求的差异性;二是农业生产不同地区的自然条件的差异性,因为一定的农业产业结构总是与特定的自然条件相联系的。农业生产是人类利用生物机体的生命力,把外界环境中的物质和能量转化为生物产品的一种生产经济活动,由于它一方面是人类劳动产品、劳动力和生产关系等经济现象的再生产过程,同时又是生物的生长和繁衍及其与自然界进行物质和能量相互转换的自然现象的再生产过程,导致农业生产及其结构对当地的自然资源条件如日照、温度、水源、地貌、土壤等有很大依赖性。例如,黄土高原的农业产业结构和长江三角洲的农业产业结构必然有异,城郊的农业产业结构与远离城市的农业产业结构一定有差别。因此,对于某一区域较好的农业产业结构模式,另一区域不能简单地套用和模仿。

(二)农业产业结构的多层次性

农业生产是社会物质生产的一个重要部门,由于劳动对象、劳动工具和生产过程的不同,又分为互相区别、互相联系的不同部门。因此,农业产业结构是一个多层次的复合体。无论从全国,还是从一个地区或一个企业考察,农业产业结构都具有多层次性,它是由若干个小系统组建而成的,每个系统都由不同的产业层次组合成一个有机的整体,低层次的产业结构是高层次产业发展的基础,处于同一层次的各系统通过相关性关系结合起来形成高一级系统。高层次的系统反过来也会对低层次的系统起到支配性调节作用。

(三)农业产业结构的相关性

农业产业结构是由各个级别的子系统组成,但它并不是低层次系统的简单相加,而是由于相关关系产生了具有新质的高一级系统,同时,高层系统作为原因又会在低层系统中引起某种结果,低层次系统有了新的约束,其功能属性会以扬弃的形式表现出来。这些关系表现在形成产业结构各要素之间、结构之间、要素与结构之间的相互联系、相互制约、相互促进的关系,由此而形成了一个整体。例如,种植业可为畜牧业、渔业提供粮食(或饲料),畜牧业为种植业与林业提供肥料,林业为种植业和畜牧业提供生态环境,等等。当它们的结构合理时,就能够相互促进、共同发展,否则就互相制约、恶性循环。我们只有把构成结构的各个要素和环节联系起来进行全面分析,从定性和定量两个方面去综合考虑各要素之间、结构之间、要素与结构之间的相关性,才能从整体上把握农业产业结构的合理性。

(四)农业产业结构的动态性

农业产业结构作为一个整体和在一定时空维度运动着的系统,各组成要素都不是孤立的、静止的,而是运动的、开放的。现在的结构是过去结构在客观条件下长时间演化的结果,同时又是向将来结构演化的前提和原因。农业产业结构这一开放的系统,与系统环境从不间断地进行着物质、能量、信息的交换,它本身的结构和功能也在经历着变化,一成不变的农业产业结构是不存在的。所以我们必须认识到农业产业结构的动态性,经常注意到产业结构的变化,适时加以调整。

(五)农业产业结构的相对稳定性

虽然说从总体来看农业产业结构是运动的,但如果把农业产业结构放在某一特定的时空内,其又具有相对稳定性。这是因为:第一,农业产业结构受自然条件的影响较大,而自然环境的变化一般是比较缓慢的,而且若无特殊外力的影响,其在一定的时间内变化一般是很缓慢的、渐进的。第二,农业生产适宜条件的出现,要依靠科技进步和经济的发展水平,在选择一定地区的农业产业结构时,必须考虑到这一地区的物质和技术条件的保证程度。而物质条件在一定阶段往往具有相对平衡的发展状况,也就决定了农业产业结构在一定的时间内是相对稳定的。第三,一个地区农业产业结构是人们在长期生产实践中形成的,具有较高的平衡性和相对稳定性。因此,合理农业产业结构的形成需要有一个发展过程。调整某一种不合理的农业产业结构要循序渐进,不能操之过急,必须根据生产发展和科技进步水平来具体实施。

第二节 农业产业结构演进规律及其影响因素

一、农业产业结构演进的一般规律

从总体上看,农业产业结构不是一成不变的,而是处于经常变动之中。一个国家、一个地区、一个企业农业产业结构的形成和变化,从表面上看似乎是取决于人的主观愿望和选择,实际上它是受很多因素的共同制约,具有一定的客观规律性。

(一)经济发展进程中农业份额的变化

随着社会经济的发展,农业部门(第一产业)实现的国民收入,在整个国民收入中的比重(国民收入的相对比重)同农业劳动力在全部劳动力中的比重(劳动力的相对比重)一样,处于不断下降之中。霍利斯·钱纳里和莫伊思·赛尔昆通过对世界上101个国家1950—1970年数据的分析验证了这一趋势(表1-1)。

表1-1 三大产业份额变化的钱纳里—赛尔昆标准

人均GDP(美元)(1964年)	占GDP份额(%)			占总就业人数份额(%)		
	农业	工业	服务业	农业	工业	服务业
低于100	52.2	12.5	35.3	71.2	7.8	21.0
100	45.2	14.9	39.9	65.8	9.1	25.1
200	32.7	21.5	45.7	55.7	16.4	27.9
300	26.6	25.1	48.2	48.9	20.6	30.4
400	22.8	27.6	49.6	43.8	23.5	32.7
500	20.2	29.4	50.4	39.5	25.8	34.7
800	15.6	33.1	51.4	30.0	30.3	39.6
1 000	13.8	34.7	51.5	25.2	32.5	42.3
高于1 000	12.7	37.9	49.5	15.9	36.8	47.3

资料来源:霍利斯·钱纳里,莫伊思·赛尔昆.《发展的型式1950—1970》.北京:经济科学出版社,1988。

从表1-1可以看出,随着经济的发展和人均收入水平的提高,工业和服务业的产值比重和就业比重呈不断提高的变化趋势,而农业的产值份额和就业份额则显著地下降。

农业份额为什么随经济的发展而下降?钱纳里和赛尔昆运用实证分析手段对此予以了深刻揭示。他们指出,"最根本的发展型式之一——农业向工业的转移是由内部需求构成的变化、不断提高的技术和比较优势在国际上的转移促成的。"

国内最终需求中食物消费需求随收入增长而下降，即食物需求收入弹性下降是农业份额下降的主要原因。食物需求的增长速度，随着人们收入水平的提高越来越落后于收入增长速度的现象，即恩格尔定律。钱纳里和赛尔昆肯定了恩格尔定律的客观存在，"随收入水平上升食品消费份额下降的恩格尔定律在许多研究中得到证实，它们为结构变化方面的经验和理论研究提供了一个原型"，食物需求的相对比重这种下降趋势必然导致供给食品的农业部门的相对比重的降低。

国际贸易中比较优势的变化，也是农业份额下降的一个重要原因。在初级产品生产为主的发展初期，比较优势在初级产品的生产方面，国际贸易也以初级产品的出口为主。随着经济的发展和资源由初级产业向制造业的转移，生产的比较优势转向制造业部门，国际贸易也转为以制成品的出口为主。国际贸易这种比较优势的变化，必然带动制造业的充分扩张和造成初级产业（主要是农业）的相对萎缩。正如钱纳里和赛尔昆所指出的，"通过进口替代和制成品的出口扩张，发展中国家改造了专门进行初级产品生产这一早期发展阶段的特征。这种转变的基础是供给条件的变化：劳动技能和实物资本的积累，中间投入使用量的增加，以及制成品国内市场扩大为基础的规模经济的出现。"

除了钱纳里和赛尔昆所揭示两大原因以外，按照霍夫曼工业化经验法则，随着工业化的进程，消费品工业将不断向资本品工业转换，这样导致以农产品为原料的工业品产值在工业总产值中的比重将有所下降，其结果也必然会带动农业及其关联产业所占份额的下降。

（二）农业产业结构演进的阶段特征

伴随着社会生产力的不断发展以及农业产值份额和就业份额的不断下降，农业生产也在由原始农业向传统农业再向现代农业过渡。这三个阶段的区别是由生产力水平的不同而决定的，这种不同通过生产工具、劳动者的生产技能、生产的知识化程度和生产力要素的组合方式等表现出来。

第一阶段：原始农业阶段，这是人类农业生产历史的早期阶段，时间大约是以人类社会的诞生到奴隶社会。在这一阶段，农业生产力极为低下，主要以石器、棍棒等为生产工具，以直接经验为生产技术，因而人们在大自然面前显得很弱小，农业生产活动完全受制于自然，没有物质和能量的人为循环，只是简单地从土地上掠夺物质和能源，从事一些简单的采集业和渔猎业，种植业和畜牧业只是到了原始社会末期才开始出现，但水平极其有限，劳动生产率极低，剩余产品很少，完全自给自足，几乎没有什么交换的存在，因而也缺乏社会分工。在原始农业阶段，农业几乎是人类社会唯一的生产活动。

第二阶段：传统农业阶段，这是人类农业生产发展历史的一个主要阶段，时间大约从封建社会至资本主义社会前期。在这一阶段，较之原始农业阶段，人类征服自然改造自然的能力有所加强，但仍然十分脆弱。劳动工具有较大改进，主要使用铁制生产工具，以人力、畜力为主要动力。种植业普遍推行，劳动密集型农业开始出现，对农业的投入日渐增多。随着农业劳动生产率的提高，农村手工业、副业及渔牧业得到发展，农产品也日渐丰富，除了维持生存需要外还有部分剩余产品用于交换，农产品商品率有渐趋提高之势。这一时期，农业生产依然以传统技术为主，但近代自然科学已开始应用于农业生产，不仅从农业上获得能源和物质，而且农业生产者已经开始懂得施肥、灌溉、轮作、休闲等技术措施，对农业生产进行物质和能量的偿还，维持人类生存的能量和物质。在传统农业的晚期阶段，即资本主义社会早期，出现了资本主义的近代工业,但农业依然是国民经济的主导产业,是整个社会经济的主要支柱。

第三阶段:现代农业阶段,这是目前人类社会农业生产实践历史的最高阶段,时间大约从资本主义社会中晚期到现在。在这一阶段,生产力得到空前的发展,现代农业已经形成了建立在现代自然科学基础上的农业科学技术体系,使得农业生产技术由经验转向科学,如在植物学、动物学、遗传学、物理学、化学等科学发展的基础上,育种、栽培、饲养、土壤改良、植物保护等农业科学技术的迅速提高和广泛运用,生物技术、信息技术、遗传基因工程、细胞工程技术等大量高、新、尖技术在农业生产中得到使用;在生产工具上,现代化的农业生产工具普遍采用,大量运用机械作业,有些发达国家甚至实现了作业的自动化;农业生产的社会化程度极大提高,农户经营规模不断扩大,农业生产地区分工、产品分工及农业企业内部分工日益发达,自给半自给的生产被高度专业化、商品化的生产所替代,农业生产过程与农产品加工和流通以及农业生产资料的制造和供应紧密结合,在组织形式上产生了农工商一体化;现代管理方法和农业企业经营管理的运用越来越广,农业管理方法显著改进,农业管理水平极大提高。这一切使得农业部门的劳动生产率大大提高,自然资源利用率也大为提高,单位的面积产量成倍增加,农副产品总量以惊人的速度增长。由于劳动生产率的提高,大量的农业劳动力从繁重的体力劳动下解放出来,从而使从事农业的人口占就业人口总量的比重明显下降,农业总产值在国民经济中的比重也日益下降,整个国民经济结构日益高度化,农业生产内部各业之间的比例关系也日趋合理。

(三)农业产业结构演进的系统变动

农业产业结构的变化,不但是农业诸产业部门组合构成的变化,同时还伴随着劳动力结构、技术结构、消费结构等方面的演变,相互关系复杂、联动情况多变,因而不是匀速直线运动。即便如此,整个农业系统的进化绝不是在原有结构上的简单扩张和循环,在时序上仍然表现出阶段性,即沿着"平面演进—立体演进—多维演进"进行变动。当然,这些阶段又不是截然分开的,后一阶段总是以前一阶段为进化基础,并将前一阶段包含在自己的内容之中,同时前一阶段的内部进化也没有终止,而是继续在内涵式地演进。

1. 第一阶段:沿着"生物链"的平面演进

在初始阶段,农业产业结构实际上就是农业的横向结构,是由农、林、牧、渔等业按一定方式实现的组合。这种产业结构,主要以活劳动抓住自然力,利用生态系统的物质能量转换渠道,在生物生产领域进行开拓。这种开拓主要是从以下几个方面入手:第一,对自然运行的结构进行调整,加长或者缩短生物链,提高物质能量的转化率和利用率,并保持系统的良性循环。第二,不断开发新的"生物链",充分利用自然力和生物之间互补互依关系,创造更多增产增收机会。第三,增加向生态系统的物质能量投入,使之保持平衡并高效运转,进而通过自然再生产的积累和增值输出更多的产品。第四,充分发挥科学技术利用和控制自然的功能,以占有和利用更多的自然力。

但必须看到,平面演进毕竟是一种低层次的进化,它在很多方面是落后的:①受自然的严重约束,能动程度低,属于不稳定系统;②因自然再生产能力的限制,活动空间狭小,产出总量相对较低,自给自足特征显著,属于封闭系统;③一般都是就地就近进行循环转化,使各业很难分离成为独立的产业部门,属于初级综合系统;④系统演进主要表现为"生物链"的延长或者缩短,其结果主要是农产品数量的增加或者减少,属于量变系统。特别需要指出的缺陷是在需求增长的强制作用下,停留在这个阶段实际上就意味着倒退,它必然导致资源的超阈限利用,加剧"低层次平面垦殖"的恶性循环。我国在改革开放以前几千年的农业生产发展史实际上就是走在这么一条"低层次平面垦殖"的线路上,除耕地扩大、粮食总量短期增多外,根本不能引起分工的进一步发展,不可能形成更加合理的产业结构。正如马克思所指出的,"人们对自然界的狭隘关系制约着他们之间狭隘的关系,而他们之间的狭隘的关系又制约着他们对自然界的狭隘关系"。

2. 第二阶段:沿着"加工链"的立体演进

当农业产业结构走出"平面演进"阶段之后,首先涉足的是加工业领域,而且主要是沿着"初加工——深加工"的"加工链"逐步开拓,使经济产量一个梯级一个梯级地相应提高。出现这种历史性进步的内在机理主要有两个方面的原因:第一,农业产业结构系统的进化空间得到拓展,系统各个要素的矢量分别向纵深、广延和垂直三个不同的方向延伸,使得农业产业结构由平面扩张转入三维空间的立体发展,任何一个要素量和质的提高都等于该边的延长和扩展,也都意味着立体空间的扩大,从而能够获得经济增长的乘数效应。第二,农业产业结构的自调节功能得到强化。在这个过程中,原有要素本身的功能不但没有削弱,而且不断地得到改进和加强:一方面系统的经济支撑力增强,能够用于改善和增加资源要素,提高系统的抗逆性;另一方面,系统的自身功能提高,能够形成自我积累、自我发展的机制,使得生产在扩大的规模上进行。

然而沿着"加工链"的立体演进并不是农业产业结构系统进化的最高阶段,尽管较平面农业有了历史性的进步,但用发展的眼光看,它在许多方面仍然存在局限性和过渡性:第一,它是处于农业范畴的加工活动,受原料等条件的限制,加上各种服务业跟不上,往往出现与需求脱节的问题,不易在更大的范围、更高的层次上与二三产业实现有机结合。第二,产业分化相对缓慢,农业劳动力很难大批量从繁重的体力劳动中解放出来,加之加工业主要是分散就地进行,小城镇也很难得到迅速发展。

所以说,在抓好此阶段的完善、提高和发展的同时,还必须推进农业产业结构系统向新的阶段跃进。

3. 第三阶段:沿着"产业链"的多维演进

农业产业结构系统在前两个阶段进化的基础上,进入沿着一、二、三产业链条向广度和深度演进的新阶段,即完全的结构发育阶段。这时期,农业产业结构是一个多层次的组合系统,包括横向和纵向两个方面。在这一阶段,农业产业结构发生着一系列的质变:一是农业社会分工深化,孵化出大量新兴产业。进入这一阶段后,立体演进阶段的许多要素逐步从农业产业结构系统中独立出来,成为新的产业部门,而且其规模也不断得到扩大。更有意义的是,各种生产性和非生产性的服务部门都将充分发展,农工商一体化机制逐渐得到加强,农业生产社会化程度不断提高,劳动力大量从繁重的体力劳动中解放出来。二是农业产业结构系统要素增多,结构功能大大优化。一般来说,系统结构要素越简单,它产生新质的机会就越少,对环境的适应力就越小。反之,系统要素越复杂、越发达,要素间的相互补充、相互替代的机率就越大,当某一要素输入不足或受到干扰时,用其他要素来代替和缓解的能力就更大,系统内部的回旋余地就更为广阔。三是农业生产加速度发展。当农业产业结构进入多维演进阶段后,为其注入一个要素或者使某个要素的质得到改善,就会通过系统多维连锁反映,而获得乘数效应。由此可见,沿着"产业链"多维演进是农业产业结构系统进化的高级阶段,应该积极创造条件使其演进。

二、农业产业结构演进的影响因素

影响农业产业结构演进的因素很多,如作为先决条件的生产力水平、作为前提条件的消费水平、作为基础条件的地理环境、作为内在条件的劳动力、作为基本条件的资金、作为动力条件的市场及科学技术等,归纳起来主要为需求、供给及产业政策三大因素。

(一)需求

需求是产业结构变化的首要因素。需求使产业的产品最后完成,使再生产顺利进行成为可能,为产业增长提供动力。需求具有这样的 3 个特点:第一,人类需求的内容不是一成不变的,需求的数量主要是由人口数量决定的;第二,人类需求是多种多样、丰富多彩的;第三,人类需求内容会随着条件的变化而不断发展。需求的数量决定了农业生产的规模;需求的多样性决定了农业产业部门的多样性;需求的发展,使社会分工越来越细,导致农业新的产业部门的出现。

(二)供给

供给是影响农村产业结构的决定性因素。马克思指出:"一个民族本身的整个内部结构都取决于它的生产以及内部与外部的交往发展程度"。从供给方面讲,影响结构变化的因素有:生产力发展水平、自然资源、劳动力状况、资金、科学技术等因素。生产力发展水平不同,农业产业结构的内容不同。在生产力落后的自然经济条件下,农业产业结构较为单一,农业和粮食生产占主导地位,随着生产力的发展,社会分工日益发展,农业产业结构多样化。同自然再生产和经济再生产联系在一起的农业,对气候、土壤、生物、水资源等自然资源有较大程度的依赖性,这些自然因素相互联系、相互制约决定了农业各产业内部结构和外部联系,决定了农业产业结构模式在地区上的相异性。劳动者是生产力中活跃的因素,劳动者的质量与数量是影响农业产业结构变化的关键因素之一。资金在农业结构变化过程中,使各种生产要素重新分配、重新组合、促进产业结构的分化与整合。科学技术的进步是促进农业产业结构变化的动力。实践证明,劳动力多而低廉,资金又缺乏的国家,应多发展劳动密集型农业;劳动力不足而昂贵,资金比较充裕且农业技术较为发达的国家,应多发展资本技术密集型农业。

(三)产业政策

产业政策是政府制定有关产业调节与发展的一切政策的总和。推行产业政策的目的是政府干预经济,即政府对特定产业进行扶持、保护、调整产业结构、促进经济发展。产业政策的设计只有依据客观实际,才有利于实现最佳的结构效益,有利于农业产业结构高级化。反之,农业产业结构最终必然陷于恶性循环之中。

第三节 农业产业结构调整的内涵及其评价标准

一、农业产业结构调整的基本涵义

农业产业结构本身是一个多层次系统,组成系统的要素的变化、结构构型的变化、环境条件的变化都会影响到系统的稳定性,甚至导致该系统发生质的变化。农业产业结构调整就是要按照市场经济发展的客观规律,根据市场需要和供给可能(即各地的地理环境、资源状况、经济发展阶段、科技水平、人口规模等条件)和各产业之间与各产业内部相互联系的规律,改变农业各产业之间与各产业内部不合理的构成和组合,使之相互配合,协调发展,以实现经济、生态和社会效益最佳的动态过程。农业产业结构调整是人类在认识客观规律基础上对农业经济发展的主观能动过程,其实质就是对农业各种生产资源进行优化配置,使农业产业结构合理化,从而发挥出最大的经济、生态和社会效益。

二、农业产业结构合理化的评价标准

农业产业结构合理化是整个人类文明成果的凝结,是社会经济发展总体水平在农业产业间的综合体现。经济增长速度不是衡量农业产业结构合理化的唯一指标,即使其位居前列也不意味着产业结构合理。所谓农业产业结构合理化,是指农业各次产业在一定的时空条件下,在国民经济发展的一定阶段,其内部联系的合理有序和量的比例协调、优化。农业产业结构合理化,是农业产业综合协调发展过程中的一种可持续发展趋势,是农业产业关联运动的综合过程。它包括产业之间数量的增长、比例的协调、关联度的增加、产业链的延伸、产业空间的拓展及资源配置的综合优化。农业产业结构调整就是一个不断促进结构合理化的动态过程。

纵观中外农业发展历史,农业产业结构并不存在一个普遍适用和一成不变的合理标准。判断一个国家、一个地区的农业产业结构是否合理,主要根据其具体的自然条件、社会经济条件和技术条件的特点而定,要因时、因地、因条件而论,不能用现在的条件去评价以往的结构,也不能用此地的条件去评价彼地的结构。当然,农业产业结构的相对性特征并不能否定合理结构的客观存在。一般来说,分析、评价农业产业结构是否合理,原则性的标准大致有以下几条衡量标准。

(一)满足社会需要最大化

经济学的产生和研究的所有目的就在于利用稀缺的资源满足人类无穷的需要,合理的农业产业结构应该是能够满足社会对农产品需要的结构,这是发展农业经济的根本目的。社会需求的状况、水平及其发展变化的态势是农业产业结构合理化的基本依据,随着国民经济的发展,人们对食物的需求已逐渐由单纯的基本生存需求向多样化高层次需求发展,即由数量型向质量型发展、由单纯的物质需求向物质和精神需求并重发展。农业产业结构合理化的目标之一便是最大限度地满足社会对农产品的需求。否则,如果脱离市场需求去调整农业产业结构,不仅达不到结构优化的目的,而且还会造成农业生产受阻和农业资源浪费,使农业生产力遭受严重破坏。

(二)资源利用最优化

资源稀缺是经济活动的首要约束条件。农业对于气候、土壤、生物、水资源等自然资源具有很大程度的依赖性,即使是农业二、三产业也是如此,例如农业加工业,其主要原料是来自当地的农副产品,因而也对自然资源具有很大的依赖性。合理的农业产业结构形成必须是在一定的自然资源允许的范围内,超过资源的允许范围发展产业是不可能的,注定是要碰壁的。资源一般都具有多用性,合理的产业结构能充分利用这一特点,扬长避短,来满足人们的需求。每个地区都可以找到既能充分发挥自然优势,又能充分发挥经济优势的最佳结合点。合理的农业产业结构应当能够充分利用当地的自然资源、经济资源、社会资源,充分发挥当地资源优势,并使优势长期保持,资源永续利用,农业经济可持续发展。

(三)农业各产业之间协调发展

农业经济是一个多部门的经济综合体,合理的农业产业结构应遵循部门间和部门内有机联系的规律,使各部门的生产规模和发展水平,既能与自然和社会经济资源条件相适应,又能做到彼此协调、相互促进,从而构成一个良性发展的产业结构有机整体。首先,农业各产业全面发展,这是评价结构合理与否的重要标准之一。当然,强调农业各产业全面发展,不能片面理解为样样都发展或平均发展,它与某一时期的重点发展原则和优先发展原则是不矛盾的。其次,农业各产业按比例协调发展。农业各产业之间客观上存在着相互联系、互为条件的依存关系,只有相互协调、相互促进,才能形成良性的经济互补关系并提高产业结构的整体功能。

(四)取得最优的经济效益

在市场经济条件下,实现经济效益最优化是建立合理农业产业结构的主要目标。实践证明,凡是农业产业结构合理,农业内部各部门之间的比例协调,农业生产中物质和能量的转换效率就较高,取得的经济效益也较好。所以,能否以一定量的资源投入换取最优的经济效益是判断农业产业结构合理与否的一个重要标准。

(五)可持续发展标准

合理的农业产业结构应该根据经济发展和市场的变化,具有一定的适应性和竞争力,具有一种自我调节的能力,各产业部门能够可持续发展。社会需要不是静止的,而是变动的。它随着生产力和人民收入水平的提高而不断变化。因而,合理的产业结构也不会是一成不变的,需要随着社会需求的变化而调整。为了适应这种变化,要有后备产业、后备产品,要有多层次的反应灵敏信息网络和技术支撑。另一方面,农业经济是一个典型的复合型生态经济系统。农业是自然再生产和经济再生产过程相互结合的物质生产过程,农业非农产业是以农业为基础的产业系统。因此,无论是从农业生产与生态环境的相互依存关系出发,还是从农业各产业相互关系的要求考虑,合理的农业产业结构必须保护和促进生态平衡,实现自然生态的良性循环,走可持续发展的道路。

农业产业结构合理的几个标准是有机的整体。农业产业结构具有地域性和相对性,因而结构的合理性也有地域性和相对性。合理的农业产业结构,是相对于一定的时空和条件来论的,没有适合于一切时间、地点、条件的合理的农村产业结构,正如马克思曾经指出的,"对它所发生的时代和条件来说都有它存在的理由。"因此,对农业产业结构评价不能静止化、绝对化。

三、农业产业结构合理化的评价方法

衡量农业产业结构合理与否,通常有4种方法:比重法、类比法、速度法和协调法。

(一)比重法

比重法是根据产业在结构中的百分比确定合理的程度。其实,产业比重只能说明结构的现状,并不能说明结构的合理程度,因为比重大或小是由许多条件确定的。比如在干旱地区,由于缺乏必要的水源,林业、渔业比重低,但这不能说其是不合理的;而在草原地区,牧业比重大,种植业比重小,也不能说其是合理的。因此,不分地区、不考虑自然条件,按比重大小并不能说明产业结构是否合理。

(二)类比法

类比法就是用一个地区的产业结构同另一个地区相比,从而说明这一地区产业结构的合理程度。这种类比法在条件大体相同的国家或地区之间进行一些比较是可以说明问题的,但由于形成一种产业结构是由多种因素促成的,两地之间各种因素不可能完全相同,因而类比法也有一定的局限性。

(三)速度法

速度法是用一个部门的速度同另一个部门的速度比较,或者用一个部门现在速度同过去速度比较,以此说明结构的合理性。速度法也有局限性,因为速度快慢只是反映产业结构在一定时期的发展状态,并不能确切说明产业结构的合理化程度。比如我国在改革开放以来经济快速增长,但并不能由此说明我国产业结构是合理的,事实上我国农业产业结构在很多方面还存在不合理的地方。因此,单一用速度法来判断农业产业结构合理性是不全面的。

(四)协调法

协调法就是从系统论的观点出发,研究农业产业结构运动的内在规律性,综合考察农业各部门之间在一定时期的合理比例关系,使农业产业结构在生产、分配、流通、消费各个环节不受阻碍地和谐进行。要做到这一点,就要对农业部门的内部因素和外部环境作深入细致的研究,在研究方法上吸收比重法、类比法和速度法等方法的优点,综合进行研究。

第二章 农业产业结构调整的国际比较

世界各国农业生产发展虽然没有统一的模式,但终究是殊途同归的,都要经历由传统农业向现代农业、由自给半自给经济向商品经济的转变,农业产业结构相应经历了升级转型的演进过程。各国都试图在农业生产整体效益最优的目标下,根据本国的地理环境、资源条件、经济发展阶段、科技水平、人口规模及基本素质、需求结构、贸易条件等因素,通过结构合理化的演进来实现生产要素的合理配置,从而达到各部门协调发展、整体推进的状态。本章分别从发达国家、发展中国家对农业产业结构调整展开考察与分析,从中发现世界农业产业结构调整的基本经验,以供中部地区调整农业产业结构时参考与借鉴。

第一节 发达国家农业产业结构的调整

在大多数发达国家的经济结构从以农业占统治地位向以工业和服务业为主的转变过程中,农业的发展和进步因其不可替代的基础性地位,具有举足轻重的作用。随着现代农业的发展,发达国家传统的农业产业结构(主要是种植业和畜牧业)逐渐被现代大农业结构所替代,农业生产的专业化、社会化程度不断提高。

一、农业产业的横向结构调整

(一)传统的农业产业结构

发达国家的农业生产一直有农牧业并重的历史传统,特别是西欧国家,在封建庄园二圃制和三圃制中,畜牧业与种植业就已几乎平分秋色,难分主次。二战以来,这种传统得以继续,而且各国更加注重政府和市场的导向作用。如美国的农牧业产业结构长期以来,种植业和畜牧业基本保持平衡(除19世纪前期种植业比重偏低以外),但20世纪50年代后,由于世界市场对粮食需求增加,美国政府暂时放弃了对粮食生产的限制,种植业得到较快的发展,致使种植业的比重超过了畜牧业,但总体来说,种植业和畜牧业还是大体上保持平行发展(表2-1)。

再如法国,二战以前,法国农业一直不能满足本国农产品的需求,主要靠殖民地吃饭。为此,法国政府大力推进种植业发展,使种植业迅速发展,其产值占60%以上,畜牧业约占40%。20世纪50年代以后,在解决粮食问题以后,法国迅速采取措施,引导农业种植业向畜牧业拓展,大力发展畜牧业;到20世纪70年代,畜牧业的比重基本维持在60%左右,畜牧业已成为农业产业的重要支柱,法国的牛肉、奶酪、黄油及禽肉、鸡蛋等不仅能自给,而且有大量出口。在产值不到40%的种植业中,生产结构也随着产业化经营的进程不断优化。1973年,法国小麦产量为1 779万t,而作为饲料的玉米和大麦产量分别达到1 067万t和1 084万t。油菜、烟草、蛇麻等农产品的生产比例也在不断地提高。这也反映了虽然法国种植业和畜牧业结构出现了调整,但大体上还是保持了协调发展。

表 2-1　美国种植业与畜牧业结构

年份(年)	种植业比例(%)	畜牧业比例(%)
1800	36.8	63.2
1850	40.1	59.9
1910	50.7	49.3
1950	43.4	56.6
1960	44.5	55.5
1970	41.5	58.5
1980	51.4	48.6
1985	51.5	48.5
1990	47.3	52.7
1995	52.0	48.0
1997	56.9	43.1

资料来源:陈华山.《当代美国农业经济研究》.武汉:武汉大学出版社,1996;杜青林.《中国农业和农村经济结构战略性调整》.北京:中国农业出版社,2003。

日本由于自身的膳食结构与自然条件,与其他发达国家农业产业结构有所不同,历来在农业产值构成上都是以种植业为主。在种植业中,水稻生产又居于核心地位,二战后其水稻种植面积一般稳定在总播种面积的40%左右。随着二战后日本经济的快速发展,消费者生活水平的提升,因而在20世纪70年代出现了稻米过剩。日本政府根据这一市场变化,要求调整农业生产结构,开始把农业发展中心转移到畜牧业、蔬菜和水果生产上,并执行了缩减水稻种植面积的政策,这就使得在农业总产值构成中,水稻由1960年的47.9%下降到1980年的30.1%,畜牧业则从15%上升到31.6%(表2-2)。

表 2-2　日本农业产业结构的变化(1880—1985年)

年份(年)	农业总产值	种植业(P)	畜牧业(L)	P:L
1880	453	449	4	99.1:0.9
1920	3 629	3 483	146	96.0:4.0
1955	1 440	1 287	153	89.4:10.6
1975	7 988	6 169	1 819	77.2:22.8
1985	10 879	8 273	2 606	76.0:24.0

资料来源:杜青林.《中国农业和农村经济结构战略性调整》.北京:中国农业出版社,2003。
注:以现价计算,单位:1880—1935年为百万日元,1935年以后为10亿日元(蚕丝业未计算在农业总产值之内)。

(二)农业的内部结构

二战以来,发达国家农业生产的内部结构也发生了明显的变化,本书以美国为例来分别说明种植业结构和畜牧业结构的调整。

1. 种植业结构

美国种植的主要农作物包括谷物、棉花、油料作物、蔬菜及水果。二战到1999年，美国种植业结构发生了很大变化。谷物的比重从1961年的76.61%降到1999年的60.16%。20世纪80年代和90年代，美国谷物种植面积在减少，主要原因是谷物生产过剩，政府鼓励并强行缩减面积。

大豆所占的比重逐年上升，从1961年12.89%上升到1970年的20%,1980年的25.3%和1999年的30.12%。主要原因是谷物生产过剩，政府鼓励农民生产大豆，还可以满足出口的需要。另外，利用种植大豆可以固氮的特性，可提高土壤肥力。

棉花和烟草的产值比重在20世纪90年代以来不断下降，如棉花的收获面积已由1960年的619.5万hm^{2}下降到2000年的530.0万hm^2，烟草的播种面积也由1960年的46.1万hm^{2}下降到2000年的18.3万hm^2。之所以出现这种情况，主要是由于合成纤维的迅速发展，越来越多地代替了棉花的使用，此外美国棉纺业的衰落也使得美国的棉花需求急剧下降，而烟草主要是由于美国的禁烟运动对烟草需求产生了一定的抑制作用。

蔬菜和水果在美国种植业中历来占有主要地位，其产值比重多年来变化不大，在20世纪90年代基本稳定在25%～27%，即占种植业产值的1/4。

美国栽培的主要谷物作物有小麦、玉米、燕麦和稻谷等。二战以来，美国小麦的比重提高不快，20世纪80年代和90年代，与60年代和70年代相比，虽然种植面积有所增加，但幅度并不大，小麦种植面积的调整主要是单产水平的提高。

在美国的谷物作物中玉米的比重逐渐扩大。1961年玉米在谷物中收获面积和产量的比重分别为35.91%和55.79%,1970年分别为39.15%和56.4%,1980年为41.22%和66.27%,1994年产量所占的比重创造历史最高记录，占谷物总产量的71.75%。玉米种植面积的调整主要是由于农产品加工业和饲料工业的迅速发展。

燕麦在谷物中的比重快速下降，收获面积和产量比重从1961年的14.88%和8.95%，下降到1999年的1.69%和0.63%。与此相反，稻谷比重上升，面积和产量比重从1961年的0.99%和1.50%，上升到1999年的2.46%和2.84%。

2. 畜牧业结构

畜牧业是美国农业的主要生产部门，二战以来肉、奶、蛋产量均呈逐年上升趋势。但从其内部结构来看，美国畜牧业生产结构发生了明显变化，牛肉产量所占比重经历了先升后降的一个过程，禽肉比重不断上升，猪肉比重则趋于下降。1960年，牛肉在美国肉类总产量中的比重为40.4%，此后不断上升，1970年达到57.8%,1990年达到最高点，为59.4%。但在1990年以后，受疯牛病等因素的影响，牛肉产量所占比重不断下降，到2000年仅占31.1%，此后基本稳定在1/3的比例上。与此同时，禽肉比重却不断上升，在肉类总产量中的比重由20世纪60年代的20%左右，上升到20世纪90年代的40%多。猪肉所占比重则不断下降，由1960年的40.4%下降到2000年的23.6%，此后基本稳定在肉类总产量1/4的比重上。

奶和奶制品也是美国人的基本食品之一，近年来，平均每个美国人年消费奶类280kg左右，而且有继续增加的趋势，所以，美国的奶类总产量增长幅度比较大。20世纪70年代，牛奶产量保持在5200万～5700万t,1980年这一产量就突破了6 000万t,此后增长速度更快了，1988年奶产量为7 215万t,2000年达到了7 629.4万t。在奶和奶制品产量不断增长的同时，其内部结构也发生了变化，其中最显著的就是黄油产量的比重越来越小，1970年美国黄油总产量为 51.6 万 t,到 1980 年只增加到 51.9 万 t,2000 年也才有 57.8 万 t。与此同时,奶酪的产量比重在不断增加,增长速度也比较快,1980 年奶酪的产量为 135.4 万 t,到 2000 年便增长到 405.7 万 t,增长了 2 倍多。

（三）农业生产的规模结构

就农业经营单位的平均耕地规模而论,发达国家基本上呈扩大趋势（见表 2-3）。从表 2-3 可以看出,美国、法国、德国、日本等发达国家农业经营规模均呈扩大的趋势,其中美国最为明显。

表 2-3 主要发达国家农业生产单位平均耕地面积的变化

国家	年份（年）	平均耕地面积（亩①）	年度（年）	平均耕地面积（亩）	间隔时期（年）	扩大倍数
美国	1910	831	1982	3010	72	2.62
法国	1929	133.2	1980	381	51	1.86
德国	1949	104.4	1980	229.5	31	1.2
日本	1950	12.3	1984	16.05	34	0.3

资料来源：全国种植业适度规模研究课题组.《一些国家和地区农业规模结构及组织的演进（上）》.载《世界农业》,1988(7)。

与之相对应,随着农业经营规模的扩大,发达国家农场数量呈现出日益减少的趋势。以美国为例,二战之后,美国农业生产经营有相对集中的趋势,农场规模不断扩大。从表 2-4 可以看出,美国农场数目从 1930 年的 654.6 万个下降到 2000 年的 217.2 万个,农场平均规模则由 1930 年的 151 英亩②扩大到 2000 年的 434 英亩。不过,进入 20 世纪 90 年代以后,美国农场

表 2-4 美国农场数目和农业用地面积

年份（年）	农场数目（万个）	农业用地总面积（百万英亩）	农场平均规模（英亩）
1920	651.8	956	147
1930	654.6	987	151
1940	635.0	1 061	167
1950	564.8	1 202	213
1960	396.3	176	297
1970	295.4	1 103	373
1980	244.0	1 039	426
1990	214.3	988	461
2000	217.2	943	434

资料来源：陈华山.《当代美国农业经济研究》.武汉：武汉大学出版社,1996;刘志扬.《美国农业新经济》.青岛：青岛出版社,2003。

---

① 1 亩＝0.0667 公顷
② 1 英亩＝6.072 亩＝0.405 公顷。

处于历史上最成熟、最完善的时期,农场数量基本稳定,没有太大的变化。此外,从美国农场现实的经营情况来看,大规模的经营方式是与经营效率相联系的。据统计,目前占美国农场总数25%的规模最大的农场,生产了全国农产品总量的85%。这说明了农业生产经营中也需要规模经济。当然,农业生产与工商业不同,由于受到农业生产力特点及自然条件等多种因素制约,其经营组织规模并不是越大越好,而应是一种适度规模。

之所以发达国家农业生产经营规模不断扩大,其原因主要在于农业科学技术的飞速发展和健全的农业社会化服务体系。其一,机械技术的普遍使用,减少了对劳动力的需求,促进了农场规模的扩大。例如美国加利福尼亚州温特拉县的一个农场,经营土地455亩,选种、育苗、灌溉、治虫、收获、保温、防冻的设备齐全,技术先进,全场只有两个管理人员,年销售额却达到250万美元。其二,科学和机械水平的不断提高,减少了作物和牲畜生产中的风险和波动。其三,农业社会化服务体系健全,在产前和产后各个环节为农业提供越来越细致、越来越繁多的服务,从而使农业生产的商品化、专业化和现代化水平得到了极大的提高。其四,农业剩余劳动力的大量转移为农业生产规模的扩大提供了前提。二战后,发达国家农业劳动力不断向外转移,农业劳动力占总劳动力的比重日趋下降。从表2-5可以看出,西方发达国家农业劳动力占总劳动力的比重均出现不同程度的下降,到1994年,这一比例基本都在6%以下。其五,发达国家农业生产的区域化,为农业生产规模的扩大创造了良好的条件。如美国,根据各地的自然条件和种植习惯,在长期的农业生产逐渐形成了区域化布局结构,全美国共分为九大农业区域:新英格兰区、中部大西洋区、中部东北区、中部西北区、南部大西洋区、中部东南区、中部西南区、西部山区、太平洋区。这种专业化的生产布局结构为农业生产规模的扩大提供了很好的条件。此外,西方发达国家一系列的农业结构政策,特别是对农业生产规模扩大的支持或鼓励措施,对农业经营规模的变化起到了直接的推动作用。比如法国为了推进农业结构调整,在20世纪60年代就颁布了《农业指导法》和《农业指导补充法》,并成立了"土地整治与乡村装备公司",以鼓励土地合并,实现农场规模经营,并逐步建立了一套以目标价格和指标价格为特征的比较完整的农产品价格体系,对农业结构调整起到了重大作用。

表2-5 主要发达国家农业劳动力占总劳动力之比　　　　单位:%

农业劳动力占总劳动力之比＼年份(年)＼国家	1965	1975	1985	1990	1994
加拿大	10.7	6.5	4.2	3.3	2.7
美国	5.1	2.9	2.8	2.3	2.0
日本	26.4	14.8	8.5	6.4	5.2
法国	17.9	10.9	6.7	5.2	4.3
德国	10.8	8.5	5.7	4.7	4.0
意大利	24.8	14.6	9.3	7.1	5.7
英国	3.4	2.4	2.3	2.0	1.8

资料来源:联合国粮农组织,《农业生产年鉴(1976,1994)》。

二、农业产业的纵向结构调整

发达国家的农业产业纵向结构从总体上可以区分为两种类型：美国和西欧国家实现了农业与非农产业的结合，而且这种结合是以城乡产业的融通作为前提，由国民经济第一、二、三次产业中与农业有关联的部门组成了综合体产业结构体系和合作社产业结构体系，对于这种构状可以称之为城乡产业一体化结构模式；日本的农业产业结构基本上还是以传统的农业生产为主，它是以农户占有制作为基础，以农业作为产业主体，城乡产业处于分离状态，农业的产前、产中、产后过程中的某些职能在农协的组织下实现了集中和联合，对于这种构状可以称之为农业协作型模式。这里以城乡产业一体化结构模式为代表来说明发达国家农业产业的纵向结构调整状况。

二战以后，农业科学技术的迅速发展推动了农业生产结构的不断调整，农业的产前产后部门，特别是产后部门获得巨大发展，第二、三产业中与农业有关联的部门不断涌入农村，或者与农场联合组成农业综合体，或者创办专门企业为农业提供直接服务，都使得农业产业的门类不断增多，从而使现代农业在国民经济中的地位和比重获得了稳定提高。正如马克思曾经指出的那样，资本主义生产方式"为一种新的更高级的综合，即农业和工业在它们对立发展的形式的基础上的联合，创造了物质前提。"例如1982年美国的"食品与纤维系统"提供的产值占全美国民生产总值的19.9%，拥有的劳动力达到2 104.6万人，约占全国劳动力总数的21.1%。[①] 西欧国家农业综合体创造的产值在国民生产总值中也占有1/5左右的比重，其中德国和英国为15%，意大利和荷兰为20%以上。如果把各个分散的农业综合体看作是一个产业整体，那么它事实上已成为发达国家最大的一个产业部门。

在城乡产业一体化产业模式中，农业产前、产中、产后之间的结构也随着社会经济的发展在不断调整。一个基本的趋势就是传统农业的产值比重不断下降，农业非农产业的产值比重不断上升。据前苏联学者测算，美国的"食品与纤维系统"中，农场部门创造的产值增幅不大，所占比重越来越小；产前、产后部门所创造的产值增幅较大，创造产值的比重越来越大（表2-6）。特别是加工与销售部门，产值比重上升很快。据估计，目前发达国家农产品加工业的总产值已经超过农业总产值的2～3倍，各国的农产品加工业产值与传统农业产值的比值为：美国2.7∶1，日本2.4∶1，法国1.7∶1，英国3.7∶1。

表2-6 美国"食品与纤维系统"结构　　　　　单位：10亿美元

年份（年）	农业投入部门		农业生产部门		农业加工与销售部门	
	绝对值	比重(%)	绝对值	比重(%)	绝对值	比重(%)
1950	16.5	36.0	14.7	32.0	14.7	32.0
1960	23.4	33.0	13.7	20.0	33.0	47.0
1970	32.9	30.0	19.7	17.0	61.6	53.0

资料来源：B·N·纳扎连科．《发达资本主义国家的农工一体化》．载《农业经济译丛》，1982(1)。

[①] 农业同美国和世界各国的联系，美国农业部农业信息报告第496号（1985年9月），第11页。

第二节 发展中国家农业产业结构的调整

一、发展中国家农业地位的变化

二战后,随着民族经济的发展,发展中国家的产业结构发生了很大的变化。在发展中国家国内生产总值中,农业所占比重不断下降,而工业(尤其是制造业)和服务业所占比重不断上升。1965年,发展中国家农业占国内生产总值的比重为31%;到1973年,这一比重下降到26%;1990年为20%;2004年为13.2%。如果按收入多少划分国家,那么不同收入的发展中国家农业占有的比重有所不同。1965—2004年间,低收入国家农业在国内生产总值中占有的比重由44%降为23%,中等收入国家和地区由22%降为10%,高收入国家由5%降为2%。

与此同时,就业结构也随着发生了显著改变,农业劳动力占总劳动力的比重不断下降。从表2-7可以看出,二战后,随着发展中国家工业化的兴起,劳动力不断从农场向城市转移,农业劳动力占总劳动力的比重不断下降,特别是一些新兴工业化国家或地区,这种趋势更加明显。如中国台湾,1950年农业劳动力的比重为56.1%,到1980年这一比重已下降到19.5%;韩国,1950年农业劳动力的比重为74.1%,到1980年这一比重也下降到33%;巴西,1950年农业劳动力的比重为60.6%,到1980年这一比重也下降到31.2%。

表2-7 战后发展中国家或地区农业劳动力转移情况

国家(地区)	农业劳动力占总劳动力的比重(%)			
	1950年	1960年	1970年	1980年
中国台湾	56.1	50.0	36.7	19.5
韩国	74.1	66.4	51.0	33
巴西	60.6	51.6	44.9	31.2
墨西哥	61.2	55.1	45.2	36.5
菲律宾	66.9	61.0	53.2	51.8
印度	72.1	72.3	72.1	70.6
泰国	66.8	56.9	49.8	32.3
中国大陆	83.5	82.1	80.8	72.1

资料来源:史美兰.《农业现代化:发展的国际比较》.北京:民族出版社,2006。

二、发展中国家农业产业结构的调整

发展中国家的农业产业结构受殖民化影响很大,独立前多是宗主国的农产品供应基地。从总体上看,发展中国家的农业产业结构以种植单一经济作物或单一粮食生产为主,其中那些位于热带地区的国家普遍偏向种植单一经济作物,而一些温带地区国家则成为粮食基地。

发展中国家独立后,为加速经济发展,都试图从根本上改造这种殖民地性质的生产结构,但效果并不明显,种植业比重依然过高。而在种植业中,粮食作物在农业总产值中的比重基本不变,经济作物有所下降。1961—1965年谷物在农业总产值的比重为31%,到1976—1980年仍然是这个数字;经济作物由11%降为10%。畜牧业在农业总产值中的比重呈现缓慢上升的趋势,1961—1965年畜牧业的比重为21%,到1980年升至22%,但比重明显偏低,这与发达国家形成鲜明对照。各个地区畜牧业的发展状况还有所差别。其中,拉丁美洲畜牧业的发展水平要比亚非国家高,特别是亚洲国家,由于受文化传统及宗教习惯的影响,加之历来人口压力都很大,大批牧区被开垦为农田,所以畜牧业一直欠发达。而畜牧业是粮食生产波动的缓冲器,发展畜牧业可以直接刺激种植业生产,在农业内部形成良性循环,而发展中国家轻视畜牧业、以种植业为主的农业生产偏斜结构,存在一定的风险,也阻碍了农业的发展。相比之下,发达国家畜牧业在农业生产结构中占主体地位,以至于其食物构成以动物性食品为主;而发展中国家偏重种植业的结构使得其食物构成以低热量的碳水化合物为主,进而导致国民营养状况欠佳。当然,营养不良不仅仅是食物结构的原因,与食物量不足也有直接关系。因此,发展中国家的农业发展面临着增加农业产量以满足食物要求和调整生产结构以改变食物构成的双重任务。此外,发展中国家农村小城镇迅速发展,吸收了农业剩余劳动力,农村非农产业蓬勃发展,主要有工业制造,占20%~30%;服务业,占20%~35%;商业,占15%~30%;建筑业,占5%~15%;运输业,占5%;其余为公共事业和其他产业。但直接为农业提供生产资料和生产服务的行业比重很小,比较落后。

真正取得实质性进展的只有极少数国家,如巴西、墨西哥、阿根廷等拉美国家,以开发农业边疆土地,扩大耕地面积为主,辅以提高农业集约化程度,形成规模不断增大的农业企业和素质不断提高、门类不断增多的农业产业结构,还有亚洲的新加坡、韩国等国家农业素质提高很大。而多数发展中国家尤其是非洲国家的生产结构依旧是以一种或几种农产品为主,其中那些以热带经济作物为主的国家变化更小。例如,非洲国家的农产品主要集中在咖啡、可可、棉花和油料上,这四项产品占世界农产品出口量的30%~50%。通过种植经济作物增加外汇收入是许多发展中国家开发比较优势、参与国际贸易的合理的战略选择,但因其忽视粮食生产,造成粮食自给率下降,又使其经济发展陷入国际市场的不稳定影响之中,国民经济脆弱性和对外依赖性都很明显。

从20世纪70年代以来,发展中国家意识到工业化不能脱离农业的技术改造和结构改造,只有通过调整农业产业结构,发展多样化经营,才能满足工业的原料需求和国内外市场贸易需求。在农业技术改造中,坚持把机械技术和生物技术相结合,且以生物技术为主,通过引进、改良、推广高产品种,带动化肥生产,发展排灌系统。在农业结构改造中,致力于发展粮食生产和经济作物的同时,开发多种经营,农业产业结构发生了显著的变化,种植业和畜牧业并重,种植业在农业总产值中的比重下降,畜牧业、林业和渔业的比重则有所上升。种植业和畜牧业内部注重全面均衡发展,种植业主要强调粮食作物和经济作物并重,畜牧业主要强调畜、禽、蛋、奶均衡增长,改变农产品出口结构,使传统出口作物和新的出口作物相结合。农业合作经济有了长足发展,包括从事农牧渔林业的农业合作社和为农村经济和社会发展提供信贷、采购、销售、消费、加工、运输、住宅等服务的服务合作社,它们在农村经济形式中,占有的比重不大,但发展速度很快,并受到政府支持。在推进城乡经济一体化方面,发展中国家也在进行有益的尝试,特别是加快了农产品加工业的发展。如泰国在发展出口型农产品加工业方面就取得了令人瞩目的成就。从 1980 年到 1990 年,农产品加工业的年增长率超过 8%,到 1990 年有 3.2 万个私人企业,即占整个制造业企业总数的 62%。到 1990 年农产品加工占国内生产总值的 15.4%(1960 年这一比重仅为 9.7%)。在 20 世纪 90 年代前 5 年其出口继续急剧增加,在 1990—1995 年期间出口值翻了一番,占出口总值的 65%。农产品加工业已经成为泰国新的经济增长点。

发展中国家在调整农业产业结构的过程中,由于本国资金匮乏,许多国家积极利用外资,调整农业产业结构,改善农业基础设施,促进传统农业改造,加快农业现代化进程。例如泰国,在 20 世纪末期,泰国提出吸收外资的 5 个优先部门中与农业有关的有 3 个部门,其中农产品加工业居首。泰国农业利用外资的比例不断增长,1977—1981 年引进外资用于发展农业的比例占到利用外资总额的 11%,1982—1986 年这一比例提高到 17%,年均达 4 亿美元。

第三节 国际农业产业结构调整的经验及其借鉴

一、国际农业产业结构调整的经验

通过对发达国家和发展中国家农业产业结构调整状况的考察,可以看出农业产业结构的合理化主要是建立在以下几个基本原则的基础之上。

(一) 市场导向原则

通过对发达国家和发展中国家农业产业结构调整状况的考察,可以看出,市场在农业产业结构成长过程中发挥着重要作用,即市场是农业产业结构调整和成长的导向和拉动力量。因此,要遵循市场经济规律,把符合市场要求作为农业结构调整的出发点和落脚点,充分发挥市场对农业资源优化配置作用,既要适应农产品市场的现实需求,又要注意研究预测潜在的和未来的市场需求;既要满足社会对农产品的基本数量需求,又要满足多层次、优质多样化的需求;既要适应国内农产品市场的需求,又要研究分析国际市场的需求,发展适销对路的农产品;既要强调发挥资源优势,又要强调资源优势转化为商品优势、市场优势。这是发展农业生产实现产业结构合理化的前提。

(二) 比较优势原则

合理配置和充分利用自然资源和经济资源,提高资源利用效率和经济效益,是农业生产的客观要求,是提高农业经济整体素质和效益的基本途径,也是世界各国农业产业结构调整的基本经验。目前发达国家农业生产的区域化、专业化正是基于比较优势原则发展起来的。由于中部地区各地的农业生产力水平、经济发展水平差异较大,自然资源情况不同,使各地的社会经济条件、自然条件各有其特点。因此在农业产业结构调整过程中,必须坚持因地制宜的原则,实事求是,根据比较优势的原则选择主导产业和主导产品,形成优势互补、各具特色、良性循环的农业产业结构的新格局,合理配置和充分利用各种经济资源。

(三) 依靠科技原则

科技对农业产业结构调整具有关键作用,它通过与农业生产的其他要素相结合,可以产生巨大的推动力:农业科技与农业劳动者结合,可以形成高素质的农业生产劳动大军,使农业经济从"体力经济"向"智力经济"转化;农业科技与农业劳动工具的结合,可以确立现代化农业生产方式,使农业生产结构从低级向高级转化;农业科技与农业劳动对象结合,可以实现各类农业资源的合理配置,获得大自然的更多奉献,从而拓展了农业产业结构的调整空间,使农业生产结构调整在先进的科学技术基础上运行。实际上,发达国家农业产业结构调整的过程就是对农业科技不断创新和应用的过程。因此,中部地区应该依靠科技进步来调整农业产业结构,促进其不断合理化。

(四)可持续发展原则

农业和农村的可持续发展是人类社会、经济持续发展的基础,没有农业的可持续发展,就不可能有人类社会、经济的持续发展。这是世界各国在发展农业过程中所取得的基本共识。因此,中部地区要从长远目标入手,以服务现在、着眼未来为宗旨,讲求依靠科学技术进步,注意保持生态环境平衡,使农业产业结构调整与生态保护和环境规划结合起来,寻求农村的人口、经济、社会、生态环境之间相互协调发展,促进长远综合效益的持续提高,实现农业和农村的可持续发展。

(五)农业产业化原则

农业产业化经营是市场经济条件下世界各国普遍走过的道路,没有农业产业化经营,农业的结构调整就失去了基础和动力,就只能在农业生产的圈子里徘徊。因此,农业产业结构调整必须跳出农业来发展农业,发挥农业与工商业的合力效应,用工业的理念来经营和管理农业,即按照工商业的发展思路、技术路线、管理模式来发展农业,使农业产业尽快摆脱天然落后的"弱质"状态,形成与非农产业同等能量的市场竞争力。

(六)质量效益原则

对农业产业结构进行优化调整的目的,是为了让有限的资源发挥出更大的效益,农业虽然是一个特殊的弱质产业,但也必须遵循这一基本原则,否则就会出现萎缩甚至消失。纵观世界各国农业产业结构调整的过程,实质上就是农业生产的质量效益不断提高的过程。因此,中部地区农业产业结构调整不仅要有量的增长,更要实现质的提高,要在稳定基本农产品供给的前提下,注重农产品质量和品质的提高,强调用最小的投入得到最大的产出,促进农业经营由粗放型向集约型转变。只有这样,才能真正推动农村经济发展,才能真正实现农业产业结构调整的目的。

二、国际农业产业结构调整的经验对中部地区的启示

(一)进行农业产业结构调整是世界各国从传统农业向现代农业转变的共同命题

世界各国农业发展虽然没有统一的固定模式,但都要经历从传统农业向现代农业的转变。实现这个转变,也就是产业结构演变升级的过程。中部地区作为我国的重要农业区,在农业产业结构上还存在很多问题,如种植业比重偏低,养殖业水平有待进一步提高;农业非农产业发展滞后,加工转化水平低;农产品质量参差不齐,优质产品比重低等。这些问题实际上反映了中部地区农业产业结构与农产品需求结构之间的矛盾。这就需要通过调整生产结构,使之适应需求结构,使农业质量效益上一个新的台阶。要使以上问题能够从机制上真正解决,需要将"农内"与"农外"相结合,并在今后一个时期重点"农外"的问题,如给予农业支持保护、稳定农民收益、促进农业可持续发展、促进城乡一体化等。

(二)调整农业产业结构的发展重点,持续稳定地发展农业,大力发展非农产业

从发达国家农业产业结构的调整历程来看,传统的农业生产虽然依然是国民经济的基础,但其在国民经济中所占的比重正在不断缩小,与此同时是农业第二、三产业的迅速发展,并且已经成为国民经济重要的经济增长点。因此,中部地区要对农业产业纵向结构进行调整,促进其优化升级,实现产业结构的合理化,总体要求是以解决二元结构矛盾为目标,大力发展农业非农产业,由此带动农村工业化、城市化水平的提高,最终实现农业现代化。具体应当抓住两点:一是通过调整实现结构优化;二是推动农业产业结构升级。农业产业结构升级的实质是结构质量的提高,升级的关键就在于必须转变经济发展的思路,实现经济发展方式从粗放经营向集约经营转变,以量的扩张为基础,以质的提高为根本。

(三)充分发挥政府在农业产业结构调整中的作用

世界各国的农业发展,无不受到政府的干预,并且其影响非同一般。发达国家的政府能顺应市场经济规律的要求,制订不同程度的指导性计划,引导农民根据市场需求变化及时调整生产结构。社会主义国家则采用计划经济手段,将农业置于政府的控制之中,限制了农民的生产积极性。而广大发展中国家政府对农业的干预,有时是促进了农业生产的增长和生产关系的改善,有时又严重阻碍了农业的发展。事实表明,政府的有效启动是农业产业结构调整得以顺利进行的组织保证,只有政府干预和市场机制有机结合起来,才能在更大的范围内优化资源配置,促进农业生产的增长和结构转换。因此,中部地区应该充分运用计划、财政、税收、投资、信贷、价格、市场、信息等各种经济手段、法律手段以及必要的行政手段,制定相应的优惠政策和规划,从宏观机制上对农业产业结构调整做出方向性指引。重点应该是以下几个方面:一是应对经济全球一体化趋势面临的机遇与挑战,制定相应的农产品进出口政策以及金融、财税、技术等方面的法规,保护国内农业和农村经济的健康发展,大力发展具有比较优势的农产品,扩大我国及中部地区农产品在国际市场占有的份额。二是建立健全符合WTO规则的农业支持体系,支持和帮助农民调整农业生产结构。三是大力加强市场体系建设。农业产业结构调整及优化的保障是健全的市场体系。政府的首要职责是建立健全市场体系,尤其是要加强产地批发市场和市场信息网络的建设。四是建立以政府为主导的农业产业结构调整风险保障基金,支持产业结构的调整。农业产业结构在调整过程中,将会面临各种风险,因此就要建立健全化解与防范风险的有效机制,包括农业保险机制和风险保障基金,从而保证农业结构调整的顺利推进。

(四)依靠科技创新,促进产业升级

科技创新是调整产业结构,促进生产力更快发展从而带动经济和社会更快进步的强大推动力。发达国家的农业产业结构升级过程实际上就是对农业科技不断创新和应用的过程。发达国家常常把农业科研、农业推广和农业教育结合在一起,提高了农村中所有居民的文化和技术素质以及生活技能,广泛采用了农业科技成果,转移了农业剩余劳动力,使农业技术结构不断升级换代,农业生产保持高效率。这是历史的结论,是经过实践反复证明了的真理。因此,中部地区应该依靠农业科技进步,大力提高农产品品质,增强内生比较优势,使之成为农业产业结构调整的长远发展战略。首先,要逐步建立具有世界先进水平的农业科技创新体系,高效益、高效率转化科研成果的技术推广体系和显著提高农民科技文化素质的农业教育培训体系。其次,必须加大财政支持力度,大幅增加中央和地方对农业科研的投入,还要完善农业科技发展的法律体系,积极吸引其他投入主体,并调整农业科技投资结构,实现农业科研主体的多元化,积极培育农业科技企业,包括各种形式的农业公司、农村集体经济组织、合作经济组织和民营科技企业等,发挥其在农业技术创新中的主体地位。三是调整农业科技方向,从过去侧重产量的提高转向注重质量、效益和实现可持续发展。要加快建立雄厚的农村技术储备体系,增强农业发展后劲。四是加强种子工程建设,为农业产业结构的调整提供优良的动植物新品种。

(五)调整和优化农业布局结构,充分发挥区域比较优势,这是世界各国农业产业结构调整的基本原则

中部地区的资源条件差别很大,具有发展不同类型农产品的区域优势。应该按照比较优势原理,充分发挥中部地区的区域优势,建立生产基地,发展特色农业。一方面要突出区域特色,从本地区资源的性质、数量和组合方式的实际和市场的需要出发,发展相应的产业和产品,实现区域化布局、专业化分工、规模化生产和社会化服务,注重改进产品质量、降低生产成本,维护和提高产品的信誉,创造名牌,变生产优势为市场优势,提高产品的市场竞争能力。另一方面,要大力提倡农产品的异地消费,不仅要开拓城市的农产品消费市场,更要开拓异地农村的消费市场,使农民既成为一部分农产品的生产者,又成为另一部分农产品的消费者,减少自给自足农产品的份额,增加商品性农产品的份额,改变封闭的农产品循环系统,集中各种资源发展有区域优势的农产品,促进异地农产品的消费和相互交流。同时,要采取分区推进的办法,鼓励那些条件好的地区尽可能利用自身条件,率先进入国际市场,参与国际竞争,从而带动其他地区农业结构的转换升级,进而参与到国际市场的大循环中。

(六)推进农业产业化经营

农业产业化经营是与市场经济相适应的现代农业经营方式,其本质和核心在于农工商、产加销、经科教一体化,利益共享,风险共担,这种一体化经营方式在分散、化解和防范农村产业结构调整的风险方面可以起到十分重要的作用。从世界各国农业发展的经验来看,农业产业化是现代农业发展的基本形式。当前,中部地区农业产业化水平还较低的现状,尤其是在农产品开发、保鲜、储运、加工和深加工方面的产业还远远未能跟上农业结构调整的步伐时,必须大力发展农副产品加工业,提高农业产业化的经营水平,做好加工增值文章,积极扶植一批深加工型和冷藏冷冻型、销售运输型龙头企业,重点培育一批骨干龙头企业,发展具有中部地方特色的农产品加工体系,拉长产业链条,将比较优势提升为竞争优势,带动农产品基地建设和主导产品开发,对具有资源优势和市场需求的农产品和土特产,要按照产业化发展方向,连片规划建设,形成有特色的区域性主导产业。同时,要鼓励农产品加工科技人才的培养和加大对科研的投入力度,为农产品加工业发展提供坚实后盾。

(七)增强农民的组织化程度,培育有竞争力的农业生产经营主体

农业生产经营主体的经营规模小、组织化程度低、抗风险能力弱,是制约中部地区农业结构调整的重要因素。解决这一问题,发达国家提供了一些可供参考的经验,即增强农民的组织化程度,培育有竞争力的农业生产经营主体。因此,中部地区应做好这两个方面的工作:一是要引导农民提高组织化程度,支持和鼓励农民建立各种合作经济组织或农业专业技术协会等,由这些中介组织来提供诸如信息、技术、运输、销售等产前、产中、产后各方面的服务,在农民和市场之间架起桥梁,这样既保证了农民在农业结构调整中的自主地位,又充分发挥了这些中介组织的积极作用。二是要培育有竞争力的农业生产经营主体。要按照国家有关政策,根据有

偿自愿的原则,引导农民进行土地使用权的流转,推动土地向种田能手集中,提高生产规模水平;或者在稳定农户土地承包关系的基础上,在农户自愿的前提下,通过农户的土地使用权入股,或土地使用权租金化、"反租倒包"等形式,将农户的土地集中起来,实现农业规模化经营;要引导大中型工商企业进军农业,在妥善处理工商企业与农户关系的基础上,对农业实行企业化经营。

(八)完善农业投融资体系,实现投资主体的多元化

通过对世界各国农业产业结构调整状况的考察可以看出,农业产业结构的合理化离不开一个完善的投融资体系,而投融资体系不健全正是我国以及中部地区农业产业结构调整中面临的一大障碍。因此,要建立健全农业投融资体系,使农业产业结构调整有充足的资金保障,这其中除了要加大政府对农业生产的支持以外,更重要的是要加快完善农村金融体系,构建一个政策性金融、商业性金融、合作性金融有机融合的农业金融系统。此外,针对中部地区农村资金匮乏的现状,要积极推进投资主体的多元化,按照"谁投资、谁收益"的原则,大力引进外资、其他地区资金和民间资金,以促进农业产业结构的调整。

(九)加快剩余劳动力转移

从发达国家和部分发展中国家的实践可以看出,伴随着传统农业部门在国民经济地位的下降,农业剩余劳动力在不断向非农产业转移,这是农业产业结构调整的必然趋势,也是农业产业结构合理化的重要前提。因此,中部地区在调整农业产业结构的过程中,应该通过多种方式加快农业剩余劳动力转移,促进产业结构的合理化。

第三章 中部地区农业产业结构的现状与评价

第一节 中部地区农业产业的横向结构

一、中部地区农林牧渔业结构

从总体上看,中部地区的农林牧渔业结构在1990—2006年间发生了显著变化。农业(种植业)产值在农林牧渔业总产值[①]中的比重由1990年的66.7%下降到2006年的55.4%,林业的比重由1990年的5.4%下降到2006年的4.9%,而牧业产值的比重趋于上升,由1990年的24.3%上升到2006年的29.3%,渔业产值的比重快速增加,由1990年的4.6%增加到2006年的8.2%。具体到中部各省,农业(种植业)和林业均呈现出下降趋势[②],牧业比重趋于上升,而渔业比重也呈现出快速增长的趋势,即使是渔业不发达的山西、河南两省,渔业发展也很快,如山西渔业比重由1990年的0.3%上升到2006年的0.6%,河南渔业比重也由1990年的0.8%上升到2006年的1.2%。之所以会出现这种调整是因为我国的饮食结构出现较大变化,从1978年至2006年我国主要年份平均每天主要社会经济活动统计数据和我国人均每天食品数量情况可看出:第一,我国人均每天消费小麦、玉米和稻谷的数量逐年下降。例如,1990年我国人均每天消费小麦220.6g,到2005年则降为164.3g。第二,我国人均每天消费水果、禽蛋和肉类的数量不断增加。例如,我国人均每天消费猪肉在1990年为54.74g,而到2005年则增加到每天消费104.4g,基本上翻一倍;1990年我国人均每天消费禽蛋为16.64g,2005年则增加到50.27g,增长2倍多。由此可以看出,我国饮食结构以及对不同农产品的需求正不断发生变化,正是由于这种变化,客观上加快了我国农业结构调整的步伐。

以当年价格计算,在1990—2006年间,农林牧渔业总产值从1990年的2 052.5亿元增加到2006年的11 113.2亿元,年均递增11.2%。其中,农业(种植业)总产值从1990年的1 272.4亿元增加到2006年的5 805亿元,年均递增9.9%;林业总产值从1990年的105.76

[①] 农林牧渔业总产值指以货币形式表现的农、林、牧、渔业全部产品的总量,它反映一定时期内农业生产总规模和总成果。农林牧渔业总产值的计算方法通常是按农、林、牧、渔业产品及其副产品的产量分别乘以各自的价格求得;少数生产周期较长,当年没有产品或产品产量不易统计的,则采用间接方法匡算其产值;然后将四业产品产值相加即为农林牧渔业总产值。从1993年起取消副业,将野生动物的捕猎划入牧业,将野生植物采集和农民家庭兼营商品性工业划归农业。1996年第一次农业普查以后,由于畜牧业产品年报数据与普查数据之间存在一定的差距,国家统计局对畜牧业年报数据与普查数据进行衔接,相应的畜牧业产值进行调整。我国的三次产业划分是:第一产业农业是指种植业、林业、牧业和渔业。2003年起执行新的国民经济行业分类标准,总产值包括农林牧渔服务业产值。

[②] 江西省林业比重呈现出先下降后上升的趋势,但从总体来看,还是处于下降趋势中。

亿元增加到2006年的456.2亿元,年均递增9.6%;牧业总产值从1990年的500.67亿元增加到2006年的3 690.2亿元,年均递增13.3%;渔业总产值从1990年的71.77亿元增加到2006年的827.6亿元,年均递增16.5%。牧业和渔业的递增速度显著快于农林牧渔业的增长速度,尤其渔业的递增更加迅速。

与同期全国平均水平比较,可以看出,中部地区农林牧渔业结构明显较全国水平落后,其中种植业、林业比重偏重,牧业比重在多数年份低于全国平均水平,渔业比重则明显滞后全国平均水平。具体到中部各省,从2006年的情况来看,江西、安徽、湖南三省农林牧渔业结构更为合理,牧业和渔业等养殖业比重均超过45%,高于全国平均水平,而山西、河南、湖北三省种植业比重还较大,其中山西甚至高达59.3%,畜牧业比重仅在30%左右徘徊,这与其畜牧业优势区的地位并不相符。

表3-1 1990—2006年中部地区农林牧渔业总产值结构　　　　　单位:%

地区	年份	农业	林业	牧业	渔业	地区	年份	农业	林业	牧业	渔业
山西	1990	72.2	4.9	22.6	0.3	安徽	1990	70.3	4.6	22.1	3.0
	1995	62.2	5.9	31.5	0.4		1995	65.1	4.0	25.1	5.8
	2000	65.3	4.4	29.7	0.6		2000	55.4	5.2	28.6	10.8
	2005	58.2	3.4	30.7	0.6		2005	49.1	4.7	33.2	9.9
	2006	59.3	3.0	29.4	0.7		2006	50.9	5.3	32.4	10.7
江西	1990	60.1	9.4	26.4	4.1	河南	1990	74.1	4.2	20.9	0.8
	1995	52.4	6.6	33.2	7.8		1995	66.4	2.9	30.0	0.7
	2000	50.9	6.7	29.2	13.2		2000	63.8	2.8	32.4	1.0
	2005	44.7	7.6	31.9	14.2		2005	54.1	2.5	37.8	1.1
	2006	45.3	8.5	32.2	14.5		2006	55.6	2.6	36.2	1.2
湖北	1990	62.9	3.5	24.4	5.9	湖南	1990	60.7	5.5	29.5	4.3
	1995	61.9	2.9	27.1	8.1		1995	55.4	4.1	35.3	5.2
	2000	54.7	3.6	30.1	11.6		2000	50.6	4.1	38.8	6.5
	2005	52.5	2.1	30.7	13.3		2005	46.1	4.9	40.6	6.7
	2006	54.5	2.2	28.0	13.9		2006	48.0	5.3	37.9	7.0
中部地区	1990	66.7	5.4	24.3	3.6	全国	1990	64.7	4.3	25.7	5.4
	1995	60.6	4.4	30.4	4.6		1995	58.4	3.5	29.7	8.4
	2000	56.8	4.5	31.5	7.2		2000	55.7	3.8	29.9	10.8
	2005	53.8	4.6	31.5	7.9		2005	49.7	3.6	33.7	10.2
	2006	55.4	4.9	29.3	8.2		2006	50.8	3.8	32.2	10.4

资料来源:全国数据来源于《中国农村统计年鉴》.北京:中国统计出版社,2007。中部数据来源于中部地区各省统计年鉴。

二、中部地区种植业结构

种植业结构即特指狭义的农业结构,是指在种植业总体内,粮食作物(谷物)、经济作物、蔬菜水果及其他作物所占的比重及其相互关系。

(一)中部地区种植业的产值结构(表3-2)

表3-2　1990—2006年中部地区种植业产值结构　　　　　　单位:%

地区	年份	粮食作物	经济作物	蔬菜瓜果及其他	地区	年份	粮食作物	经济作物	蔬菜瓜果及其他
山西	1990	71.5	17.4	11.1	安徽	1990	66.5	21.1	12.4
	1995	64.8	12.6	23.6		1995	59.2	15.6	25.2
	2005	45.9	17.4	36.7		2005	45.0	23.2	31.8
	2006	47.9	17.3	34.8		2006	45.2	23.1	31.7
江西	1990	70.9	14.0	15.1	河南	1990	64.3	26.5	9.2
	1995	54.6	15.0	30.4		1995	51.5	22.0	26.5
	2005	48.6	16.3	35.1		2005	35.1	21.3	43.6
	2006	47.2	15.5	37.3		2006	34.4	20.7	44.9
湖北	1990	64.6	24.2	11.2	湖南	1990	71.3	13.4	15.3
	1995	55.1	22.7	22.2		1995	59.7	13.4	26.9
	2005	32.6	24.7	42.7		2005	41.4	17.7	40.9
	2006	31.7	24.5	43.8		2006	39.2	17.9	42.9
中部地区	1990	68.2	19.4	12.4	全国	1990	65.5	20.0	14.5
	1995	57.5	16.9	25.6		1995	41.1	13.9	45.0
	2005	41.4	20.1	38.5		2005	33.9	22.1	44.0
	2006	38.4	20.6	40.0		2006	32.7	21.9	45.4

资料来源:国家统计局农村社会经济调查司.《中国农村统计年鉴2007》.北京:中国统计出版社,2007。

从表3-2可以看出,在中部地区农业(种植业)结构中,粮食作物的产值比重不断趋于下降,从1990年的68.2%下降到2006年的38.4%,而经济作物的产值比重呈现一种窄幅波动的格局,蔬菜瓜果及其他的产值比重大幅上升,由1990年的12.4%上升到2006年的40.0%,这说明中部地区农业(种植业)结构正在逐步摆脱粮食一业独大的格局。不过与同期全国水平相比,中部地区粮食比重还是要高于全国平均水平,而经济作物比重和蔬菜瓜果比重一般都要低于全国平均水平。

(二)中部地区种植业的面积结构

2006年,中部地区六省农作物播种总面积为4 794.12万 hm²,占全国农作物总播种面积的30.5%;其中粮食播种面积为3 132.78万 hm²,占中部地区六省农作物播种总面积的65.3%;棉花播种面积为193.82万 hm²,占中部地区六省农作物播种总面积的4.0%;油料播种面积为578.89万 hm²,占中部地区六省农作物播种总面积的12.1%;糖料播种面积为5.84万 hm²,占中部地区六省农作物播种总面积的0.1%;蔬菜播种面积为529.8万 hm²,占中部地区六省农作物播种总面积的11.1%;瓜果类播种面积为85.71万 hm²,占中部地区六省农作物播种总面积的 1.8%;烟叶播种面积为 33.15 万 hm^2,占中部地区六省农作物播种总面积的 0.7%;进一步细分,在粮食作物中,水稻播种面积为 1 186.87 万 hm^2,占中部地区六省农作物播种总面积的 24.8%;小麦播种面积为 872.63 万 hm^2,占中部地区六省农作物播种总面积的 18.2%;玉米播种面积为 522.38 万 hm^2,占中部地区六省农作物播种总面积的 10.9%;大豆播种面积为 215.91 万 hm^2,占中部地区六省农作物播种总面积的 4.5%;薯类播种面积为 199.5 万 hm^2,占中部地区六省农作物播种总面积的 4.2%。从播种面积结构来看,粮食依然是中部地区最主要的农作物,而其中水稻、小麦和玉米又是最主要的粮食作物。此外,油料和蔬菜种植面积也较大。2006 年中部地区主要农作物播种面积构成见表 3-3。

表 3-3 2006 年中部地区主要农作物播种面积构成统计　　　　　　单位:%

地区	粮食	棉花	油料	糖料	烟叶	蔬菜	瓜果类
山西	81.7	2.9	5.9	0.1	0.1	6.4	1.0
安徽	71.0	4.3	12.6	0.1	0.1	7.7	1.9
江西	65.9	1.2	10.9	0.3	0.3	10.4	1.6
河南	65.6	5.6	10.9		1.0	12.2	2.4
湖北	55.3	5.5	18.4	0.1	0.8	13.8	1.3
湖南	59.5	2.1	11.4	0.2	1.3	13.0	1.5
中部地区	65.3	4.0	12.1	0.1	0.7	11.1	1.8
全国	67.2	3.4	8.7	1.1	0.9	11.6	1.5

资料来源:国家统计局农村社会经济调查司.《中国农村统计年鉴(2007)》.北京:中国统计出版社,2007。

从中部地区在全国的地位来看,2006 年,中部地区粮食播种面积占全国的 29.71%,其中有 3 个省居全国前十位,其中河南省的粮食播种面积居全国首位;中部地区棉花播种面积占全国的 35.83%,有 5 个省居全国前十位;中部地区油料播种面积占全国的 42.13%,有 5 个省居全国前十位,其中河南省的油料播种面积居全国首位,只有糖料因为自然条件限制播种面积较小(见表 3-4)。

表 3-4 2006 年中部六省主要农产品播种面积及其位次　　　　　　单位:万 hm^2

地区	粮食	位次	棉花	位次	油料	位次	糖料	位次
山西	312.19	17	10.91	9	22.51	21	0.32	21
安徽	649.35	5	39.27	6	115.54	3	0.59	16
江西	353.49	13	6.57	13	58.58	9	1.51	13
河南	930.31	1	80.06	3	155.10	1	0.41	19
湖北	406.71	12	40.38	5	135.37	2	1.01	15
湖南	480.73	8	16.63	8	91.79	5	2.00	9
中部地区占全国比重(%)	29.71		35.83		42.13		3.18	

资料来源:中国农业信息网,其中中部地区占全国比重是作者根据上述资料计算所得。

(三) 中部地区种植业的产量结构

从总产量上看(表 3-5),2006 年,中部地区粮食产量达到 15 714.8 万 t,占全国粮食总产量的 31.6%;棉花产量达到 214.8 万 t,占全国棉花总产量的 31.8%;油料作物产量达到 1 268.2 万 t,占全国油料总产量的 41.5%;糖料产量达到 279.3 万 t,占全国糖料总产量的 2.5%;烟叶产量达到 72.4 万 t,占全国总产量的 26.4%;蔬菜瓜果类产量达到 18 613.9 万 t,占全国蔬菜瓜果类总产量的 28.2%。这说明除糖料外,中部地区农业(种植业)在全国占有主要地位。进一步细分,在粮食作物中,水稻产量为 7 436.0 万 t,占全国水稻总产量的 40.2%,占中部地区粮食总产量的 47.3%;小麦产量为 4 300.4 万 t,占全国小麦总产量的 41.2%,占中部地区粮食总产量的 27.4%;玉米产量为 2 742.2 万 t,占全国玉米总产量的 18.8%,占中部地区粮食总产量的 17.4%;大豆产量为 316.7 万 t,占全国大豆总产量的 19.8%,占中部地区粮食总产量的 2.0%;薯类产量为 754.9 万 t,占全国薯类总产量的 22.2%,占中部地区粮食总产量的 4.8%。这说明中部地区是我国重要的粮食产区,其中是水稻、小麦最重要的产地(表 3-6)。

表 3-5　2006 年中部地区主要农作物的总产量　　　　　　　　　单位:万 t

地区	粮食	棉花	油料	糖料	烟叶	蔬菜瓜果类
山西	1 073.3	11.8	19.2	10.2	0.7	959.9
安徽	2 860.7	40.8	261.6	24.3	2.5	2 372.4
江西	1 854.5	9.5	78.0	70.1	3.1	1 372.8
河南	5 010.0	83.0	480.0	22.1	33.3	7 813.8
湖北	2 210.1	44.9	280.0	44.6	11.3	3 267.0
湖南	2 706.2	24.8	149.4	108.0	21.5	2 828.0
中部地区	15 714.8	214.8	1 268.2	279.3	72.4	18 613.9
全国	49 747.8	674.6	3 059.4	11032.0	274.4	65 966.2
中部地区占全国比重(%)	31.6	31.8	41.5	2.5	26.4	28.2

资料来源:中国农业信息网,其中中部地区占全国比重是作者根据上述资料计算得出。

表 3-6　2006 年中部地区主要粮食作物的总产量　　　　　　　　单位:万 t

地区	稻谷	小麦	玉米	大豆	薯类
山西	0.8	252.6	647.6	27.7	61.7
安徽	1 307.0	966.8	297.9	125.0	124.4
江西	1 766.9	2.0	6.1	18.0	51.7
河南	426.7	2 822.7	1 445.1	64.9	196.4
湖北	1 524.9	243.2	208.3	38.5	154.2
湖南	2 319.7	13.1	137.2	42.6	166.5
中部地区	7 436.0	4 300.4	2 742.2	316.7	754.9
全国	18 257.2	10 446.7	14 548.2	1 596.7	3 406.1
中部地区占全国比重(%)	40.2	41.2	18.8	19.8	22.2

资料来源:中国农业信息网,其中中部地区占全国比重是作者根据上述资料计算得出。

从农作物的单产来看,2006年,中部地区粮食平均亩产量为334kg,高于全国平均水平6.4%,其中最高的是湖南,为375千克/亩,江西、河南、湖南的粮食亩产也高于全国平均水平。细分到具体农作物,中部地区水稻平均亩产量为418kg,高于全国平均水平0.7%,其中最高的是湖北,为485千克/亩,河南的水稻亩产也高于全国平均水平;中部地区小麦平均亩产量为329kg,高于全国平均水平8.6%,其中最高的是河南,湖南、安徽的小麦亩产也高于全国平均水平;中部地区玉米平均亩产量为350kg,低于全国平均水平2.8%,其中仅有河南的玉米亩产高于全国平均水平;中部地区大豆平均亩产量为98kg,低于全国平均水平14.8%,但江西、湖北、湖南的亩产均高于全国平均水平。2006年,中部地区棉花平均亩产量为73.9kg,低于全国平均水平11.1%,其中江西、湖南亩产高于全国平均水平;中部地区油料平均亩产量为146.0kg,低于全国平均水平1.7%,其中安徽、河南高于全国平均水平;中部地区糖料平均亩产量为3 188.4kg,低于全国平均水平22.7%,六省亩产均低于全国平均水平;中部地区蔬菜平均亩产量为1 984.5kg,低于全国平均水平7.0%,其中山西、河南亩产高于全国平均水平。由此可以看出,作为我国粮食主要产区,水稻、小麦具有一定的比较优势,而玉米、大豆并不具有优势。作为我国棉花、油料、蔬菜的重要产地,却没有优势可言,这说明中部地区农业生产栽培管理水平还较低。

表3-7 2006年中部地区主要农作物的单产量　　　　　　　单位:千克/亩

地区	粮食	稻谷	小麦	玉米	大豆	棉花	油料	糖料	蔬菜
山西	229	296	230	352	82	72.0	56.8	2 114.9	2 408.6
安徽	294	402	304	286	87	69.3	151.0	2 742.4	1 721.5
江西	350	365	108	256	122	96.4	88.7	3 096.4	1 412.3
河南	359	472	376	374	84	69.1	206.3	3 589.9	2 463.7
湖北	362	485	204	315	150	74.1	137.8	2 947.1	1 928.8
湖南	375	409	141	341	155	99.4	108.5	3 600.2	1 610.3
中部地区	334	418	329	350	98	73.9	146.0	3 188.4	1 984.5
全国	314	415	303	360	115	83.1	148.5	4 126.5	2 134.5

资料来源:中国农业信息网。

三、中部地区林业结构

森林覆盖率反映了一个地区或国家的森林资源的丰富程度和生态平衡状况。森林面积包括了乔木林地、竹林地、灌木林地、农田林网以及四旁(村旁、路旁、水旁、宅旁)林木,当一个地区或国家的森林覆盖率超过60%,而且分布比较均匀时,就能维持和保护地区生态环境的稳定。2006年,中部地区森林覆盖率为29.46%,高于全国平均水平,其中江西森林覆盖率达到55.86%,湖南达到40.63%,湖北和安徽分别达到26.77%和24.03%,均高于全国平均水平,河南和山西森林覆盖率则偏低,生态环境不佳。从面积上看,2006年,中部地区林业用地面积为4 541.78万hm^2,占全国林业用地总面积的15.9%。其中森林面积为3 100.21万hm^2,占全国森林总面积的17.7%;人工林面积为1 257.35万 hm²,占全国人工林总面积的23.4%;均高于中部地区国土面积10.7%的占比(表3-8)。但从蓄积量来看,2006年中部地区活立木蓄积量为118 512.5万 m³,占全国活立木总蓄积量的8.7%;森林蓄积量为26 534.46万 m³,占全国森林总蓄积量的8.0%。这说明中部地区林业资源的蓄积量不足,与林业用地之间并不协调。

表3-8 2006年中部地区森林资源情况统计

地区	林业用地面积(万 hm²)	森林面积(万 hm²)	人工林(万 hm²)	森林覆盖率(%)	活立木总蓄积量(万 m³)	森林蓄积量(万 m³)
山西	690.94	208.19	99.19	13.29	7 309.34	6 199.93
安徽	412.32	331.99	185.51	24.03	12 667.41	10 371.90
江西	1 044.69	931.39	275.25	55.86	37 435.19	32 505.20
河南	456.41	270.30	161.11	16.19	13 370.51	8 404.64
湖北	766.00	497.55	145.90	26.77	17 518.13	15 406.64
湖南	1 171.42	860.79	390.39	40.63	30 211.67	26 534.46
中部地区	4 541.78	3 100.21	1 257.35	29.46	118 512.25	99 422.77
全国	28 492.56	17 490.92	5 364.99	18.21	1 361 810.00	1 245 584.58

资料来源:国家统计局.《中国统计年鉴(2007)》.北京:中国统计出版社,2007.

从产值结构看(表3-9),2006年,中部地区共完成林业总产值436.8亿元,占全国林业总产值的29.0%。其中林木的培育和种植业共完成产值143.6亿元,占中部地区林业总产值的32.9%;竹木采运业共完成产值165.0亿元,占中部地区林业总产值的37.8%;林产品共完成产值128.2亿元,占中部地区林业总产值的29.3%。这反映出中部地区林业中林木的培育和种植及竹木采运居于主导地位,而林产品与前两者相比处于一个相对次要的地位,特别是在山西、河南、湖北三省,林产品产值比重仅维持在20%左右,这与全国林业产值结构形成一种反差,也说明中部地区在林产品方面的发展滞后。

表3-9 2006年中部地区林业产值结构

地区	林木的培育和种植		竹木采运		林产品	
	产值(亿元)	比重(%)	产值(亿元)	比重(%)	产值(亿元)	比重(%)
山西	11.4	77.6	0.3	2.0	3.0	20.4
安徽	26.4	31.4	26.6	31.6	31.1	37.0
江西	29.2	28.2	42.1	40.7	32.1	31.1
河南	34.1	37.7	39.6	43.8	16.7	18.5
湖北	14.2	38.3	15.6	42.0	7.3	19.7
湖南	28.3	26.4	40.8	38.1	38.0	35.5
中部地区	143.6	32.9	165.0	37.8	128.2	29.3
全国	406.7	27.0	537.8	35.7	560.6	37.3

资料来源:国家统计局农村社会经济调查司.《中国农村统计年鉴(2007)》.北京:中国统计出版社,2007.

四、中部地区牧业结构

从产值结构看(表3-10),2006年中部地区共完成畜牧业总产值3 861.8亿元,占全国畜牧业总产值的27.6%。其中牲畜饲养业完成产值631.5亿元,占中部地区畜牧业总产值的16.4%,低于全国平均水平3.8%;猪饲养业完成产值2 209.0亿元,占中部地区畜牧业总产值的57.2%,高于全国平均水平9.1%;家禽饲养业完成产值937.9亿元,占中部地区畜牧业总产值的24.3%,低于全国平均水平3.3%。由此可以看出中部地区畜牧业产值结构中猪饲养业的比重极大,其产值占全国猪饲养业总产值的32.8%,除河南外其余5个省猪饲养业的产值比重均高于全国平均水平,这说明中部地区是我国主要的生猪饲养基地。

表3-10 2006年中部地区牧业产值结构

地区	牲畜饲养		猪的饲养		家禽饲养	
	产值(亿元)	比重(%)	产值(亿元)	比重(%)	产值(亿元)	比重(%)
山西	37.5	24.4	83.1	54.1	29.9	19.5
安徽	98.9	17.3	275.6	48.3	178.3	31.3
江西	28.8	7.6	233.5	62.0	94.1	25.0
河南	384.7	28.8	610.7	45.8	309.1	23.2
湖北	32.8	5.8	378.8	67.2	147.7	26.2
湖南	48.8	5.7	627.3	72.7	178.8	20.7
中部地区	631.5	16.4	2 209.0	57.2	937.9	24.3
全国	2 827.0	20.2	6 719.4	48.1	3 850.7	27.6

资料来源:国家统计局农村社会经济调查司.《中国农村统计年鉴(2007)》.北京:中国统计出版社,2007。

从产量结构来看(表3-11),2006年,中部地区共生产肉类产量为2 279万t,占全国肉类总产量的28.3%,低于东部和西部地区产量。其中猪肉产量为1 637万t,占全国猪肉总产量的31.5%,居于四大地区之首;牛肉产量为196万t,占全国牛肉总产量的17.3%,低于东部和西部地区产量;羊肉产量为98万t,占全国羊肉总产量的20.9%,依然低于东部和西部地区产量;禽肉产量为329万t,占全国禽肉总产量的21.8%,仅次于东部地区。此外。2006年,中部地区禽蛋产量为840万t,占全国禽蛋总产量的28.5%,仅次于东部地区;奶类制品的产量为285万t,占全国奶类总产量的8.6%,居于四大地区之末。这实际上也说明了中部地区是我国最主要的生猪产地,同时家禽饲养业也较发达。

表3-11 2006年四大地区牧业产量结构   单位:万t

地区	肉类产量					禽蛋产量	奶类产量
	总量	猪肉	牛肉	羊肉	禽肉		
东部地区	2 654	1 600	201	104	708	1 250	923
中部地区	2 279	1 637	196	98	329	840	285
西部地区	2 313	1 549	223	244	244	409	1 497
东北地区	806	412	130	24	228	446	597
全国	8 051	5 197	750	470	1 507	2 946	3 303

资料来源:中国农业部.《中国农业发展报告(2007)》.载中国农业信息网。

具体到各省,从表 3-12 可以看出,2006 年,中部地区肉类产量占全国的 28.3%,其中就有河南、湖南、安徽、湖北 4 个省居全国前十位,仅河南就占全国肉类总产量的 9.15%;中部地区蛋类产量占全国的 28.5%,其中河南、湖北、安徽 3 个省居全国前十位,河南占全国蛋类总产量的比重高达 13.61%;中部地区奶类产量占全国的 8.6%,其中河南、山西两个省居全国前十位,最高的河南占全国奶类总产量的 4.67%。综合来看,中部六省中河南畜牧业的比较优势最大。

表 3-12 2006 年中部六省肉、蛋、奶产量及其在全国的地位

地区	肉类产量(万 t)	位次	比重(%)	蛋类产量(万 t)	位次	比重(%)	奶类产量(万 t)	位次	比重(%)
山西	72.53	24	0.90	52.41	12	1.78	83.43	9	2.53
安徽	353.81	8	4.39	123.56	8	4.19	12.81	25	0.39
江西	249.12	15	3.09	43.25	16	1.47	13.89	23	0.42
河南	736.54	2	9.15	400.82	3	13.61	154.07	7	4.67
湖北	326.93	10	4.06	124.81	7	4.24	13.88	24	0.42
湖南	539.72	5	6.70	95.29	11	3.23	7.27	28	0.22

注:比重为占全国总产量比重。
资料来源:中国农业信息网。

五、中部地区渔业结构

从产值结构来看(表 3-13),2006 年中部地区创造渔业产值 827.6 亿元,占全国内陆水产品总产值的 34.7%。其中渔业养殖产值为 595.2 亿元,占中部地区渔业总产值的 71.9%。从产量上看,中部地区渔业总产量为 9 489 893t,占全国内陆水产品总产量的 39.5%。其中捕捞产量为 1 221 083t,占中部地区渔业总产量的 12.9%;养殖产量为 8 268 810t,占中部地区渔业总产量的 87.1%。这说明中部地区是我国重要的内陆水产品养殖基地。具体到各省,湖北、湖南、安徽等省水产品产量较大,其比重位居全国前十位。

表 3-13 2006 年中部地区渔业结构

地区	产值			产量(t)		
	总产值(亿元)	养殖(亿元)	养殖比重(%)	总产量	捕捞产量	养殖产量
山西	3.5	3.4	97.1	43 606	1 792	41 814
安徽	191.1	92.9	48.6	1 866 663	351 746	1 514 917
江西	178.7	145.8	81.6	1 804 855	234 091	1 570 764
河南	44.0	0	0	614 314	37 819	576 495
湖北	259.8	222.9	85.8	3 313 870	427 126	2 886 744
湖南	150.5	130.2	86.5	1 846 585	168 509	1 678 076
中部地区	827.6	595.2	71.9	9 489 893	1 221 083	8 268 810
全国	2 385.9	1 971.4	82.6	24 027 273	2 544 168	21 483 105

注:由于中部地区全部为内陆地区,因此全国数据使用的是内陆水产品的数据;河南缺乏渔业养殖产值数据,故以 0 计算。
资料来源:国家统计局农村社会经济调查司.《中国农村统计年鉴(2007)》.北京:中国统计出版社,2007.

第二节 中部地区农业产业的纵向结构

所谓农业产业的纵向结构,指的是现代农业产业中第一、二、三产业的结构及其相互关系,或者是农业产业与非农产业的结构及其相互关系。由于缺乏具体的农业第二、三产业的数据,本书采用农村第二、三产业的数据来说明农业非农产业的发展状况。

一、中部地区农业产业的总体结构

从表3-14可以看出,中部地区农业第一、二、三产业结构2004年为40.0:43.9:16.1,2005年为37.8:46.2:16.0,与全国同期水平相比,第一产业比重明显偏高,而第二产业比重则偏低。具体到各省,可以发现各省农业产业发展水平差异很大,其中山西是一个特例,第二产业相对发达,这主要是由于山西煤炭等矿产资源丰富,因此煤炭开采和洗选业、原料工业、采掘工业等重工业所占比重较大,从而导致山西农业第二产业比重较大。除山西外,其余五省可以分为两类:一类是安徽、江西,这两省第一产业所占比重很大,产业结构呈现"一、二、三"结构,说明还处于产业结构发展的初期阶段;一类是河南、湖北、湖南,这三省第二产业发展较快,产业结构呈现"二、一、三"结构。不过,与发达国家农业产值与非农产值1:4的结构相比,中部地区农业产业结构还相对落后。

表3-14 2004—2005年中部地区农业产业结构   单位:%

地区	2004年			2005年		
	第一产业比重	第二产业比重	第三产业比重	第一产业比重	第二产业比重	第三产业比重
山西	20.1	62.3	17.6	15.4	65.8	16.6
安徽	50.1	34.7	15.2	47.9	36.4	15.7
江西	50.1	36.9	13.0	46.5	40.3	13.2
河南	39.5	48.9	11.6	38.0	50.1	11.9
湖北	39.3	44.3	16.4	39.1	45.3	15.6
湖南	39.6	37.0	23.4	37.4	39.5	23.1
中部地区	40.0	43.9	16.1	37.8	46.2	16.0
全国	33.1	52.1	14.8	32.6	52.6	14.8

注:农业非农产业增加值数据为农业部乡镇企业增加值中扣除农业部分后得来的。
资料来源:中部地区数据来源于《中国乡镇企业年鉴(2005、2006)》和《中国农村统计年鉴(2005、2006)》;全国数据来源于中国社会科学院农村发展研究所,国家统计局农村社会经济调查司.《2006—2007年:中国农村形势分析与预测》.北京:社会科学文献出版社,2007.

从就业结构来看(表3-15),中部地区农业就业结构基本上是"一、三、二"结构,第一产业就业比重最高,2004年、2005年这一比重分别为64.4%和62.4%,高于全国同期水平,这说明大量的农业剩余劳动力并没有被转移出去,依然停留在农业上。而农业第二、三产业发展明显滞后,无法吸纳更多的农业剩余劳动力就业。

表 3-15　2004—2005 年中部地区农业就业结构　　　　　　　　　　单位:%

地区	2004 年			2005 年		
	第一产业比重	第二产业比重	第三产业比重	第一产业比重	第二产业比重	第三产业比重
山西	62.7	19.0	18.3	61.5	19.8	18.7
安徽	61.7	17.7	20.6	60.1	19.8	20.1
江西	59.9	16.4	23.7	58.0	18.8	23.2
河南	68.6	17.4	14.0	65.8	19.4	15.8
湖北	58.9	12.3	28.8	57.0	13.0	30.0
湖南	67.0	13.5	19.5	65.6	14.5	19.9
中部地区	64.4	16.1	19.5	62.4	17.7	19.9
全国	61.6	17.7	20.7	59.5	19.2	21.3

资料来源:中部地区数据来源于国家统计局农村社会经济调查司.《中国农村统计年鉴(2007)》.北京:中国统计出版社,2007。全国数据来源于中国社会科学院农村发展研究所、国家统计局农村社会经济调查司.《2006—2007 年:中国农村形势分析与预测》.北京:社会科学文献出版社,2007。

此外,人均收入水平也是衡量产业结构是否合理的一个重要指标。从表 3-16 可以看出,2000—2007 年,中部地区农民人均纯收入均低于全国平均水平,这就使得中部地区农民人均支出也低于全国平均水平,如 2007 年,中部地区农民人均支出 3 836.7 元,低于全国 4 140.4 元的平均水平,这又反过来制约了中部地区农业产业结构的调整与优化,从而使中部地区陷入了一个"低收入—低投入—低产业"的恶性循环。

表 3-16　2000—2007 年中部六省农民人均纯收入情况　　　　　　　　　　单位:元

年份	山西	河南	安徽	湖北	湖南	江西	中部地区	全国
2000	1 905.6	1 986.0	1 935.0	2 269.0	2 197.0	2 135.0	2 071.3	2 253.4
2001	1 956.1	2 098.0	2 020.0	2 352.0	2 299.0	2 232.0	2 159.5	2 366.4
2002	2 149.8	2 216.0	2 118.0	2 444.0	2 398.0	2 334.0	2 276.6	2 475.6
2003	2 299.4	2 236.0	2 127.0	2 567.0	2 533.0	2 458.0	2 370.1	2 622.2
2004	2 589.6	2 553.0	2 499.0	2 890.0	2 838.0	2 953.0	2 720.4	2 936.4
2005	2 890.7	2 870.6	2 641.0	3 099.2	3 117.7	3 128.9	2 958.0	3 254.9
2006	3 180.9	3 261.0	2 969.1	3 419.4	3 389.6	3 459.5	3 280.0	3 587.0
2007	3 665.7	3 851.6	3 556.3	3 997.5	3 904.2	4 044.7	3 836.7	4 140.4

资料来源:根据《中国统计摘要(2008)》数据计算。

二、中部地区非农产业结构

改革开放以来,乡镇企业和农村的非农产业已成为我国农业和农村经济的一根重要支柱,是增加农民收入的主要来源之一,也是农村城镇化发展进程中必须迈出的重要步伐。但整体上看,中部地区乡镇企业与农村非农产业的发展还相对滞后。从表3-17可以看出,2006年,中部六省以占全国总数28.7%的企业和27.5%从业人员,只创造了21.3%的增加值和利润额,总产值和上交税金的贡献则更低,只占全国的17.6%和16.0%。这说明中部地区乡镇企业经济效益较全国水平低,比东部沿海则更低。

表3-17 2006年中部地区乡镇企业发展情况

地区	企业个数（个）	从业人员年末数（人）	增加值（万元）	总产值（万元）	利润总额（万元）	上交税金（万元）
山西	466 535	4 241 474	18 147 796	61 916 809	5 139 172	2 681 337
安徽	849 928	5 465 052	12 236 302	43 647 979	3 871 336	982 941
江西	775 595	4 420 754	11 486 037	39 342 418	3 141 020	1 129 495
河南	1 662 867	10 347 814	36 463 470	136 034 654	12 151 801	1 912 436
湖北	1 011 736	6 443 781	20 333 917	76 594 044	3 860 989	1 487 133
湖南	1 873 712	9 444 878	24 969 323	82 747 128	3 280 257	1 550 493
中部地区	6 640 373	40 363 753	123 636 845	440 283 032	31 443 757	9 743 835
中部地区占全国比重(%)	28.7	27.5	21.3	17.6	21.3	16.0

资料来源:中国农业信息网。

从表3-18可以看出,2005年中部地区农村工业结构中轻重工业之比为1:1.57,要高于全国同期农村轻重工业之比(1:0.95),这说明中部地区农村轻工业发展还显不足。这是因为根据产业布局原则,轻工业尤其是以农产品为原料的轻工业更加适宜在农村生产。在轻工业中,以农产品为原料的轻工业占中部地区轻工业增加值的55.1%,其与中部地区农林牧渔业增加值之比为1:0.09。这说明中部地区农产品加工业发展相当落后,还远远无法满足农产品加工的需求,中部地区农产品更多的是以初级产品的形式销售,产品的附加值大量流失,因而中部地区农业产业结构亟待优化。

表3-18 2005年中部地区乡镇企业工业增加值结构   单位:万元

地区	轻工业	轻工业中以农产品为原料	轻工业中以非农产品为原料	重工业
山西	378 645	194 604	184 041	5 756 062
安徽	1 301 702	555 878	745 824	758 095
江西	1 366 188	474 410	891 778	880 607
河南	3 513 688	1 948 066	1 565 622	4 689 401
湖北	1 708 458	1 362 054	346 404	2 293 235
湖南	1 877 431	1 055 581	821 850	1 567 522
中部地区	10 146 112	5 590 539	4 555 519	15 944 922
全国	112 641 784	52 720 826	59 920 958	107 145 010

资料来源:《中国乡镇企业年鉴》编辑部.《中国乡镇企业年鉴(2006)》.北京:中国农业出版社,2006。

第三节 中部地区农业产业结构的整体评价

一、产业结构演进与转换整体水平较低

改革开放以来,中部地区农业获得巨大发展,但从总体上看,中部地区农业发展依然停留在传统的农业阶段,现代农业的发展水平还很低,与东部沿海和全国平均水平相比,仍有一定的差距。2005年,中部地区农业第一、第二、第三产业结构比为37.8:46.2:16.0,同期全国平均水平为32.6:52.6:14.8,其中第一产业比重比全国高5.2%,第二产业比全国低6.4%。从就业结构比较中发现,中部地区农业与非农产业劳动力比值为62.4:37.8,全国平均为59.5:40.5,农业劳动力比重超过全国平均水平2.9%。2006年,中部地区农民人均收入水平为3 300.9元,较全国农村人均纯收入低286.1元。从农业综合竞争力来看,中部地区农业综合竞争力较低,平均竞争力仅28.17,低于全国平均水平,更低于东部地区农业较发达的省份(表3-19)。

表3-19 中部六省、沿海五省农业竞争力综合指数比较

竞争力\地区	湖南	河南	江西	湖北	安徽	山西	江苏	浙江	山东	福建	广东	全国
规模竞争力	3.7	5.9	2.4	5.0	3.0	0.0	7.9	3.9	8.3	4.9	5.4	2.7
要素竞争力	3.7	1.1	2.0	2.7	1.9	1.3	5.2	3.0	4.3	4.2	3.7	7.7
结构竞争力	5.1	4.3	3.9	2.1	4.1	0.0	2.5	3.7	2.8	4.7	4.1	2.8
现代化竞争力	5.1	5.5	3.5	1.4	3.7	0.0	6.2	7.6	5.4	5.4	4.0	4.5
成长竞争力	1.7	2.6	1.8	1.0	0.9	3.2	5.9	7.9	5.1	4.3	3.3	2.7
环境竞争力	5.4	4.0	5.4	5.1	4.0	2.6	3.6	6.9	7.6	5.2	6.4	4.2
综合竞争力	39	35	29	27	26	13	55	53	51	47	42	46

资料来源:国家统计局.《中国统计年鉴(2005)》.转引至龙江松.《中部农业竞争力研究比较》。

二、农业产业结构趋同且产业之间的关联程度较低

目前,中部地区农业产业分工不明显,产业结构趋同,产业之间的关联程度小,严重制约了中部地区农业的产业化。首先是农产品加工业落后,很大程度上只限于对农产品的简单加工,深加工系列产品少,没有形成较大的产业规模,农业产业链没有得到有效拓展。其次,中部地区六省农业产业结构趋同。以农林牧渔业为例,从表3-20可以看出,1995—2002年,中部地区六省之间存在明显的产业结构趋同现象,这表明中部地区的农业资源利用并不合理,区域优势没有得到很好的发挥,再加上国家的区域产业政策不完善,对区域农业产业结构缺乏明确、具体而又可行的引导,因而直接影响了中部地区农业产业结构调整步伐和农业生产的发展。

第三,农业组织化拉动作用不够,农产品的生产、加工、运输与销售之间未能形成互相促进、共同发展的有效联结,农产品加工转化增值率低,大量的农户仍然徘徊在"产业化"大门之外,独自承担生产和市场的风险。

表3-20 中部地区六省农林牧渔业结构与全国平均结构的相似系数

年份(年) 地区	1995	1998	2001	2002
山西	0.992	0.989	0.985	0.987
安徽	0.996	0.998	0.999	0.999
江西	0.989	0.987	0.993	0.993
河南	0.993	0.987	0.988	0.987
湖北	0.997	0.999	0.998	0.998
湖南	0.995	0.984	0.997	0.997

资料来源:张晓山,宋洪远,李惠安.《调整结构·创新体制·发展现代农业》.北京:中国社会科学出版社,2007。

三、农民收入水平较低且增长的长效机制尚未建立

从表3-16可以看出,中部地区农民人均纯收入要低于全国平均水平,与东部沿海地区的差距则更大,而且中部地区农民收入增长缓慢,城乡差距进一步拉大。从表3-16可以算出,2000—2007年中部地区农民收入仅增长了85.24%,而同期中部城镇居民可支配收入涨幅超过了100%,城乡收入比也由2000年的2.50:1上升到2007年的3.02:1。之所以出现这种情况,主要是由于中部地区农民收入的长效机制尚未建立,大量农村从业人员仍在第一产业就业,导致第一产业就业比重偏高而产出比重偏低,中部地区农业劳动力转移极其不足,造成大量的农业劳动力剩余。这种情况严重制约了中部地区农业的发展,也制约了中部地区农民收入的增长。

四、区域化、专业化程度仍较低,特色农业发展滞后

近年来,中部地区农业和农村经济结构调整取得了一定的进展,农业产业化进程加快,已初步形成了食品饲料加工、竹木加工、油脂加工、肉类加工、果蔬茶叶和特种养殖等几大类农产品及加工产业集群体系,农产品基地建设由过去的"一村一品",逐步转向按气候资源条件、按区域、流域连片发展,农业产业带逐步形成(表3-21)。但从总体来看,中部地区农业生产的区域化、专业化程度仍较低,特色农业发展滞后,特色资源开发利用的深度和广度不够,还处于低层次的粗放式的经营阶段,缺乏深加工和精加工等高附加值产品,比较效益低,没有将区域资源优势真正转变成区域性特色板块经济优势,中部地区特色农业无论是在规模还是在带动能力上还无法使当地群众从根本上摆脱贫困。

表 3-21 中部农业产业带、产业基地与优势农产区状况

地区	产业带	优势农产品	优势农产区
山西	小杂粮、干鲜果、蔬菜、草食畜和中药材	小杂粮、干鲜果、蔬菜、草食畜、中药材、玉米、油料	雁门关生态畜牧经济区、中南部无公害果菜作物经济区、太行吕梁两山干果杂粮生态经济区
安徽	沿江及江南水稻产区；淮北平原小麦产区；江淮稻麦产区；沿江和江淮蔬菜重点产区；淮北平原和沿江洲地棉花重点产区	专用小麦、水稻、棉花、"双低"油菜、茶叶、花生、蔬菜、猪牛羊禽肉、蜂产品、水产品等	淮北平原农业区；江淮丘陵农业区；皖西大别山地林茶区；沿江平原农业区；皖南山地林茶粮区
江西	"三片一区"粮食区；南橘北梨区；中部草食畜禽区；环鄱阳湖水产区	果业、畜禽、水产品、优质稻、优质油料、蔬菜、茶叶、苗木花卉、中药材和速生丰产林	赣西北、赣东北、赣东、鄱阳湖滨湖地区、赣中南丘陵林茶区；鄱阳湖粮产区、赣抚平原粮产区、吉泰盆地粮产区、赣西粮产区；城郊无公害蔬菜产区；环鄱阳湖棉区
河南	优质小麦生产区；优质水稻生产区；优质棉生产区；优质烟生产区；绿色奶业示范带项目；蛋肉鸡、水禽、肉牛肉羊带	粮食、棉花、油料、畜禽、果蔬、花卉、苗木、茶叶、中草药等	黄河滩区绿色奶业示范带；中原肉牛带；京广铁路沿线生猪产业带；豫北蛋肉鸡区；豫南水禽区；黄淮平原优质大豆及专用玉米区；豫中豫北豫南小麦区；沿黄沿淮水稻区
湖北	"双低"油菜产业带；优质稻米产业带；商品蔬菜产业带；水产养殖带；速生林产业带；优质三元猪产业带	粮食、棉花、油料、畜禽、水产、蔬菜、果茶、林特	江汉平原粮棉、水产、生猪产区；鄂东低山丘陵粮棉产区；鄂中北丘陵岗地棉区；城郊无公害蔬菜产区；长江沿岸和丹江库区柑桔产区；鄂东、鄂东南、鄂西北、鄂西南林特产区
湖南	食品饲料加工、竹木加工、油脂加工、肉类加工、果蔬、茶叶和特种养殖等	粮食、棉花、油料、苎麻、烟叶、柑橘以及畜禽等	"长、株、潭"现代农业区；环洞庭湖适水农业区；湘西生态农业区；湘中南外向型农业区

资料来源：《中国农业年鉴》以及中部六省相关资料整理。

五、中部地区农村产业二元结构特征依然明显

二元结构最早是由荷兰经济学家 Julius H. Boeke 提出的,指的是"资本主义"部门和传统农业并存的经济。关于传统农业和资本主义部门(工业)之间的划分,也可以推广到任何一个两部门经济。二元经济结构表现出来许多特征,但二元经济结构的本质是两部门(农业、非农业)生产力发展水平的差别。在衡量农业和非农业生产率的差别时,可以用比较劳动生产率的概念,即某产业的产值比重与劳动力就业比重的比值。"二元结构强度"是反映二元经济结构强弱的概念,这里用非农产业的比较劳动生产率与农业的比较劳动生产率的相对比值表示。从表 3-22 可以看到,2006 年中部地区二元结构强度系数为 4.94,其中山西甚至高达 11.43。库茨涅茨的研究表明,世界上其他发展中国家这一差距最大的为 4.09,中部地区除江西、湖南以外其他省份均高于这一差距,说明中部地区二元结构特征非常明显。造成这一情况的原因主要有以下 3 个方面:一是长期依靠传统体制成长起来的城市工业化呈现明显的重型化趋势,既缺乏同农村经济的有机联系,又缺乏对地方工业的带动作用。二是中部地区市场化程度落后,市场经济不发达。从表 3-23 可以看出,中部地区市场化程度不仅落后于东部地区,而且

落后于全国平均水平和东北地区,仅高于西北地区。三是中部地区乡镇企业不发达,城市化建设滞后。从表3-24可以看出,截止到2005年,中部地区城镇化率仅为36.5%,远低于东北和东部地区,比全国平均水平也要低6.5%。2001—2005年期间是中国城镇化进程最快的时期,全国城镇化率年均增长1.38%,而中部地区年均增长1.36%,城镇化速度滞后。由于中部地区城镇化进程滞后,使得中部地区农业剩余劳动力转移受阻。

表3-22 2006年中部地区二元结构强度

地区	农业GDP比重(%)A	农业从业人员比重(%)B	农业GDP相对生产率 C=A/B	非农业GDP比重(%)D	非农业从业人员比重(%)E	非农业GDP相对生产率 F=D/E	二元结构强度 G=F/C
山西	5.8	41.0	0.14	94.2	59.0	1.60	11.43
安徽	16.7	45.9	0.36	83.3	54.1	1.54	4.28
江西	17.0	39.1	0.43	83.0	60.9	1.36	3.16
河南	16.4	55.4	0.30	83.6	44.6	1.87	6.23
湖北	15.2	42.4	0.36	84.8	57.6	1.47	4.08
湖南	17.8	53.6	0.33	82.2	46.4	1.77	5.36
中部地区	14.8	46.2	0.32	85.2	53.8	1.58	4.94
全国	11.8	42.6	0.28	88.2	57.4	1.54	5.5

资料来源:国家统计局,《中国统计年鉴(2007)》。其中河南、湖北、湖南就业人员构成为2005年数据,中部地区数据为作者根据上述数据计算。

表3-23 2001—2005年四大区域市场化程度比较　　　　　　　　单位:%

年份(年) \ 地区	全国	东部地区	中部地区	西部地区	东北地区
2001	4.638	6.668	4.080	3.286	4.402
2002	5.018	7.063	4.479	3.610	4.911
2003	5.499	7.534	5.073	4.078	5.249
2004	6.098	8.093	5.789	4.624	5.968
2005	6.523	8.517	6.240	5.051	6.329

资料来源:王小鲁,樊纲,朱恒鹏.《中国的市场化进程及其对经济增长的贡献》。见:Ross Garnaut,宋立刚.《中国市场化与经济增长》.北京:社会科学出版社,2007。其中四大区域数据是作者根据相关数据计算。

表3-24 中国主要年份分地区城镇化进展统计(1982—2005年)

地区	地区城镇化率(%)				年均增幅(%)		
	第三次普查(1982年)	第四次普查(1990年)	第五次普查(2000年)	抽样调查(2005年)	1983—1990年	1991—2000年	2001—2005年
全国	21.1	26.4	36.2	43.0	0.66	0.98	1.38
东部地区	22.3	30.1	45.3	52.8	0.98	1.52	1.50
中部地区	16.0	20.2	29.7	36.5	0.52	0.95	1.36
西部地区	16.7	21.0	25.9	32.3	0.54	0.49	1.28
东北地区	41.0	47.6	52.1	55.1	0.83	0.45	0.60

资料来源:中国市长协会.《中国城市发展报告(2007)》.北京:中国城市出版社,2008。

六、农村小康建设水平较低

国家统计局农村全面小康标准的分省区监测结果显示(表 3-25),2005 年,我国区域之间农村全面小康实现程度极不平衡,中部地区[①]的农村全面小康实现程度为 24.6%,不仅要远低于东部沿海地区 47.6%的水平,而且低于全国 28.2%的平均水平。这种差距主要体现在第一产业劳动力比重、农民人均可支配收入、农业劳动力素质、农业科技水平等方面。以农业劳动力素质为例,2006 年,中部地区小学文化程度以下的农村居民占整个农村居民的 30.24%,大专文化程度及大专以上的仅 1.02%,平均受教育年限[②]仅为 8.24,这说明中部地区农民素质偏低,这直接影响到农村富余劳动力的转移和农民增收,也制约了中部地区农业产业结构调整的进程。

表 3-25　2005 年东、中、西部农村全面小康实现程度　　　　单位:%

指标	全国	东部地区	中部地区	西部地区
经济发展	20.8	49.7	10.3	-9.3
社会发展	33.9	43.5	29.3	24.5
人口素质	15.0	31.3	17.9	-49.0
生活质量	38.5	60.1	31.6	13.8
民主法制	72.7	77.7	77.7	70.3
资源环境	-0.7	18.7	16.4	-13.2
综合实现程度	28.2	47.6	24.6	1.3

资料来源:国家统计局农村经济社会调查司.《中国农村全面建设小康监测报告》.北京:中国统计出版社,2006。

七、农业投入明显不足,农业基础设施薄弱

中部地区虽然是农副产品的主产区,但相对于东部发达地区,农业投入明显不足。从表 3-26 中可以看出,2001—2005 年,中部地区的农业投入水平均低于全国平均水平,其中在 2001 年和 2002 年,中部地区农业投入水平为全国最低。以农户人均经营性支出为例,2006 年中部地区仅 992.7 元,为全国四大区域最低。由于农业投入水平偏低,导致中部地区农业机械化水平较低和农业基础设施薄弱。以农业机械化水平为例,从表 3-27 可以看出,根据全国第二次农业普查主要数据公报显示,中部地区机耕面积比重仅为 60.2%,机播面积比重仅为 26.2%,均低于东北地区和东部地区;机电灌溉面积比重为 32.0%,比东部地区比重低 22.9%;机收面积比重为 30.5%,比东部地区比重低 4.4%。从拥有的农业机械来看,中部地区虽说在小型农业机械方面占有率较大,但在大中型农业机械方面却处于明显的劣势,这说明中部地区农业机械化水平整体偏低。农业机械化水平的低下和农业基础设施的薄弱已经成为中部农业发展的

---

　①此处采用的是传统的中部八省划分,即包括黑龙江、吉林、山西、河南、湖北、湖南、安徽、江西。
　②平均受教育年限=文盲半文盲比例×1+小学程度比例×6+初中程度比例×9+高中程度比例×12+中专程度比例×12+大专及大专以上比例×15.5。

"瓶颈",严重阻碍了中部地区农业产业结构调整的进程。

表 3-26 2000—2002 年全国四大区域农业投入水平指数比较

年份(年)	全国	东部地区	中部地区	西部地区	东北地区
2001	27.74	37.75	24.75	20.47	24.53
2002	27.79	41.32	20.26	20.47	24.07
2003	28.74	41.38	21.36	21.98	24.32
2005	35.48	45.79	29.39	29.20	35.88

资料来源:中国科学院可持续发展战略研究组.《中国可持续发展战略报告(2002、2003、2004、2006)》.北京:科学出版社,2002、2003、2004、2006。

表 3-27 全国四大区域农业机械化水平比较

		全国	东部地区	中部地区	西部地区	东北地区
占耕地面积的比重(%)	机耕面积	59.9	73.8	60.2	39.3	77.5
	机电灌溉面积	26.6	54.9	32.0	13.1	12.7
	喷灌面积	1.8	2.8	2.9	0.7	0.1
	滴灌渗灌面积	0.8	0.2	0.3	2.0	0.1
占播种面积的比重(%)	机播面积	32.6	36.1	26.2	23.3	59.1
	机收面积	24.9	34.9	30.5	10.4	26.3
主要农业机械数量(万台)	大中型拖拉机	140	36	29	31	44
	小型拖拉机	2 550	868	1 003	395	284
	大中型拖拉机配套农具	147	34	33	32	48
	小型拖拉机配套农具	2 509	587	1 342	338	242
	联合收割机	55	23	24	4	4

资料来源:中国政务信息网。

第四章 中部地区农业产业结构调整的总体框架

第一节 中部地区农业产业结构调整的区域特征分析

一、中部地区农业产业结构调整的区域优势与劣势

(一)中部地区农业产业结构调整的区域优势

无论从区域的地理环境、自然资源和农业生产历史看,还是从科技后备力量、社会经济环境和劳动力资源看,中部地区都具有发展农业的特定优势。

1. 资源禀赋总量大,生产条件优越

中部六省耕地资源丰富,土地肥沃,长江、黄河、淮河、海河四大水系分布其中,全国五大淡水湖就有洞庭湖、鄱阳湖、巢湖等位于中部,水资源相对丰富。2006年末,中部地区六省的耕地面积[①]达3 055.65万hm^2,占全国耕地总面积的23.5%。其中,农田有效灌溉面积达1 576.51万hm^2,占全国有效灌溉面积的29.19%,占中部耕地总面积的一半以上;化肥施用量(折纯量)为1 408.7万t,占全国化肥施用总量的31.93%;农作物总播种面积达4 638.40万hm^2,占全国的30.43%;粮食作物播种面积2 905.28万hm^2,占全国粮食作物播种面积的29.23%,可利用土地比重较大,耕地利用率较高。而且,中部地处亚热带和暖温带,气候适宜,四季分明,日照充足,温和湿润,无霜期长(年均250天左右),大部分地区年均降水量在1 000～2 500mm之间,而且雨热同季。这种丰富的气候资源为农业发展提供了优越的自然条件,能满足多种亚热带和暖温带农作物生长的需要,对农、林、牧、渔各业生产十分有利。此外,中部地区矿产资源、能源资源等蕴藏量十分丰富,六省中矿种多达140多种,45种矿产资源总价值(24 760.24亿元)占全国(57 288.87亿元)总价值的43.2%,其中贵重金属、有色金属、稀有金属、能源矿产等占全国总储量的1/3以上,黑色金属、化工原料等发份额也在1/5以上,中部六省中除山西外水利资源丰富,三峡水利枢纽就位于中部地区。

2. 农业生产的历史悠久

据历史记载,早在夏商时期,地处中部的河南、山西等地就是农业生产相当活跃的地区,是当时中国政治经济文化的中心。唐朝以后,随着北方人口逐渐南迁,长江中游地区的农业得到突飞猛进的发展,一举成为我国农副产品生产的重要基地。新中国成立后,随着一大批农田水

---

① 耕地面积为1996年第一次农业普查数据。

利基础设施的兴建,中部地区各省防洪抗灾的能力大大提高,农业生产能力得以迅速恢复和发展。如昔日"十年九不收"的湖北天门、沔阳洲今天已经成为全国著名的粮棉油生产大县,过去"十年九荒"的安徽凤阳如今也成为安徽的粮食生产基地。经过50多年的发展,中部地区农业取得了辉煌的成就,对中部地区和全国经济的稳定发展作出了重要贡献。

3. 交通发达,区位优势明显,为农业的运输、销售提供了良好的便利条件

第一,中部地区的区域优势明显。中部六省中,东部的皖、赣紧靠长三角的区域中心上海;南部(赣、湘)毗邻珠三角和港澳;西部(鄂、豫)是东部产业向西部转移的桥梁与纽带,也是西气东输、西电东送的必经之路;北部(晋、豫)紧靠以京津为中心的环渤海经济圈,具有连贯南北、承东启西,居于周边辐射的良好区位,其战略位置显著。

第二,中部地区交通发达。中部地区历来为中国水陆交通枢纽,境内在整体上已经形成了以"三纵三横"干线为骨架的交通网,有"黄金水道"之称的长江横贯其间,是我国重要的交通干线和中转换装中心。这些交通干线运输能力巨大,为沿线地区的经济发展提供了强有力的保障。正是由于中部地区良好的区位优势,使得中部地区农产品运输和销售极为方便。

4. 农业地位突出,劳动力资源丰富,为农业产业结构调整奠定了坚实的基础

中部地区自古以来就是全国重要的农副产品主产区,其农业基础设施较为完备,抗灾能力强,农业地位突出。中部地区的粮食产量在2006年为15 714.8万t,占全国的31.6%;油料产量为1 268.0万t,占全国的41.2%;棉花产量为214.8万担,占全国的31.8%;猪牛羊肉产量为2 278.7万t,占全国的28.3%;水产品产量为949万t,占全国的17.9%;蛋类产量为840.1万t,占全国的28.5%。

中部地区农村劳动力资源丰富,为中部农业发展提供了丰富优越的人力资源。2007年中部地区六省总人口为3.72亿,其中乡村人口高达2.25亿(指户口在乡村的常住人口),占全国乡村人口的30.9%,占中部地区总人口的比重高达60.55%,是全国乡村人口比重最高的地区;2006年中部地区的第一产业从业劳动力9 536.7万人,占全国第一产业从业劳动力总数的31.8%;在乡村从业的劳动力为15 274.8万人,占全国乡村从业劳动力的30.3%,占中部地区六省人口总数的41.05%。中部地区的劳动力成本比发达地区低,2002年安徽、江西、河南、湖北、湖南五省从事农林牧渔业的国有单位,其平均劳动报酬分别为5 553、5 049、7 429、4 709、5 269元,除河南省以外,其他省份都比全国平均工资6234元低。

5. 拥有一支较强的农业科技力量

科学技术是第一生产力,科技的注入能有效地提高农业的产量和质量。邓小平就曾指出:"农业的发展,一靠政策、二靠科技,科学技术的发展和作用是无穷无尽的。""将来农业问题的根本出路,最终要由生物工程来解决,要靠尖端技术。"区域农业科技力量的强弱是衡量区域农业生产力水平和发展后劲的重要标志之一。新中国成立后,尤其是改革开放以来,中部地区经过不懈的努力,已经组成了一支实力比较雄厚的农业科技力量。截至2005年,中部地区拥有农业科研机构269个,占全国总数的23.5%,农业科技人员11 019人,占全国的18.6%。此外,还拥有一大批农业科研院所和农业职业中学,每年将培养大量的农业技术人才。这支实力较强的农业科技力量为中部地区的农业发展奠定了比较坚实的科学技术基础,也是中部地区推进农业产业结构调整、实现可持续农业的有力保证。

6. 自然、人文旅游资源和生物物种资源丰富,为特色农业发展奠定了基础

中部地区从南到北地跨亚热带和温带地区(暖温带、中温带、寒温带),区内地形条件复杂,

包括黄土高原、黄淮平原、江汉平原、太行山区、大别山区、大巴山区及其众多丘陵地带等,长江、黄河两大水系横亘其间,名山大川多,江、河、湖、库星罗棋布,自然景观异常丰富,如著名的长江三峡、黄河壶口瀑布、庐山、黄山、神龙架、五岳中的嵩山、恒山、衡山等。与自然资源优势相比,中部地区地跨黄河、淮河、长江、海河四大流域,是中华民族的发源地之一,在中华民族有迹可寻的 5 000 多年历史长河中,几乎有 3 000 年在中部地区建都,中华民族的文明史迹遗址丰富多彩,人文资源优势也很明显,如七大古都中就有洛阳、开封、安阳位于中部地区,中部地区也是中国新民主主义革命的摇篮,革命遗址众多,全国 84 处革命遗址和革命纪念建筑物中,中部地区就有 22 处。此外,由于中部地区丰富的气候资源和多样的地形条件,使得中部地区生物物种繁多、分布广泛、野生比例大、珍稀比重大、经济利用价值高。湖北的动物资源最多,达 700 余种;河南的最少,也有 418 种。江西的植物资源最多,达 4 000 余种;山西的最少,也有 1 700 余种。这些资源为中部地区特色农业的发展提供了巨大的发展空间。

(二) 中部地区农业产业结构调整的区域劣势

1. 区位劣势

区位条件自古以来都是区域经济发展的基础和保证,在中国这一点体现的相当明显。正如有学者指出的那样,"我国经济尚处于工业化发展的中期阶段,因此,经济发展仍然受到不同地理位置选择的巨大影响。直观地说,我国区域经济与整个经济发展阶段相适应,仍处于'沿海经济'和'江河经济'时代,特别是与'沿海'地理位置的远近直接影响着区域经济活动的效率、成本、市场规模(由人口数量决定)等方方面面。"中部地区地处我国内陆腹地,远离海岸线和边境线,这就使得中部地区在市场的争夺战中自然地处于劣势,经济发展特别是农村地区的经济发展相对滞后。这可以从中部地区县域经济的竞争力反映出来,根据第七届全国各省市区县域经济基本竞争力评价结果,中部地区的河南、安徽、湖南、湖北处于第三等级,山西、江西处于第四等级,平均竞争力仅高于西北地区。

2. 人力资源劣势

人才的缺乏是中部地区极为普遍的现象,特别是管理人才和经营人才的缺乏更是中部地区农业产业结构调整滞后的主要问题之所在。从根本上讲,中部地区发展特色农业、推进农业产业化最缺的是管理人才和经营人才。从农业劳动力素质上看,2006 年,中部地区小学以下的农村居民占整个农村居民的 30.24%,大专以上的仅 1.02%,平均受教育年限仅为 8.24,不仅低于东北地区,也低于全国平均水平,这说明中部地区人力资源状况较差,直接影响到农村剩余劳动力的转移和农业产业化,制约了中部地区农业产业结构调整的进程。

3. 科技劣势

虽然说中部地区已经拥有一支实力比较雄厚的农业科技力量,但与农民的科技需求和农业产业结构调整的需要相比还相差甚远,农业科技供应能力和相关技术的消化能力相当薄弱。除山西外,2002 年,中部地区分布在第一产业的科研成果还不到全部科技成果的 18%,分布于农业的专业技术人员为 11.8 万人,占农业劳动力人数的 0.12%,而环渤海地区这一指标为 0.2%。即使是如此有限的农业科技资源,主要集中于大宗粮棉油作物、园艺作物、特产经济作物等种植业,畜牧业和水产业领域的科技资源长期严重不足,而且农业科技力量主要集中于产中领域,产前、产后科技力量匮乏,中试转化和产业化等环节相对薄弱。此外,中部地区农业信息化水平也较低,有关农业生产管理、技术、标准、市场经营等方面的信息获取困难。从表 4-1 可以看出,2005 年,中部地区农业信息化水平指数仅 39.92,仅高于西北地区,中部地区六省均属于农业信息化发展的第三类地区。正是由于科技方面的劣势,就使得中部地区农业产业化水平不高,农业产业结构调整进程受阻。

表 4-1 2005 年全国四大区域农业信息化水平比较

全国水平	东部地区	中部地区	西部地区	东北地区
40.53	54.47	39.92	34.54	47.36

资料来源:李道亮.《中国农村信息化发展报告》.北京:中国农业科学技术出版社,2007。其中四大区域数据由作者计算。

4. 市场劣势

中部地区农产品市场体系建设虽然取得了长足的进步,但与东部沿海地区农产品市场体系相比较,还存在着明显的差距和不足:一是中部地区农产品市场建设滞后,农产品市场设施简陋、服务功能单一的问题突出,制约着中部地区农产品市场发挥更大的作用;二是中部地区农民进入市场的组织化程度低,市场主体呈小规模、大群体格局,流通效率不高,抗市场风险能力弱;三是中部地区农产品市场管理相关法律制度不健全,维护市场秩序工作难度大;四是中部地区农产品流通的信息化建设处于起步阶段,市场信息容量有限。这些都对中部地区农业产业结构调整提出了严峻的挑战。

5. 观念劣势

中部地区长期以农业经济为主,农业经济、自然经济条件下形成的封闭保守、小富即安、害怕风险等思想观念与商品经济、市场经济相冲突和矛盾,开拓创新、真抓实干、思富创业、富而思进的劲头还不足。再加上在计划经济下形成的发展靠优惠政策、投入靠国家拨款,习惯于行政手段、习惯于分钱分物、习惯于照搬照套等旧思想,忽视制度创新,政府职能的转变过程较为缓慢,等靠要的思想依然比较浓厚。此外,中部地区农民的短期行为大量存在,相当一部分农民为了眼前利益,放弃了对文化知识和科学技术的学习,这种行为也就使得中部地区农民缺乏在更深更广的领域和范围内对农业产业机构进行调整的能力。这对于加快中部地区市场经济发展、促进中部地区农业产业结构调整产生了阻碍作用,不利于中部地区经济的崛起。

二、中部地区农业产业结构调整的区域特征

中部地区地处我国内陆,自改革开放以来其发展由于生态状况严重恶化,乡村人口众多,至今未能改变农业区和资源粗加工工业区的结构,无法找到自己发展的步调,经济增长缓慢,其农业区域基本上都属于欠发达区域,因而其农业产业结构调整面临多种因素的制约。

(一)中部地区农业产业结构调整面临巨大的资源约束

1. 耕地资源约束

人多地少,可耕地面积短缺是中部地区农业产业结构调整面临的基本出发点。2006 年,中部地区 3 056.65 万 hm²,占全国耕地总面积的 23.5%;而同年中部地区总人口为 3.525 亿,其中乡村人口高达 2.186 亿(指户口在乡村的常住人口),占全国乡村人口的 29.6%,占中部总人口的比重高达 62.0%,是全国乡村人口比重最高的地区之一,这就使得中部地区农村人口平均占有耕地面积要远低于全国平均水平,也低于东部、东北和西部地区的平均水平。就农

村家庭经营耕地规模而言,中部地区平均每个农村家庭经营耕地面积为1.62亩,低于全国平均的2.11亩,也低于西部(2.65亩)和东北(6.64亩)的平均水平,仅略高于东部地区的平均水平,除了人均耕地面积小以外,中部地区人均山地、园地、草地面积均低于全国平均水平,而且,随着城市化、工业化进程的不断加快,中部地区耕地面积还在不断缩小。这种不断缩小的耕地规模与中部地区数量庞大的农业劳动力之间形成巨大的反差,严重阻碍了中部地区农业产业结构调整的进程。

2. 水资源约束

中部地区虽然淡水资源较为丰富,但分配不均,北部地区水资源匮乏,且在中部水资源利用中,农业是用水大户,占总用水量的70.4%,农业灌溉用水又是农业的主要用水对象,其比例一直保持在农业用水量的90%以上,中部2/3以上的农产品由灌溉地生产,农业季节性、地区性干旱突出。由于地下水超采,区域地下水漏斗面积相当大,随着水资源向非农业转移,农业缺水日益严重,每年农业用水大约缺185亿 m^3,粮食减产500亿~600亿kg。而且,中部地区农业灌溉用水的效率较低,浪费严重。据统计,中部地区农业灌溉用水有效利用系数平均为0.51,渠系利用系数只有0.4~0.6,大约有一半水被浪费,这就更加剧了中部地区水资源短缺的状况。

(二) 中部地区农业产业结构调整承受人口增长和收入增长缓慢的双重压力

2006年,中部地区农村人口高达2.186亿,是我国农村人口最为集中的地区之一。由于中部地区农村人口基数较大和增长率较高,中部地区农村有着沉重的人口增长压力。同时,由于中部地区农村经济基础较差,承受着为农民增加收入的重任和压力。人口增长和收入增长对农业的要求是存在矛盾的。人口增长要求增加基本的农产品,特别是粮食的生产。这种要求维持现有以种粮为主的农业产业结构;收入增长则要求在现有耕地上减少粮食的种植,增加经济作物和蔬菜水果等其他作物的种植,大力发展特色农业,提高土地的经济效益。这种双重压力是长期困扰中部地区农业发展的突出问题。解决双重压力矛盾的出路在于调整农业生产结构,发展农业产业化经营,进而增加收入。

(三) 中部地区农业结构调整难以得到区域内非农业部门的有力支持

胡锦涛在党的十六届四中全会上指出:"纵观一些工业化国家发展的历程,在工业化初始阶段,农业支持工业、为工业提供积累是带有普遍性的趋向;但在工业化达到相当程度以后,工业反哺农业、城市支持农村,实现工业与农业、城市与农村协调发展,也是带有普遍性的趋向。"2004年12月22日考察广东期间,胡锦涛又明确指出:"尤其要加大对'三农'的支持力度,充分发挥城市对农村的辐射和带动作用,发挥工业对农业的支持和反哺作用。"胡锦涛"两个趋向"的重要论断,是对国际经验的精辟总结,也完全符合中国的实际。这一点在东部地区得到很好的体现,东部地区的农业结构调整就是在政府财政、乡镇企业以及农民的非农业收入大量投入农业的基础上进行的。但是,由于中部地区发展滞后,城市经济的发展要远远落后于东部沿海地区,城市化率在2006年仅为38%,低于全国平均水平的5.90%,而且中部地区农村非农产业的发展也比较落后。因此,中部地区城市经济和非农产业对农业的支持和推动力量还比较弱小,难以得到本地区非农部门在资金、人才、技术以及市场条件等方面的支持。因而,西部地区农业产业结构调整的社会经济环境要远远差于东部地区。

(四) 中部地区农业产业结构调整面临的生态环境约束

中部地区为保证粮食产量快速增长,曾一度片面强调"以粮为纲",大面积毁林开荒和围湖造田,导致严重水土流失,极大地削弱了原有农业生态自我调节能力。由于中部地跨南北,地形复杂多变,气候差异大,常出现北旱南涝同时发生的现象。尤为突出的是,近几年来,中部地区自然灾害频繁,不断发生干旱或洪涝灾害,大大损害了农业生产的自然生态基础,导致有雨则涝、无雨则旱。同时,人为的环境污染更加剧了中部地区生态环境的恶化。当前,中部基本上处于工业化中期阶段,工业技术起点低,环保意识弱,措施不力。特别是一些工业企业排出的"三废"以及所形成的酸雨给周围农业带来直接污染,对中部地区农业可持续发展构成严重威胁。如流经河南、安徽等省的淮河,原来是工农业生产的重要水源地,但由于近年来工农业生产和人民生活所造成的污染,使淮河水质急剧下降,有时甚至达到劣五类水质,给两岸的工农业生产造成了极大的困难。

第二节 中部地区农业产业结构调整的环境

一、中部地区农业产业结构调整的国际环境

(一)经济全球化进程不断加快,世界统一大市场正在形成

随着我国加入WTO,农产品市场的对外开放在不断扩大,正在日益成为世界农产品市场的一个有机组成部分。在这种趋势下,一方面我国农业面临重大的发展机遇,可以积极参与国际分工与国际市场的竞争,另一方面又将面临日益激烈的竞争和挑战,这就要求我国农业要真正走上一条速度较快、效益较好、整体水平较高、市场竞争力更强的道路,要以市场为导向,加快农业产业结构调整步伐,充分利用经济全球化带来的机遇,最大限度地利用"两个市场、两种资源",推进农业产业化进程,加快现代农业发展。

(二)农产品的国际贸易形势严峻

世界各国尤其是发达国家对农业的支持保护力度不断加大,这不仅体现在从资金、政策等方面对农业生产予以支持,而且在市场保护方面也在不断强化,发达国家和一些发展中国家的技术性贸易壁垒(TBT)不断升级,动植物卫生检疫措施(SPS)越来越严;中国遭遇国外反倾销和其他贸易争端频繁发生;发达国家对农业实行高额补贴。这些措施对我国农产品的国际贸易面临很大的挑战。根据商务部2004年进行的一项调查显示,我国89.7%的食品土特产和畜牧产品出口行业受调查企业称受到技术性贸易壁垒影响,82%的企业称减少了市场份额,而35%的企业则被挤出市场。中国2004年由于技术性贸易壁垒造成的损失包括44亿美元的活动物产品出口、41亿美元的植物产品出口以及油脂食品、饮料等产品的损失。这就要求中部地区在推进农业产业结构调整时,不仅要调整农产品的品种结构,更要注意农产品的品质结构,通过农业产业化、标准化等方面的建设,以提升中部地区农产品的国际竞争力。

(三)从目前世界粮食供需状况来看,供给趋紧将是一个长期的趋势

从20世纪末开始,我国已经从一个粮食的出口国转为净进口国。如何保证粮食安全是我们必须要面对的一个重大问题。中部地区作为我国重要的粮产区,其粮食生产的稳定增长将是保证我国粮食安全的一个重要屏障,因而如何在保证粮食安全的前提下进行农业产业结构调整将是中部地区亟待解决的一大难题。

(四)人民币的持续升值对我国农产品市场造成一定的冲击

自从2005年7月起,我国对人民币汇率制度进行了调整,人民币进入了一个较为长期的升值通道。截止到2008年4月,美元对人民币的比率已经突破1∶7大关,人民币持续升值幅度已经超过16%。人民币升值一方面会加速国外"廉价"的农产品的进口,在一定程度上对国内农产品市场造成影响;另一方面也提高了我国出口农产品在国际市场上的价格,削弱了产品在价格上的出口竞争力。因为从我国出口的大宗农产品来看,出口仍以蔬菜、玉米和水果等初级产品和低附加值的农产品为主。出口的农产品品质与国际同类产品相比优势并不明显,基本是依靠低廉的价格来争取国际市场份额,人民币的持续升值对这些产品的出口造成了巨大的冲击。

二、中部地区农业产业结构调整的国内环境

(一)农业发展由传统农业进入传统农业与现代农业并存的转折阶段,农产品供求关系发生根本性变化,由长期短缺变为总量平衡,丰年有余

20世纪90年代后期开始,中国主要农产品由长期短缺转变为总量基本平衡、丰年有余,由卖方市场转变为买方市场,出现了结构性、区域性过剩现象,农产品卖难和供不应求现象同时存在,农产品供给体现出"四多四少"的特征,即大路产品多、优质产品少,低档产品多、高档产品少,普通产品多、专用产品少,原始产品多、加工产品少,这种情况随着国际农产品的大量进入而更加严重,导致农民增产不增收。出现这种情况的主要原因就在于中国农业生产与市场之间缺乏有机的衔接,生产的多是些普通农产品,仅仅满足功能性需要,而无法满足消费者目前求新、求高、求服务、求个性等的要求。通过实施农业产业结构调整,根据市场导向来进行农业生产,既可以帮助农民解决生产与市场的衔接问题,解决农业生产结构和产品结构偏离市场需求而不断导致农民增产不增收的矛盾,又能在国家产业政策不断完善、宏观调控能力不断增强的情况下,避免农业的重复建设,进而真正提高多层次需求的有效供给,通过规模化、产业化经营,化解市场风险及农业投资风险,提高农业经济的整体效益。

(二)科学发展观和统筹城乡发展战略思想的提出,国家对"三农"工作支持的力度不断扩大

随着社会经济的不断发展,我国从总体上已进入了以工促农、以城带乡的发展阶段,国家初步具备了进一步加强扶持"三农"的能力和条件,支农投入不断加大。首先是农村税费改革的不断深入,取消了实施多年的农业税和农业特产税以及"三提五统"等农业税费,从根本上遏制了农民负担这一阻碍农业生产发展的毒瘤。其次,财政支农支出力度明显加大,基础设施建设进一步向农村延伸。国家加大农村水、路、气、电建设的投入力度,农村生产生活条件得到明显改善。三是加快农村社会事业发展,加大农村义务教育"两免一补"实施力度,扩大家庭经济困难寄宿生生活费补助的覆盖面,从根本上解决农村"上不起学"的问题。不断加大新型农村合作医疗支持力度,在全国范围内普遍建立新型农村合作医疗制度,大幅度提高国家补助标准。加大农村最低生活保障补助力度,将符合条件的农村贫困家庭全部纳入低保范围,做到应保尽保。国家对农业支持力度的不断加强,使得农业产业结构调整在资金、政策等方面获得了更多的保证。

(三)城乡人民生活水平不断提高,对农产品的需求和农业的功能提出了新的要求,有利于拓展农业产业结构调整的空间

首先,农产品的消费需求结构趋向高级化,城乡居民的恩格尔系数不断下降。改革开放以来,中国城镇和农村居民家庭恩格尔系数已由1978年的57.5%和67.7%分别下降到2006年的35.8%和43.0%(表4-2)。随着城乡居民恩格尔系数的不断下降,城乡居民物质生活正逐步由温饱走向全面小康,消费者对农产品的需求不再是简单地追求数量,而是转向追求高质量的农产品,对农产品的品质越来越关注。其次,农产品的消费内容日益多样化、层次化、加工化。目前,城乡居民特别是城镇居民对农产品的消费已经越来越不满足于单一的品种,多数消费者在农产品的选择上喜欢新鲜、时尚、方便,需求出现多样化、层次化、加工化的特点。这就对中部地区农业产业结构调整提出了更高的要求,要求农业产业结构调整不仅是传统农业的调整,更重要的是在现代农业的理念下调整农业产业结构,推进农业产业化。

表4-2 1978—2006年中国城乡居民家庭收入及恩格尔系数

年份	城镇居民家庭人均可支配收入(元)	农村居民家庭人均纯收入(元)	城镇居民家庭恩格尔系数	农村居民家庭恩格尔系数
1978	343.3	133.6	57.5	67.7
1980	477.6	191.3	56.9	61.8
1985	739.1	397.6	53.3	57.8
1990	1 510.2	686.3	54.2	58.8
1995	4 283.0	1 577.7	50.1	58.6
2000	6 280.0	2 253.4	39.4	49.1
2005	10 493.0	3 254.9	36.7	45.5
2006	11 759.5	3 587.0	35.8	43.0

资料来源:国家统计局.《中国统计年鉴(2007)》.北京:中国统计出版社,2007。

(四)以生物技术、信息技术为核心的农业高新技术快速发展,为缓解农业资源约束、发展现代农业、促进农业产业结构调整展现了新的前景

从20世纪80年代以来,世界农业新技术革命发展迅速,生物技术、信息技术、新材料、新能源等高新技术正迅速地向农业各个领域渗透和扩散,如以基因工程为核心的现代生物技术应用于农业领域,培育出一批产量更高、质量更优、适应性更强的农作物新品种,就使得农业的自然市场过程越来越多地受到人类的直接控制;而以高科技为基础的设施农业的兴起,则从根本上改变了农业的传统生产方式,摆脱了传统农业生产条件下自然气候、季节变化的制约,不仅使单位面积产量及畜禽个体生产量大幅度增长,而且保证了农牧业产品的全年均衡供应。另一方面,农业科技的日新月异,大大提高了农业生产的劳动生产率,还衍生出一些新的产业门类,从而使传统的农业产业焕发出新的活力。

(五)国民经济发展处于重要战略机遇期,工业化和城镇化快速推进,有利于加快农业劳动力向非农产业和城镇转移

目前,我国正处于工业化的加速发展阶段,城镇化不断提高,2006年,全国城镇化率已达到43.9%,中部地区城镇化率也达到38%。在这种趋势下,农业劳动力正在加速向非农产业

和城镇转移,这将推动农业产业结构的进一步合理化。

(六)"中部崛起"战略的提出为中部地区农业产业结构调整提供了新的机遇

"十一五"期间,国家将实施"促进中部地区崛起"战略,支持中部地区发挥比较优势和区位优势,加快改革开放和发展步伐,加强现代农业和重要商品粮基地建设,加强基础设施建设,发展有竞争力的制造业和高新技术产业,提高工业化和城镇化水平。这是一项机制大创新、资源大整合、产业大优化、社会大联动的系统创新工程。实施中部崛起战略,就是要坚持突出特色、集成资源、整体优化、联动推进的原则,通过政府引导、市场运作、统一规划、分步实施,激活科技源、拉长产业链、构筑城市群、推动大物流、搞活大市场,最终实现中部地区创新发展。国家实施中部崛起战略,为中部地区农业发展和农业产业结构调整带来了新的机遇。

第三节 中部地区农业产业结构调整的指导思想、基本原则与总体思路

一、中部地区农业产业结构调整的指导思想

农业是国民经济的基础。加快推进农业产业结构的战略性调整,是适应国内外市场需求,实现中部地区农业高产、优质、高效,增加中部地区农民收入的必由之路。当前和今后一个时期,中部地区农业结构战略性调整的总体思路和指导思想是:以提高质量和效益为中心,以增加农民收入为基本目标,以增强农产品市场竞争力和促进农业产业升级为重点,立足于中部市场,瞄准全国市场,面向国际市场,依靠科技进步,进一步优化品种结构,优化产业结构,优化区域布局,积极发展市场前景好、品质优良、特色明显、附加值高的优势农产品,大力推进农业产业化经营,加快农业非农产业发展,促进小城镇建设和农业剩余劳动力转移,全面提高农业和农村经济整体素质和效益,促进农村社会和谐发展。

二、中部地区农业产业结构调整的基本原则

(一)根据中部地区农业资源状况,采取因地制宜、比较优势的原则

合理配置和充分利用自然资源和经济资源,提高资源利用效率和经济效益,是农业经济各产业部门发展的客观要求,也是提高农业经济整体素质和效益的基本途径。由于目前中部地区各地农业发展水平存在一定差异,自然资源情况不同,社会经济条件、自然条件各有其特点,因此中部地区农业产业结构在进行调整时,要坚持因地制宜原则,与中部地区的自然、社会、经济条件相适应,将资源优势转化为经济优势、区域优势,形成充分利用中部地区有利条件的优势产业,并通过地区间的交换,使中部地区各省的优势得到有效的发挥,从而最大限度地获取经济效益。

(二)根据市场需求,采取市场导向的原则

在社会主义市场经济条件下,市场机制对资源配置起着主导作用,产业结构的调整也应当以市场为导向,通过对资源的合理配置和充分利用,引导产业结构向高级化发展。随着社会经

济的发展和人民生活水平的不断提高,社会需求结构发生着经常的变化,这就要求中部地区农业产业结构的调整要有超前意识,坚持市场导向的原则,根据市场的需要,合理安排各产业的生产规模,强调把资源优势转化为商品优势、市场优势。这是发展农业生产、实现中部地区农业产业结构合理化的前提。

(三)转变农业发展方式,采取可持续发展的原则

资源的可持续利用和良好的生态环境是农业可持续发展的基础。农业发展的历史告诉我们,农业生产必须尊重自然规律,以农业生产与人口、资源、环境相协调为前提,否则必将受到惩罚。因此,中部地区在调整农业产业结构的过程中,应该按照建设"资源节约型和环境友好型"社会的要求,坚持开发与节约并举、节约优先,按照减量化、再利用、资源化的原则,加快转变农业发展方式,大力推进节地、节水、节肥、节药、节种、节能,发展低投入、低消耗、低排放和高效率的农业循环经济,促进再生资源的循环利用和非再生资源的节约利用。加大农业污染治理力度,积极防治农村面源污染,改善农村环境质量。加强农业生态环境保护和治理,控制不合理的资源开发活动,保护好水、土地、草原、森林等自然资源和动植物野生种质资源,促进农业发展与人口、资源、环境相协调,逐步实现农业和农村经济可持续发展。

(四)提高农业发展的科技含量,坚持依靠科技进步原则

世界农业发展的历程表明,科技创新是农业发展的动力,科技的每一次重大突破,都推动了农业产业结构的调整。因此在中部地区农业产业结构调整的过程中,要把推进农业科技进步作为调整农业产业结构的中心环节,深入实施科教兴农战略,加大农业科技投入力度,加强农业科技推广、普及和应用,用现代农业技术全面改造和提升传统农业和农产品加工业,提高农业、农业资源和农产品的科技含量,这不仅是农业结构在战略性调整中能否实现升级的关键,也是农业现代化能否顺利实现的关键。

(五)充分尊重农民的经营自主权,坚持农民自愿原则

农民是市场经济条件下农业产业结构调整的真正主体,因而要稳定党在农村的基本政策,切实尊重、依法保护农民自主经营、自负盈亏的生产经营主体地位,尊重广大农民的首创精神,引导好、保护好、发挥好农民的生产积极性,把调整农业生产结构的自主权真正交给农民,政府则可通过政策和市场信息引导农民自主调整农村产业结构,严禁行政干预、强迫命令和搞"一刀切",更不能瞎指挥。

(六)加强政府宏观调控,坚持运用经济手段引导农业产业结构调整原则

宏观调控是农业产业结构调整的前提和基础。农业产业结构调整除要不断适应市场需求的变化外,还要按照国家宏观调控的要求进行必要的调整,这是农业产业结构调整必须要遵循的基本原则。因为在社会主义市场经济条件下,结构调整除了因市场因素调节外,还离不开国家的宏观调控,否则,在市场出现偏差或发生严重的不正当竞争时,正常的市场竞争秩序将被打乱,市场机制将不能正常运转,农业产业结构合理化也就无从谈起。

(七)动态调整原则

农业产业结构的调整是一个动态的过程。因为决定产业结构调整的环境因素在不断变化,所以农业产业结构的调整不可能一次完成,永不改变。随着农业科学技术的发展,国内外市场条件的变化,农村经济和农民经营管理能力的改变,农业产业结构也要相应地改变。因

此,农业产业结构的动态调整是一个渐进的过程。

三、中部地区农业产业结构调整的总体思路

根据中部地区农业产业结构调整的指导思想和基本原则,结合中部地区农业发展的现状和国际国内的环境,中部地区农业产业结构调整应当重点突出以下几个方面。

(一)在确保粮食安全的前提下推进农业产业结构调整

粮食安全历来是一国经济安全体系的重要组成部分,无论是发达国家还是发展中国家,对粮食问题都给予了充分的关注,尤其是在我国这样一个13亿多人口的发展中国家,粮食安全更为引人注目。"民以食为天",实现粮食的供需平衡,保证粮食安全是我国在经济建设中的重中之重。自从20世纪90年代以来,我国已经成为一个粮食的净进口国,但是对于我国这样一个13亿多人口的大国来说,如果单纯依靠进口来解决粮食供给,必将给我国经济安全带来巨大的隐患。江泽民就指出:"想靠国际粮食市场解决我们吃饭的问题,这是根本靠不住的,是一种不切实际的危险想法。一旦有事,谁也救不了我们。"这就给我国粮食生产提出更高的要求,要求坚持农业的基础地位,在任何时候都不能忽视农业,都不能放松粮食生产。这种指导思想和发展思路绝非是权宜之计,而是确保经济发展、社会稳定、国家长治久安的大思路、大举措。而且,粮食安全这一命题,不同时期有不同的内涵要求。如果说以往人们对农业提供的粮食,仅仅是在数量上满足于吃饱的话,那么在经济社会发展的今天,人们对农产品的要求已不再满足于一般吃饱,而是要吃好的问题。对食品讲究营养、口味和卫生安全,要求食品多样化、优质化、专用化的趋势日益增长,这既是城乡居民消费结构变化的客观要求,也是现代化条件下提高劳动者素质的客观要求。中部地区作为我国最重要的粮食主产区之一,在调整农业产业结构时,一个基本前提就是在确保粮食安全的前提下去调整农业产业结构,而在目前中部地区粮食亩产基本稳定的条件下,大面积削减粮食种植面积是不可能也是不现实的。因此,中部地区首先应该在稳定粮食生产的前提下加快调整农业产业结构,充分利用粮食生产的优势,加快现代畜牧业建设,提高综合生产能力,从而做大做强畜牧产业,并充分利用中部地区尤其是湖南、湖北、江西、安徽的水产资源,按照"保护资源、科学养殖、持续发展"的原则,大力发展淡水养殖业。在此基础上提高养殖业比重,促进中部地区农业产业结构的优化升级。

其次,要加快农产品尤其是粮食结构优化,积极发展优质农产品,全面提高农产品质量,满足市场优质化、多样化要求。目前,我国人民生活水平总体上已进入到小康阶段,对农产品的品质提出了更高的要求,特别是入世后面对国外农产品的竞争会更激烈,提高农产品的品质十分重要。因此,中部地区要适应市场的需求,不断优化农产品品种和品质结构,大力发展适销对路的优质专用农产品的生产,要加快农作物和畜禽良种引进、培育和推广,促进品种更新换代;提高优质专用农产品的分级、包装、储藏、保鲜和加工水平,延长产业链条。同时要全面提高农产品质量安全水平,按照国际市场的标准要求,加快建立健全农业质量标准体系,制定和发布一系列的标准和规程,使产前、产中、产后的每个环节都有标准可循并与国际标准接轨,提高中部地区农产品在国际市场上的竞争力。

(二)大力发展农业产业化经营

针对目前中部地区农业产业化的现状,要积极拓展农业产业链条,继续推进农业产业化。重点培育一批竞争力、带动力强的龙头企业和企业集群示范基地,引导和鼓励龙头企业通过建

立标准化生产基地、发展订单农业等多种形式与农民确立稳定的产销关系,完善企业与农民的利益联结机制,使农民从产业化经营中得到更多的实惠。建立小型企业质量安全控制体系,通过多种培训方式,让农民掌握基本的质量安全控制技术,并在生产经营中加以运用,逐步规范和提高农村小型企业的生产水平。积极引导和支持农民发展各类专业合作经济组织,鼓励农民围绕产前、产中、产后等环节开展多元化、多形式的合作,充分发挥农民专业合作经济组织在政策传递、科技服务、信息沟通、产品流通等方面的作用,提高农业的组织化程度。

(三)按照比较优势原则优化中部地区农业区域布局,发展特色农业

根据中部自然环境的地理变化和农业生态自然资源最佳开发利用方式的区域差异,以及主要农产品在地区分布上的交叉重叠等特点,以中部三大平原农业区为依托,强化四大区域的农业特色,构建具有区域优势的农业体系,大力发展特色农业,以促进中部农业产业结构的优化。一是加快建立以"两湖平原"为主的生态农林牧渔农业区的建设。该区域气候资源为亚热带湿润区,水热充沛、农业生产以农林牧渔并重。该区域盛产水稻、棉花、油料、草食畜禽、淡水产品、竹材与木材以及林特等重要农产品,是全国重要的优势农产品区域。二是以黄淮平原为主的农业区,建成冬小麦、棉花、油料、烟叶、中药材以及草食畜禽等现代农牧为主的平原区。三是以鄱阳湖为主的农业区,农业生产应以林业为主,形成农林牧相结合的农业结构。四是北部黄土高原农业区,建成小麦、杂粮、干果以及草食畜禽等现代农牧区。在这四大农业区域内,要根据各地条件选建一批生产规模大、市场相对稳定的优势农产品生产基地。要加快培育种植、养殖和农机大户,鼓励农业产业化龙头企业建设专用原料基地,改善生产、加工、信息、市场等基础设施条件,发展多种形式的适度规模经营。在土地条件适宜区域,积极发展特色农业、绿色农业、有机农业和生态农业,加大生产基地建设力度,扶持农产品加工出口基地建设,保护农产品知名品牌,培育壮大主导产业。

(四)加快农业科技创新

针对目前中部地区农业科技发展滞后的现状,中部地区要采取一系列的政策措施来进一步完善农业科技创新与推广体制,这是农业产业结构调整的必然要求。一是要着力抓好农业科技创新,加快建立以政府为主导、社会力量广泛参与的多元化农业科研投入体系,形成稳定的投入增长机制。要抓住国家建立农业科技创新体系的机会,依托现有农业科研单位和高等学校,改善农业科研机构设施条件和装备水平,以技术创新为主体,搞好重大科技成果的熟化、组装、集成、配套与示范。二是要加大农业科技推广力度,加强农技推广机构和队伍建设,推广一批先进实用的农业技术,扩大主导品种、主推技术的应用范围,积极扶持优质高产、节本增效的组装集成与配套技术推广。三是要全面开展新型农民科技培训工作,结合农业产业结构调整、发展特色农业的需要,整合各类培训资源,建立一个适应需求、服务农民、手段先进、灵活高效的农民科技教育培训体系,开展针对性强、务实有效、通俗易懂的农业科技培训,培养一大批懂经营、善管理、技术精,能从事专业化生产和产业化经营的新型农民。要广泛调动社会各方面力量参与农民职业技能培训的积极性。

(五)加快农业剩余劳动力的转移

中部地区历来是传统农业区,农业劳动力资源相当丰富,是全国农业剩余劳动力最多、压力最大的地区。因此,有效地转移农业剩余劳动力,成为推进中部地区农业产业结构调整、增加农民收入的关键环节。一是推进户籍制度的改革,实行城乡统一的户籍管理制度,消除对农

民就业制度、社会保障制度、医疗保险制度等方面的歧视性待遇,实现城乡之间的权力平等和机会均等。二是建立和发展农村社会保障制度,使农民在割断同土地的联系时没有后顾之忧。三是加强农村人力资源开发,提高农民自身素质,增强农业劳动力就业适应能力。四是加强劳动力市场和宏观调控体系建设,建立城乡统一开放的劳动力市场,大力发展各类职业介绍中介机构,加强对农民工的职业技能培训,抓好外出务工就业信息和中介服务,切实维护农民工合法权益,完善农民就业的各项服务,为农民进城创造有利的外部环境,积极引导农业剩余劳动力向城镇合理有序地流动。

(六)大力发展农民专业合作经济组织

鼓励和引导农民、农场职工组建各类专业合作经济组织,明确法律地位,加大政策扶持,发展多种形式的联合与合作,不断提高农业的组织化程度,促进农村民主管理制度的发展。支持专业合作经济组织开展跨区经营,壮大自身实力,增强服务功能。支持龙头企业、农业科技人员和农村能人以及各类社会化服务组织,创办或领办各类中介服务组织。依法贯彻实施《中华人民共和国农民专业合作社法》,引导农民专业合作经济组织快速健康发展。

(七)建立中部地区农业产业结构调整的协调机制

中部地区作为一个经济区域,内部各省之间存在一定的利益冲突。因此,中部地区农业产业结构调整必须建立在有效的协调机制之上,这样才能避免各自为政,重复建设。

第五章 农业产业化与中部地区农业产业结构调整

第一节 农业产业化是农业产业结构调整的有效实现形式

一、农业产业化的基本内涵

农业产业化,也可以称作农业生产、经营、服务一体化,起源于二战后农业振兴时期的美国,而后传入西欧、日本等发达国家,它主要是依靠经济和法律关系将农业生产的产前、产中、产后等环节有机地联系起来,其核心是一体化结构体系的建立和运作。我国农业产业化发端于 20 世纪 80 年代中后期[①],是在农村经济改革与发展的实践中应运而生的。鉴于农业产业化的发展适应了我国农业社会生产力的发展要求,因而在其产生以后发展迅速,它是我国农民在农业生产经营实践中产生的一种新型的促进农业发展的新机制,是农业经营机制的又一制度创新。党的十五届三中全会通过的《中共中央关于农业和农村工作若干重大问题的决定》指出,农村出现的产业化经营,不受部门、地区和所有制的限制,把农业产品的生产、加工、销售等环节连成一体,形成有机结合、相互促进的组织形式和经营机制,既能奠定农民家庭联产承包经营的基础,维护农民财产权,又能推动农民进入市场,采用现代科学技术,扩大生产经营规模,增强参与市场竞争力,提高农业综合效益,是我国农业逐步走向现代化的有效途径。因此,党和国家多次提出要积极推进农业产业化经营,把它作为推进农业和农村经济结构战略性调整、发展农村经济、增加农民收入的突破口,以此来推进社会主义新农村建设和农村全面小康社会的建设。

[①] 关于我国农业产业化经营的起源,有人认为,在 1937 年以前我国就出现了一定规模的集商品生产、产品加工和经销为一体的企业,如山东烟台就形成了产加销为一体的葡萄酒生产企业。甚至有人认为,早在 1 000 多年前,江浙一带就形成了种桑、养蚕、缫丝、织绸,通过丝绸之路运销海外的生产格局。但是,1937 年以前,我国正处于封建社会或半殖民地、半封建社会,农民与地主或资本家之间是压迫与被压迫、剥削与被剥削的关系,不可能形成农工商有机结合和一定程度的利益共同体,加之当时我国商品经济很不发达,根本不具备发展农业产业化的经济社会条件。也有人提出我国农业产业化起源于建国后的 20 世纪 50 年代,随着农业合作化和人民公社的发展,一般一个村就是一个生产单位,要求农林牧副渔全面发展,因而出现了生产、加工和销售一体化的格局。但这一时期我国实行的是政社合一的人民公社体制,是一种计划经济体制下的集体经济模式,一切生产经营活动都按国家计划进行,农产品由国家统购、统销,因而也不具备农业产业化的市场环境。我国农业产业化的最初实践是在改革开放以后,当时泰国正大集团为了开辟我国市场,由公司向农户提供技术服务和生产资料,然后由公司负责回收、加工和销售,这一"公司+农户"的运作模式在我国取得了巨大成功,当时被称之为"正大模式"。但这些只是一个个孤立的案例,并不具有普遍性。在我国真正意义的农业产业化经营是在 20 世纪 80 年代中后期,在山东、浙江、江苏等沿海地区逐渐出现了农工商、贸工农技一体化经营,涌现了一批贸工农一体化经营组织。这种"公司+农户"模式得到理论界的肯定,被认为是深化农村改革的一种新思路,是一种经营模式的创新。

关于农业产业化的基本内涵,截止到现在,理论界对农业产业化或农业产业化经营内涵的界定尚未形成共识。通过对相关资料进行检索可以发现,从不同的角度出发,其阐述的定义不尽相同,比较有代表性的定义有以下几种。

提法一:农业产业化作为社会主义市场经济条件下发展农业经营的理论概括,可以把它界定为市场化、社会化、集约化农业。有学者在此基础上进一步认为,农业产业化是以市场化、社会化和集约化为特征的农业纵向合作化过程,这种纵向合作化就是指农业实现产前、产中、产后的相互联系、相互渗透的合作经济一体化过程。

提法二:农业产业化是以市场为导向,以效益为中心,对农业的支柱产业和主导产品,实行区域化布局、专业化生产、一体化经营、社会化服务、企业化管理,把产供销、贸工农、农科教紧密结合起来,形成一条龙的经营体制。简言之为:改造传统农业,与市场接轨,在家庭分散经营的基础上,逐步实现生产的专业化、商品化和社会化。

提法三:农业产业化经营是以家庭经营为基础的农业生产者为增强市场竞争力而走向集中与联合的一种经营方式,也是社会劳动分工深细化基础上农业与其关联的产前、产后部门相融合的一种必然过程。

提法四:农业产业化就是以国内外市场为导向,以持续保护和科学开发农业资源为前提,以农民家庭联产承包责任制为基础,以提高生态效益、社会效益和经济效益为中心,对农业的一、二、三产业(种植业、养殖业、加工业),实行多层次、多元化、多形式的优化组合,形成种养加、产供销、农工商一条龙产业链,结成贸工农、内外贸、农科教一体化产业体系,带动农民将分散零星的小生产转化为规模化、专业化、社会化大生产,实行农民之间利益共享、风险共担的企业化生产经营机制,切实达到科学开发利用农业资源,优化组合农业生产要素,提高农业综合生产能力,促进农民增收致富,保障农业和农村经济持续发展。

提法五:农业产业化经营是在家庭承包经营的基础上,以市场为导向,以提高经济效益为中心,依靠农业龙头企业的带动,把千家万户的农业产前、产中、产后各个环节联结起来,实现生产、加工、销售的一体化、规模化、专业化和集约化的一种新型农业经营方式。农业产业化经营是农村经济体制改革不断深化和农业生产力不断发展的产物,是广大农民在家庭承包经营的基础上为适应市场经济发展对农业经营组织制度和经营机制的重大创新。

提法六:从各地实践发展来看,农业产业化就是以市场为导向,以家庭经营为基础,依靠各类龙头企业和组织的带动,将农产品的生产、加工、销售等各环节连成一体,形成有机结合、相互促进的经营机制,是我国农业经营体制进一步适应农业生产力发展要求的重大创新。

提法七:农业产业化,就是要打破传统农业观念和小农经济的束缚,以开放的社会化大生产的观念和经营方式,改造传统农业,实行企业化生产、现代化管理和市场化运作,实现农业和现代市场经济的融合,使农业在市场竞争中获得产业优势和发展。

提法八:农业产业化是以市场为导向,按产业系列组织农业生产,通过生产要素重组提高农业效益,提高农业的专业化、集约化、企业化或工厂化水平。

提法九:农业产业化的实质就是农业自身的工业化。

提法十:农业产业化是在更大范围内和更高层次上实现农业资源的优化配置和生产要素的重新组合。

提法十一:农业产业化是指围绕农业产业的产、供、销、贸、工、农一体化经营,其实质是通过现代市场经济的契约、合同、入股、入社等形式,利用现代科学技术和经营管理以及国家的宏观调控，把现代工业、商业、金融、保险、信息咨询等有关部门同农业的种、养、加紧密结合而成的一种互惠互利的农业一体化的利益共同体。

提法十二：农业产业化是按产业来组织和发展农业，即把一个农产品开拓为一个系列，使农业成为包括种、养、加、流通在内的完整的产业系列。

提法十三：农业产业化是以市场为导向，以效益为中心，围绕区域性支柱产业，实现农业生产的多层次、多形式、多元化，优化组合各种生产要素；以农业增产、农民增收、财政增收为目的，实行区域化布局、专业化生产、规模化建设、系列化加工、一体化经营、社会化服务、企业化管理；通过市场牵龙头、龙头带基地、基地连农户的形式，逐步形成种养加、产供销、贸工农、农工商、农科教一体化生产经营体系，或各具特色的"龙型"产业客体，使农业和农村经济走上自我发展、自我积累、自我约束、自我调节的良性发展轨道，促进高产、优质、高效农业的发展，推动农业现代化进程。

提法十四：针对我国农业面临的问题，农业产业化的基本内涵应该包括以下3个方面的内容。一是要变弱小而分散的农户为大规模的农业组织，降低生产成本和交易成本，提升农业生产者的市场地位，这就是所谓的农业产业的横向一体化；二是要改变农民单纯从事原料性生产的角色，以动植物生产为中心，向相关产业特别是下游产业延伸，提高收益水平，这就是所谓农业产业的纵向一体化；三是克服农业的自然弱点，强化对农业生产过程的人工控制，提高生产的稳定性，实现农业生产的工厂化。概括起来，农业产业化的实质就是从传统农业向现代农业转变的过程。

提法十五：农业产业化（农村经济产业化）是实现农业与相关产业系列化、社会化、一体化的发展过程。系列化是农业产业最主要的外部特征，社会化是范畴特征，一体化是最本质的内部特征，发展过程是动态特征。

提法十六：农业产业化是以主导产业或主导产品为核心，以龙头组织为骨干，由产、加、销、贸、工、农和社会化服务等相关产业或相关环节构成的产业系统或产业群，而并不以形成组织严密的利益共同体或经济实体为主要条件。它既可以是组织严密、利益相联的利益共同体，也可以由经济利益相互独立、纯粹由市场关系之间相互联系的经济元素或生产、经营和服务等环节构成。

提法十七：农业产业化是在市场经济条件下，解决当前一系列制约农业和农村经济发展的深层次矛盾和问题的现实选择，是区别于传统农业生产方式和组织形式的一种新机制。它包含以下几层含义：一是在生产组织形式上，按照农业经济再生产的规律，将农业的产前、产中、产后诸多环节通过利益纽带联结为一个完整的产业系统；二是在经营方式和经营内容上，适应市场经济的要求实行种养加、产供销、贸工农一体化经营；三是在生产经营目的上，要在提高产业化组织整体经营利润的基础上，使农业的增值能力和比较效益得到提高，逐渐形成农业自我积累、自我发展的良性循环机制，实现农业增产、农民增收、财政增收的目标。在实践中，农业产业化具体表现为生产专业化、布局区域化、经营一体化、服务社会化、管理企业化。

提法十八：农业产业化经营是以市场为导向，以家庭承包经营为基础，依靠各类龙头企业或各种中介组织的带动与连接，将生产、加工、销售等诸环节紧密连接为完整的产业链条，实行多种形式的一体化经营，形成系统内部有机结合和相互促进的利益机制，在更大范围内实现资源优化配置的一种新型农业生产经营形式。农业产业化经营是农业和农村经济发展中带有全局性和方向性的大战略，是培育农业市场竞争新主体，转变特色农业增长方式，持续增加农民收入的关键环节。

上述观点虽然从不同的角度表述了农业产业化的基本内涵,但可以看出,他们的基本出发点都是一致的。

(1)农业产业化的宗旨是农业的改革和发展,而不是别的产业的改革和发展,它是农业经营机制的一大创新。当然,这并不是说就农业来谈农业的发展,这样农业是发展不起来的。农业的发展与别的产业的发展是密切相关联的,随着农业改革和发展的深入,这一关联度越来越明显、越来越高。不过,农业产业化的落脚点还是农业。

(2)农业产业化是以市场为导向的。任何产业的发展,在市场经济下必然是以市场为导向。虽然很多学者强调"以企业为龙头",即所谓的龙头企业,由它来带动农业产业化,但牵动龙头、起导向作用的仍然还是市场。

(3)农户家庭经营是农业产业化的基础。尽管农业产业化的形式很多,在这些形式中,所"带动"的,所"加"的,是农户,是农民。

(4)农业产业化实质上就是形成一个一体化的生产经营体系,实行种养加、产供销、贸工农一体化经营,"形成科研、生产、加工、销售一体化的产业链",实现生产专业化、布局区域化、企业规模化、经营一体化、产品商品化、服务社会化。

二、农业产业化是农业产业结构调整的有效实现形式

从农业产业化的内涵就可以看出,农业产业化经营与农业结构调整是辩证统一的整体,二者互为条件、互为依托、相互包容、相互促进。国内外的实践证明,农业产业化在农业和农村经济发展中起着重要的领头作用,显示了强大的生命力,发挥了巨大功能,它是实现农业生产专业化、商品化、社会化的根本途径,是传统农业向现代农业转变的必经之路。可以说,农业产业化是推进农业产业结构调整的一个行之有效的途径和方式。

(一)农业产业化有利于引导农民走向市场,成为联接小生产与大市场的桥梁

通过农业产业化,可以促进市场牵龙头,龙头带基地,基地联农民,把小生产与大市场联结起来,在农民与市场之间架起了桥梁通道,沟通了农业产品的生产、加工、销售渠道,推动了农民联合组织发展生产规模大、科技含量高、市场覆盖面广、创收潜力大的农业产品生产,增强农民生产经营的预见性,减少盲目性,使农民自觉地进入市场,主动地占领市场,解决了千家万户农民与千变万化市场的矛盾。实践证明,通过农业产品的生产、加工、包装、贮藏、运输、销售各环节形成产业化经营的龙头企业牵头,既通过签订农业产品购销合同,与国内外市场取得了密切稳定的贸易联系,又通过签订农业产品生产合同,与农民形成了密切稳定的生产关系,农民按合同生产,企业按合同收购,并向农民提供配套服务,排除农民家庭小生产经营的局限性,把农民生产经营纳入规模化、社会化生产经营的轨道,促使农民增强了参与市场竞争的本领,提高了抗御市场风险的能力。

(二)农业产业化促进了农业适度规模经营,使农业的规模效益得到了提高

农业的小规模分散经营方式不能适应农业现代化要求,而根据我国的国情,又难以在短期内普遍扩大农户的土地经营规模。发展农业产业化,为我们提供了在目前国情下扩大农业经营规模的思路,即农业的规模经营不仅指农户和农业生产单位的内部规模经营,还应包括由不同经营主体通过产业链的功能联系,在一定区域内集中配置而产生集聚效应和聚合功能的外

部规模经营。农业产业化通过引导农户参与各类农业产前、产中和产后的生产经营活动,发展行业之间的经济联合与协作,使外部经营内部化,形成农业的适度规模经营,即农业产业化经营组织的适度规模经营和某一区域的专业化、规模化经营,而产生新的经济增量,形成规模经济效益,同时,农业产业化能够将单独农户的生产加以合理组织,通过分工协作,把生产、加工、销售、服务等环节实行专业化、企业化经营管理,对一家一户难以办到的事情进行统一办理、统一服务,并利用农业产业组织的优势替代农民直接进入市场,这样将大大提高农业生产效率,节约市场交易成本,带来农户内部经济效益的提高。在农业产业化发展过程中,随着农业劳动力向加工、销售等二、三产业分离,农业社会化程度不断提高,农民收入逐步增强,农村小城镇得到较大的发展,以及农业土地流转机制的逐步完善,农业土地将向农业专业经营户转移和集中,逐渐实现农户的土地适度规模经营,从而适应农业现代化所需要的规模经济要求。

(三)农业产业化有利于提高农业生产的组织化程度

农业产业化是构筑在农业生产专业化、规模化基础之上的,随着产业化的发展,专业化生产和社会化分工会越来越明显,原有分散的、细小的传统农业生产方式已经越来越不适应,并且经济的发展使农民迫切地需要完善的社会化服务体系提供保证,而目前农业生产所需要的信息、技术、物资、加工、销售等社会化服务明显滞后。因此在农业产业化发展过程中,各种形式的农民合作经济组织、专业协会应运而生,这是千百万农民在农村改革实践中的创造,是传统农业走向现代化进程中的一种组织上的创新。

(四)农业产业化可以增加农业的比较收益,增加农民收入

农业产业化把分散的农户集中起来,将农户小规模的生产连结起来,形成生产基地,作为农业产业化经营的第一车间,把加工、销售作为第二、第三车间,建立了生产、加工、销售的一体化生产经营方式,这样就延长了农业的产业链,增强了农产品加工产品的比重,改变了农业仅提供原料和初级产品的状况,增强了农产品的加工产值和利润,使农产品实现增值。特别是通过"公司+农户"等组织形式,使企业与农户之间形成了利益共享、风险均担的经济利益共同体,在一体化经营体系内部进行利益互补,农民除了可以得到种植业、养殖业的收入外,还可以分享加工业和服务业的部分利润,从而增加了农民收入。

(五)农业产业化可以推动先进科技成果、现代工业成果和科学管理知识广泛地应用于农业,加快农业生产力发展

在市场经济条件下,受到经济利益的驱使和市场竞争的压力,农业产业化的各类主体接受和应用先进农业科技的积极性大大提高,而农业产业化又开辟和拓宽了先进农业科技应用的途径。主要途径有:农业产业化经营组织或农民聘请科技人员作技术顾问或与科研院所合作,促进科技成果向农业转化;龙头企业、专业协会对农民进行科技知识和技能培训,提供技术指导,使农民的科技素质不断得到提高;龙头企业、农村社会化服务组织购置并向农民提供大中型农业机械设备,使现代工业成果比较容易地转化为农业生产力;各种中介组织向农民宣传提供现代管理知识和市场经济知识,形成促进农业生产力发展的有效机制。总之,农业产业化促进了农业生产力的提高,而农业生产力的提高是传统农业向现代农业转变的最基本的内在动力。

(六)农业产业化有利于农业剩余劳动力的转移

首先,农业产业化能够在稳定农业基础地位并加快农业发展步伐的情况下,优化、提升农

村经济结构,为广大农民创造更多劳动岗位,使科学分流、配置农业剩余劳动力具备可靠的农业经济结构条件。其次,农业产业化能够使农业生产逐步形成合理规模,从而为农业剩余劳动力转移创造有利条件。这一方面能够提高土地生产率、劳动力生产率,有效增加农户收入,改善农户生活状况,稳定农业的基础地位;另一方面,能够促进农业进一步发展,加快农业资金积累速度,在更短的时间积累数量更为巨大的资金,为农村第二、第三产业的发展提供必要的配套资金,从而为农业剩余劳动力转移创造有利条件。再者,农业产业化将逐步调整、改善农业生产布局,以提高农业布局经济效益,从而使农业劳动力得到合理的配置、分流和转化。

(七)农业产业化是在家庭承包经营基础上发展现代农业的有效途径

家庭承包经营是我国农村最基本的经营制度,是各项农村政策的基石。人多地少,是我国的基本国情,农村人口较多的局面在短期内不会有根本的改变。因此,我国发展现代农业的道路,不可能完全照搬发达国家的模式。既不能盲目追求土地经营规模的扩大,也不能走政府高额补贴农业的路子,必须从我国国情出发,着眼于农业经营方式的创新和农业整体规模效益的提高。农户经营规模小,制约着农业劳动生产率和商品率的提高,也在一定程度上限制了先进技术装备的应用。解决这个问题,不能把家庭经营与现代农业对立起来,更不能采取归大堆的办法破坏家庭承包经营这个基础。国内外的经验都表明,家庭经营最适合农业生产的特点,可以容纳多层次的生产力,与现代农业并不矛盾。农村家庭承包经营体制是我国农村改革的最重要成果,是与社会主义市场经济体制相适应的农村基本经营制度,是我国农业和农村经济持续发展的根本保障和制度基础,必须长期坚持不变。农业产业化经营是亿万农户的创造,开辟了在小规模家庭经营基础上提高农业整体规模效益的新途径。通过农产品生产、加工、销售的结合,形成利益共享、风险共担的机制,扩大农户经营的外部规模,提高农业的整体效益。实践证明,实行农业产业化经营,有利于把小规模农户经营与国内外大市场联接起来,有利于采用先进技术和物质装备,有利于提高我国农业的专业化、商品化和现代化水平,是适合我国国情的一种规模经营形式,是在坚持家庭承包经营基础上发展现代农业的正确选择。党和国家都充分肯定了农业产业化经营的道路,指出这是发展我国现代农业的一条重要的和有效的途径。只要坚持家庭承包经营不动摇,坚定不移地走农业产业化经营的路子,我国农业发展就一定能够走出有中国特色的现代农业之路。

(八)农业产业化有利于农业的可持续发展

首先,农业产业化经营有利于消除我国经济发展中存在的不同行业或产业部门之间、不同区域之间以及农民与其他社会成员之间的利益分配上的不公正现象。其次,实施农业产业化经营,可以保证自然资源永续利用。资源与环境问题是可持续发展论关心的核心问题。从人均的角度来看,中国是一个资源穷国,必须彻底改变靠拼资源来促发展的模式。实施农业产业化,可以在更大范围和更高层次上实现农业资源的优化配置,从而保证自然资源永续利用。再者,在农业产业化经营中,"龙头企业"为了追求经济效益,一般都会根据自己掌握的市场信息引导基地和农户及时调整农业生产结构。因此,农业产业化对我国农业产业结构在如何按市场要求进行调整这一方面起到积极的推动作用。最后,实施农业产业化经营,有利于提高产业的整体素质和科技含量,保证农业产业化能够按照可持续发展的要求推进。

(九)农业产业化促进了城乡一体化建设

通过农业产业化,可以延长农业产业链条,发展种植业、养殖业、加工业、服务业,带动乡村劳动密集型的第二、三产业发展,促进农业剩余劳动力向城乡加工业、服务业转移,推动农业产品加工业向深度、广度延伸,使农业资源进一步开发利用,为城镇工业提供原料,促进城镇工业的发展,带动交通、通讯、运输、服务等第三产业的发展。实践证明,通过农业产业化,可以促使城镇的人才、技术、资金、物资、信息等生产要素科学合理地流向乡村,与乡村的土地、劳力、原料等农业资源相结合,形成种养加、产供销、农工商一条龙产业链,结成贸工农、内外贸、农科教一体化产业体系,开创了以乡促城、以城带乡、城乡互补、协调发展的道路,促进了城乡一体化建设。

(十)农业产业化是提高我国农业国际竞争力的有力措施

农业产业化造就了一批有竞争力的市场主体。龙头企业通过组织农户,实行专业化、标准化和规模化生产,充分发挥家庭经营和农村劳动力成本较低的优势,再依靠精深加工和提高科技含量,创出一批有较强竞争力的名牌农产品,在国内外市场参与竞争。加入世贸组织后,为抵御进口农产品的冲击,提高优势农产品的竞争能力,龙头企业将发挥更重要的作用。决定企业市场竞争力的一个关键因素是产品质量。近两年,我国政府正集中精力抓农产品的质量安全工作。笔者在工作中的一个深刻体会就是:提高农产品的质量,一定要有农业的标准化;而农业的标准化一定要有农业的专业化;而农业的专业化又离不开农民的组织化。这一切,都与农业产业化有着密切的联系。凡是有龙头企业带动的地方,农产品的质量状况就会有很大改善。

实践证明,通过多年来农业产业化建设,为发展现代农业奠定了基础,它是实现农业商品化、规模化、社会化、专业化,即发展现代农业,保障农业和农村经济持续健康发展的行之有效的途径,对于从根本上改进我国农业的经营方式,走出一条具有中国特色的现代农业之路,具有极其深远的战略意义,而且它通过实现农业产前、产中、产后的整体经营,突破了农工商部门垄断割据的对立体制,实现农业产业结构的整体协调发展,因而从某种意义上也可以说,农业产业化是从经济体制改革入手而进行的农业产业结构调整。

三、农业产业化的组织形式

农业产业化是一个长期、持续的发展过程,农业组织的形式和发展,是这个过程的必要的制度基础。一个稳定、有效的农业产业组织,才能充分发挥其组织功能。农业产业组织的基础功能就是要提供社会化服务,充分发挥稳定、高效的纽带与传导作用,促进有组织的农户直接面向市场,以降低交易费用。此外,一个健全的农业产业组织还是农副产品市场得以高效运作的组织依托,同时既有力地支撑现代农业,又能提高农民在市场经济中的竞争能力。目前,农业组织形式主要有以下几种:

(一)"公司+农户"模式

这种组织形式是以农产品加工、运销企业为主导,通过与生产基地或农户签订合同的方式,形成生产、加工、销售一体化经营,达到提高农业经济效益的目的。这种组织形式可以在一定程度上降低农产进行市场交易的成本和风险,缓解"小农户"与"大市场"之间的矛盾,为农产提供产前、产中、产后系列服务,使农户得到部分利润返还。但是,在这种组织形式中作为龙头的公司必须要有充分的资金和先进的技术作基础,并具备高效的管理能力。

(二)"专业市场＋农户"模式

这种组织形式的运行机制是以专业市场引导农户进行生产。专业市场提供了较充足的信息来源,农户根据市场供求状况调整组织生产。这种模式的特点是交易的主体为农户和市场,没有第三者,交易行为纯粹是一种市场行为,其实质就是运用市场这只看不见的手来组织和引导千家万户的生产。这就要求专业市场选址合理,具有一定规模,能够比较准确地反映某一种农产品供求信息变化,提供真实的价格信息。在实际农业产业化运作中,由于不同的专业市场规模不同,从而提供的信息有不同程度的失真。由于农业生产对信息的反映有一定的时差,即由于农业生产具有一定的周期,根据一定的市场信息组织生产,当产品上市以后,市场供求信息也许有了新的变化,因而按照这种模式进行农业产业化经营,面对着巨大的市场风险,特别是针对我国大多数农户经营水平和知识水平有限的状况,更增加了市场交易的成本。

(三)"合作组织＋农户"模式

这种组织形式就是以农村合作组织和农民专业协会为龙头,以从事农副产品经销为主,通过契约将从事某种专业生产的农户与加工或经销企业联系起来。这就可以解决农户信息闭塞、开拓市场不力、单个农户经济实力不足的问题,还可以通过这种组织形成一定的实力,参与谈判,是解决农户组织化程度低最好的方式。通过这种方式把分散的农户组织起来,增加了抵御市场风险的能力,同时也使农户在农业产业化的链条中处于较有利的地位,分享更多的利益,是符合我国家庭承包责任制为基本国情的一种组织形式,是把千家万户的小农经济组织起来进入市场的有效途径,应大力推广。例如湖南,截至 2005 年底,全省农民专业合作组织发展到 12 493 个,加入农户达 196.08 万户,占全省总农户的 15.48%;带动农户 295.17 万个,占总农户的 24.6%。这些组织的发展提高了农民进入市场和农业生产的组织化程度,已成为农业产业化进一步发展的重要载体。

(四)"基地＋农户"模式

在政府的主导下,建立基地可迅速形成区域主导产业,形成专业化、社会化的生产体系。但是,农户在参与过程中处于被动接受状态;企业与农户不能形成关系紧密的利益共同体,农户不能参与产业化的全过程,得不到产业化的平均利润。一旦市场需求发生大的变化,农民的种植结构调整滞后时会带来很大损失。如前些年的苎麻产业就是例子。

(五)"公司＋专业协会(市场、大户)＋农户"模式

这种组织形式继续保持龙头企业和农户的分工不变,专业协会、大户、市场等充当市场中介,既为农户服务,又为企业服务。这一形式的出现,直接原因就是为了克服"公司＋农户"模式的缺陷,具有一定的优势。它降低了监督成本,在一定程度上节约了交易成本,使得购销关系相对稳定。但是,由于龙头企业在交易中处于绝对优势地位,即使是专业协会、大户、市场等也难以制约其违约行为,而作为中介的专业协会、大户等的资产数量有限,一旦违约,龙头企业也难以在事后制约他们的机会主义行为。

(六)"公司＋基地＋农户"模式

这种形式是农民通过开发当地资源来发展商品生产,并通过企业的带动,以建立农副产品生产基地的方式形成区域性主导产业和拳头产品,围绕主导产业进行生产、加工、销售的农业一体化经营组织形式。这种组织形式对资源、环境、资金、科技水平、管理能力等都有较高的要

求。不少地方已开始通过龙头企业的带动,变当地资源优势为经济优势,形成了优质农产品产业带,推动了粮食主产区的结构调整,成为地方经济发展的支柱和农民增加收入的重要来源。

(七)"农产联+企业+农户"模式

这种形式是以中介组织为依托,在某一产品再生产全过程的各个环节上,实行跨区域联合经营,逐步建成以占领国际市场为目标,企业竞争力强,经营规模大,生产要素大跨度优化组合,生产、加工、销售相联结的一体化经营企业集团。目前,山东省农产品生产加工销售联席会议(农产联)是这一模式的典型代表。

"农产联"在功能上近似"欧佩克"在中国农业产业化中的运用,是促进农业产业化的一种有益尝试,对农业产业化的发展有较大推动作用。一是沟通信息,"农产联"通过沟通信息,为县市政府和企业及时提供国内外市场、原料生产、加工企业、科学技术、经营管理等方面的动态信息,避免在生产、加工、销售中的盲目和无序竞争,避免种子、技术、设备和产品的重复引进,以减少企业和农民的损失;二是协调关系,通过协调与上级、县市政府之间的关系,一方面争取政府有关部门的支持,另一方面避免不正当竞争,以扬长避短,发挥各自优势,加快农业生产的发展;三是合作开发,以期进一步提高企业素质、人才素质和产品素质,更高效地开拓国内外市场。

第二节 中部地区农业产业化的现状与问题

一、中部地区农业产业化的发展现状

(一)农业主导产业逐步形成,区域化、规模化、专业化的特征明显

调整产业结构,确立和培植主导产业是实施农业产业化经营的前提和基础。在农业产业化过程中,主导产业起着上连市场、下连农户、建立中介组织、培植生产基地的作用,是农业产业化的载体。从中部地区各地发展农业产业化的实践来看,农业产业化之所以能够迅速发展,一个关键原因在于农业主导产业已经逐步形成。从表3-21可以看出,近年来,中部地区农业和农村经济结构调整取得了一定的进展,农业产业化进程加快,农产品基地建设由过去的"一村一品",逐步转向按气候资源条件、区域、流域连片发展,农业产业带逐步形成。如山西省,在"十五"期间制定实施了特色农业发展规划和农业结构调整的"三五"战略,初步形成了雁门关生态畜牧经济区、中南部无公害果菜产业区和东西两山杂粮干果产业区三大优势区域,有力地推动了优质杂粮、草食畜、水果、蔬菜四大特色主导产业向优势区域集中。到2005年,雁门关生态畜牧经济区牛羊肉、牛羊奶分别占到全省总量的62%和55%,中南部无公害果菜产业区蔬菜、水果产量分别占到全省总量的60%和71%,东西两山杂粮干果产业区杂粮、干果产量分别占到全省总量的42%和95%。[①] 再如江西省,到2006年,江西省基本形成了粮油、生猪、水产、水禽、水果五大省级主导产业,油茶、花卉、商品蔬菜、茶桑、中药材五大区域性特色产业。

---

① 《山西省农业发展"十一五"规划》,载《山西省人民政府办公厅关于印发山西省农业发展"十一五"规划的通知》,晋政办发[2006]89号。

其中,以鄱阳湖、赣抚平原、吉泰盆地粮食主产区和赣西粮食高产片为主的"三区一片"优质稻生产基地,总规模达到4 500万亩,产量1 650万t;以环鄱阳湖为主的特色水产养殖基地,养殖面积170万亩,产量达9万t;以赣中优势片和浙赣线、京九线为主的"一片两线"优质生猪生产基地,出栏量达1 000万头;以"南橘北梨,东枣西桃"为格局的赣南脐橙、南丰蜜橘、赣北早熟梨果业基地,规模达610万亩,产量160万t。农业生产的区域化布局推动了中部地区农业专业化和规模化,中部地区出现了一批具有较大规模农产品生产基地,如湖北省长阳高山无公害蔬菜生产基地、湖南省湘西草食性牲畜和生猪家禽基地、安徽省桐城大关蛋鸭生产基地等;出现了一批全国性的特色农业县乡,如安徽省桐城大关镇已成为全国蛋鸭养殖第一镇、湖北省咸宁"桂花之乡"、湖南省洪江"中国冰糖橙之乡"、河南省柘城"中国三樱椒之乡"等。

(二)农业龙头企业有较大发展,带动能力增强

农业产业化龙头企业的发展是实施农业产业化政策的重要组成部分,对农民增收、农业发展和农村建设有积极的带动作用。从表5-1可以看出,经过多年的发展,中部地区农业产业化龙头企业获得了较大的发展,共有省级以上农业产业化龙头企业857家,销售收入过亿元的企业共846家,这些企业的发展较好地解决了农产品加工和销售的问题,带动了农产品基地建设,提高了农产品的附加值,推动了农业产业化经营,特别是对地方主导产业起重要推动作用。以江西省为例,在"十五"期间,江西各地把龙头企业作为农业产业化发展的关键,采取各种政策措施千方百计扶持龙头企业成长壮大,龙头企业实力显著增强。全省国家级龙头企业由2002年的9家增加到14家,省级龙头企业由100家增加到259家,市级龙头企业也已超过800家。2006年,273家省级以上龙头企业,实现销售收入567.4亿元,企业平均销售收入为2.08亿元,与2002年相比,企业平均规模增加了0.78亿元,增长了60%。2006年,273家省级以上龙头企业联系带动农户390万户,约占全省农户总数的48%。其中,以合同、订单形式直接带动农户196.3万户。农户从产业化经营中增加收入总数达到44.81亿元,同比增长12.6%,户均增长1 150.58元,同比增长8.6%。同时,龙头企业吸纳和安置农村劳动力就业人数达12.3万人,同比增长30.6%。还直接建立基地数7 315个,基地面积达945.4万亩。

表5-1 中部地区农业产业化龙头企业发展情况   单位:个

地区	企业总数	国家级龙头企业	省级龙头企业	销售收入过亿元企业数
山西	1 318	13	20	36
安徽	—	20	155	110
江西	—	273		88
河南	3 918	23	128	287
湖北	1 997	21	158	161
湖南	1 995	221		164

资料来源:作者根据各省农业"十一五"规划和相关资料整理,其中江西、河南、湖南为2006年数据,山西、湖北、江西为2005年数据。

(三)特色农业发展初具规模

所谓特色农业,就是用区域内独特的农业资源开发区域内特有的名优产品,并将其转化为

特色商品的现代农业。随着农业宏观需求形势和市场需求结构的变化,中部地区依据自身资源比较优势和特色资源,特色农业发展迅速。比如山西省,到2005年,该省优质杂粮、草食畜、水果、蔬菜四大特色主导产业和制种、中药材两大亮点产业发展迅猛。谷子、马铃薯、燕麦、荞麦、杂豆等优质杂粮生产由15亿kg发展到19亿kg,增长21%。牛、羊等草食畜存栏由1 283万头(只)发展到1 437万头(只),出栏由531万头(只)达到714万头(只),增长34.5%。水果生产由20.44亿kg发展到27.22亿kg,增长6.5%。蔬菜生产在稳定总产的同时,提高了蔬菜的质量和效益,日光节能温室发展到33.5万亩,精细菜产量占到蔬菜总产量的10%左右。特色农产品加工企业快速发展,农产品加工转化率达到30%以上,特色农业产值占农业总产值的比重达到48%。①

(四)积极培育农村市场主体,形成了多种农业产业化组织模式

近几年来,中部地区各地围绕优势产业和特色产品,积极培育农村市场主体,组织和引导龙头企业和中介组织到农村建设基地签合同,有效地推动了优势产业的发展。如河南省,截至2007年上半年底,各类农业产业化组织总数达9 102个,组织带动农户1 022万个,平均每户从中增收1 025元,共安置解决就业达451万人。全省与各类农业产业化组织形成相对稳定利益关系的种植业基地面积达5 617万亩,比上年增长42%;畜牧业基地牲畜养殖量6 666万头、禽类养殖量7.2亿只,分别比上年增长22%、66%。龙头企业与县域经济优势相结合,强化产业集聚,促进了一批优势产业带的形成。如汤阴和临颍的食品产业、淇县的肉鸡产业、潢川的水禽产业、孟州的玉米加工、灵宝的果汁加工、永城的面粉产业等。新蔡县着力培育区域特色主导产业,围绕六家农畜产品加工龙头企业,建成9个农畜产品生产基地,培植了40个养牛专业村、30个养猪专业村、20个养羊专业村,发展养殖大户6 000多家。农业产业化组织的形成,架起了农户与市场、企业之间的桥梁,有效地解决了农民买难卖难的问题,成为实现农业产业化的重要媒介。

(五)农产品加工能力显著提高

发展农产品加工业,实现农业产业化经营,是促进农业和农村经济结构战略性调整的重要途径,具有十分重要的意义。首先,发展农产品加工业,可以促进优化农产品区域布局和优势农产品生产基地的建设,延长农业产业链条,提高农产品的综合利用、转化增值水平,有利于提高农业综合效益和增加农民收入;其次,通过扩大农产品深加工,提高产品档次和质量,促进农产品出口,有利于提高我国农业的国际竞争力;再者,通过发展农产品加工业,以农业产业化经营为基本途径,吸纳农村富余劳动力就业,提高技术装备能力和水平,有利于推进农业现代化。随着农业产业化经营水平的不断提升,中部地区农产品加工业得到较快发展,农产品加工能力显著提升。截至2005年底,中部地区共有全国农产品加工业示范企业124家,占全国总数的21.2%;全国农产品加工业示范基地42个,占全国总数的19.1%;农业部农产品加工企业技术创新机构69个,占全国总数的24.7%。以山西省为例,到2005年底,全省各类农产品加工企业11.44万家,从业人员62万人,实现营业收入502.7亿元,分别比2004年净增6 000个、2万人和110亿元,分别占到全省乡镇工业的36.1%和37.8%。其中个体私营企业11.2万个,

---

① 《山西省农业发展"十一五"规划》,载《山西省人民政府办公厅关于印发山西省农业发展"十一五"规划的通知》,晋政办发[2006]89号。

从业人员53万人，营业收入428.8亿元，分别占到全省乡镇企业总量的12.4%、12.6%和15.5%。个体私营企业发展最快，发挥了主力军作用。全省农产品加工涉及20多个行业，粮食及饲料加工、植物油加工、乳品制造业、果汁加工等7个行业营业收入分别过10亿元。其中粮食及饲料加工业突破100亿元大关。在这些行业中，果汁、乳品业最具优势。2005年全省果汁加工企业39个，从业人员2 168人，年产果汁20.8万t，转化果类150万t；乳品加工企业178个，从业人员9 944多人，年生产乳制品48.5万t，其中液态奶40.1万t，转化鲜奶量200多万t。[①]

（六）市场体系逐步完善，商品率不断提高

农产品市场是推进农业产业化的重要环节，也是实现农产品最终价值的关键。为此，近几年来中部地区高度重视农产品市场体系网络建设，通过依托基地建市场、多元投入办市场、组织农民闯市场，逐步形成以农副产品专业批发市场为核心，产地批发市场、农贸市场为基础，农民贩销大户为依托的市场营销体系。如山西省，目前，该省各地已初步建成3 000多个农产品集贸、批发和交易市场，年成交额200多亿元，农民经纪人开始活跃在市场流通的大舞台上。此外，还通过政府搭台市场，积极组织农博会、轻博会、新闻发布会、农产品交易会、展示展销会等，进一步拓展国内外市场，促进农业产业化发展。随着农产品市场体系的建立健全，中部地区农产品的商品化程度不断提高。以山西省为例，目前，该省主要农产品中，粮食的商品率达到30%左右，肉、蛋、奶的商品率达到30%以上，农产品销售收入占到农村经济总收入的40%以上，传统的自然经济和过渡期的计划经济正逐步让位于市场经济。

二、中部地区农业产业化存在的问题和原因

农业产业化经营是市场经济发展的必然结果，是与一定的生产力发展水平相适应的，是需要一定的条件作为支撑的。理论界和实际工作部门根据各地的经验，总结出了实现农业产业化需要具备的五大基本条件。

(1)要有相对的资源优势。主要有两个方面：一是这种资源优势要具备一定的规模条件；二是这种资源优势要有区域特色。

(2)主导产业要有较高的商品率，即要选择商品率高、有一定产量的农副产品进行产业开发。

(3)要有系列的开发项目。农业产业化所选择的项目应能形成系列开发，一方面通过深度开发延长产业链条，增加科技含量，提高产品的附加值；另一方面进行综合开发，对资源进行多系列开发，提高资源利用的整体效益。

(4)有运作灵活的产业化组织载体。产业化组织形式多种多样，但无论是哪一种类型，都要建立一种能够连接生产、加工、销售各环节，协调各环节利益关系的组织载体，并且有保证组织运行的配套制度。其中必不可少的是龙头组织的建设。

(5)建立农业产业化的运作机制，包括利益分配机制、合同约束机制、矛盾协调机制、风险承担机制、企业组织机制、股份合作机制等。

从总体上看，目前中部地区已基本上具备了上述农业产业化经营的条件，并已经取得了很

---

① 《山西省农业发展"十一五"规划》，载《山西省人民政府办公厅关于印发山西省农业发展"十一五"规划的通知》，晋政办发[2006]89号。

大的成效。但同时我们也应当认识到,中部地区在农业产业化过程中还存在相当多的问题,比如龙头企业数量还较少,规模不大,辐射带动能力还有待于进一步加强;资金不足,技术水平低,制约农产品加工企业的发展,加工水平有待提高;在管理体制和运行机制方面,龙头企业与农户的关系不紧密,利益分配机制不健全,不规范,还有待进一步完善;产业化中介组织发展滞后;等等。农业产业化还处于初级阶段。之所以中部地区农业产业化存在上述这些问题,其原因主要体现在以下几个方面。

(1)农业产业化经营要求有独立自主经营的经济主体,以市场为导向,打破传统农业被割裂的体制障碍,将系统外的市场机制与系统内的非市场机制安排结合起来,形成一种"内部市场组织",从而通过这种制度创新达到资源的优化配置。可见,完善的市场经济体制是农业产业化最为重要的社会经济基础。目前,由于中部地区尚处于体制转轨过程中,各种体制方面的关系尚未完全理顺,因而社会主义市场经济体制还不够完善,从而在体制方面形成了中部地区农业产业化经营的制约因素。

在自由市场经济条件下,由于市场失效和农业的产业特性,个体农民在市场经济的竞争中处于劣势地位,无法获得平均利润,为了竞争,他们只有加入或组织某些经济组织,才能扩大规模,稳定和弱化市场风险,从而掌握自己的市场命运,这应该说是农业产业化经营的最为直接的社会经济诱因。而拥有比较充分的经营自主权的工商企业等市场微观经济主体,则在市场信号和市场约束的引导下,根据某种诱因(如存在着寻找新市场的过剩资本),从而愿意与农户等其他经济主体组成一体化的经济组织,通过实现组织目标而直接达到自己的目标。因此,一个较为充分自由竞争的市场经济体制是农业产业化经营一个不可或缺的基础条件。

目前,中部地区并不缺乏参与农业产业化经营的相对独立自主的微观经济主体。但是,由于现实中不同程度地存在着城乡市场分割,农村行政区划和市场经济要求的经济区划的矛盾,地方政府行为不合理导致的地区产业结构趋同,行业和所有制方面的界限等许多制约因素,从而割裂了农业产业化经营的市场纽带,在实践中,则表现为市场信号的扭曲和失真,使得农业产业化经营失去了市场导向;不能实行合理的区域分工,无法形成具有比较优势的主导产业和开发构建新的产业群,使农业产业化经营失去了产业基础;出入市场的种种壁垒导致了商品基地、专业市场的生成十分缓慢,无法形成农业产业系统内资源的优化配置。总之,目前不健全的市场经济体制是制约中部地区农业产业化经营的一个最为重要的体制因素。

(2)从农业产业化的一般发展规律来看,其在实践中的集中化、专业化和服务的社会化等特征,是以其发展所要求具备的物质技术装备条件为前提的,即农业产业化是一定的生产力发展水平阶段上的产物,是与农业的现代化相辅相成的,而就中部地区农业生产的现状而言,较为落后的物质技术装备水平明显构成了农业产业化经营的一个制约因素。

从农业产业化经营的发展规律来看,农业生产部门首先是利用电子、动力、化学、机械等现代装备的特有形式,进入生产的综合机械化和自动化阶段,变成使用机器进行生产的部门,只有这种现代化的部门才会产生与其他部门之间实行现代化的社会分工和经济联系的要求。随着科学技术的进步,农业日益采用工业生产的方法和现代工艺,农业专业化得到了快速发展,农业专业化的发展则在经济上、组织上给农业带来了一系列的深刻变化:①专业化使得农业生产规模在外延上和内涵上都得到了不同程度的扩大;②专业化大大促进了农业产业化纵向上的贸工农一体化的发展;③专业化使农业成为"两头"在外的产业,即"前头"专业生产中的物质投入要素要从市场购入和"后头"生产出来的产品要全部在市场上销售。这时,农业生产的发展已不仅取决于自身,而是越来越依赖于农业生产以前的阶段和以后的阶段,农业产业化经营的产生和发展则是合乎规律的发展和变化。

而从中部地区目前的农业科学技术发展状况来看,虽然中部地区农业科研院所较为集中,科技力量较强,但与农民的科技需求和农业产业结构调整的需要相比还相差甚远,农业科技供应能力和相关技术的消化能力相当薄弱。除山西省外,2002年,中部分布在第一产业的科研成果还不到全部科技成果的18%,分布于农业的专业技术人员为11.8万人,占农业劳动力人数的0.12%,而环渤海地区这一指标为0.2%。即使是如此有限的农业科技资源,主要集中于大宗粮棉油作物、园艺作物、特产经济作物等种植业,畜牧业和水产业领域的科技资源长期严重不足,而且农业科技力量主要集中于产中领域,产前、产后科技力量匮乏,中试转化和产业化等环节相对薄弱。其次,中部地区农业信息化水平也较低,有关农业生产管理、技术、标准、市场经营等方面的信息获取困难。第三,中部地区相当部分地方农田作业仍以手工劳动和畜力耕作为主,户均耕地面积仅1.62亩,虽然机耕面积占到耕地面积的60.2%,但机播面积和机收面积仅分别占播种面积和收获面积的26.2%、30.5%,农村劳动力的整体素质不高,平均受教育年限仅为8.24年。这种"超小型"的生产规模、落后的劳动方式和较低的劳动力素质,既不利于农业的专业化,也不利于先进管理机制的培育和生产的组织化社会化程度的提高。这些情况就使得中部地区农业产业化水平不高,农业产业结构调整进程受阻。

(3)农业产业化经营战略一方面着眼于延长农业的产业链条和扩大农业的产业系统,从而谋求农业产业的整体规模效益;另一方面则着眼于通过利益纽带把多方经济主体联结为利益共同体,使产业化链条上的各个组成部分都能拿到平均利润,最终实现经济利益的一体化。因此,在农业产业化的各经济利益主体之间,只有具备一个良好的利益协调机制,才能保证农业产业化的实施不变形不走样。那么,目前中部地区由于市场体制和市场机制的不完善造成的各种经济成分和经济主体利益关系的不协调,则显然是制约农业产业化经营的一个重要因素。

农业产业化经营在内容上涉及多方利益主体、多种联接关系,它们出于某种吸引力而形成一个组织系统,根据某种原则以一定的形式把组织的整体性目标与参与主体的个人目标结合起来,按照一定的规律和秩序运作,从而产生聚合、协同效应,形成新的价值。农业产业化经营的参与主体之间经济联系不是松散的通过纯粹的、偶然的市场交易进行的,而是在一定时期内相对稳定的,即各种经济主体是通过某种经济约束或协议进行交易活动,从而最后形成一个风险共担、利益均沾、互惠互利、共同发展的经济利益共同体,这是一种紧密性的结合。因此,如何建立合理的经济利益协调机制,是农业产业化经营过程中必须妥善解决的一个根本性问题。

当前,中部地区的市场体制和市场机制还不够完善,各种经济成分和利益关系还不能相互协调,建立健全的合理的农业产业化经营的协调机制仍然存在着种种制约因素。从农业产业化经营的进程来看,在农业产业化经营的起步阶段,在利益总和既定的情况下,各利益主体应当依据其在利益共同体内所处的地位和所发挥的作用,对经济利益进行分割。不言而喻,此时从事初级产品生产的农民的利益是偏低的,这主要是因为农民处于出卖原料的地位,是价值的消极接受者,所以必须通过某种合同(契约)的方式,把加工运销等环节经济主体所获得的一部分利润转移给农民,从而对农民进行特殊的扶持和保护。而市场的不完善、信息的非对称等因素的存在,加工运销环节的经济主体则很容易发生道德风险(隐藏行动)。如当农产品供不应求时,各种经济利益主体之间的契约也许较为稳定;而当农产品供过于求时,这种契约就会趋于不稳定,在无相应的制度(如健全的法制)保障下,甚至会解散。无论哪一种情况,农民在利益共同体内都处于不合理的地位。这种不合理的利益协调机制,不仅达不到农业产业化经营的目的,甚至会扭曲农业产业化经营,使之仅成为新的利益不合理分配的手段。因此,建立合理的经济利益协调机制,妥善调节企业与农民的利益关系,是农业产业化经营赖以产生和发展的一个关键因素。

(4)发达国家农业产业化经营的实践,给我们重要的启示之一,就是政府在农业产业化经营的进程中担任了极为重要的角色,为农业产业化经营创造了极为有利的外部宏观环境,成为农业产业化经营得以顺利进展的重要保障。当前,中部地区政府在农业产业化经营中的角色安排还不尽合理,农业产业化经营的扶持政策并不十分配套,农业的区域宏观调控体系尚未健全,相应的法规建设在某些方面还较滞后,所有这些都从外部环境的角度构成了中部地区农业产业化经营的制约因素。

(5)农业产业化的顺利实施,离不开各种类型的农村中介组织,由它们来提供农业生产经营所必要的各种社会化服务。但是,中部地区目前的农村社会化服务体系大多是在计划经济体制下形成的,难以适应当前市场经济条件下农业产业化经营和发展的要求。如果没有健全的科工贸农一体化、产供销一条龙以及法律公正、农技推广、防疫检疫、技术标准、技术咨询、环境保护在内的服务组织,就不可能在广大农村构筑多层次的社会化服务体系。同时,如果不按照市场原则,组织农民联合起来,成立专业合作社和各种形式的农民协会,发展壮大农民经纪人队伍,就不可能为农业产业化经营提供全方位服务。在国外,非盈利的农民专业合作组织是解决农户产供销一体的桥梁,从欧洲到泰国、菲律宾等几乎都有不同形式的农民专业合作社,他们受到国家法律的保护和政府政策的支持、扶植,受到来自农户的直接监督,忠实代表了农户利益,取得了很好的成功经验。

(6)农业产业化的良好运行,必须要有一个易于发展市场经济的软硬环境,这是农业产业化的客观基础。而对中部地区农村地区来说,在目前存在严重的环境制约因素,不仅是农民素质等软环境存在缺陷,而且基础设施也严重不足。目前,在中部地区广大农村,交通、电力、通讯、水利等基础设施严重不足。由于基础设施的建设需要大量的投资,而且建设难度较大,单纯依靠农民自己的力量是难以完成的,但在现行的农村公共品供给体制下,国家对这些农村基础设施的投资很少,主要是依靠农民自己的投入,这就限制了农村基础设施的建设,导致其成为目前制约农村地区特别是农业产业化发展的非常重要的瓶颈。

第三节 中部地区农业产业化发展的政策建议

要进一步推进中部地区的农业产业化经营,就必须排除各方面障碍,尽快解决各种制约因素。为此,必须端正总的指导思想,这就要在农民家庭联产承包责任制的基础上,以国内外市场需求为导向,以提高经济效益、社会效益、生态效益为中心,以推广先进适用科学技术为依托,科学利用农业资源优势,围绕区域农业的主导产品和支柱产业,优化各种生产因素,科学形成种养加、产加销、农工商一条龙产业链,优化结成贸工农、内外贸、农科教一体化产业体系,大力发展龙头企业,由龙头企业外联市场、内联农民,带动建立农业产品生产基地,进入区域化生产布局,坚持专业化生产、集约化经营、企业化管理、社会化服务,增强自我积累、自我发展功能,促进农业和农村经济持续、稳定、协调发展。

一、树立现代农业经营理念

一是要树立大农业观念,从全局出发来看待农业的发展,把农业的产前、产中、产后衔接成一个有机的整体。

二是要坚定经营方针,在坚持执行农民家庭联产承包责任制的基础上,发展多种所有制和多种经营形式,鼓励发展农村合作经济形式,进行适度的规模经营。

三是要因地制宜,稳步推进。因为中部地区各地经济社会发展很不平衡,具体情况各异,农业产业化过程中急需解决的问题及切入点不同。因此,要注意因地制宜,优化农业区域布局,发挥各地的资源优势,发展特色农业。

四是要牢固树立市场观念,自觉遵循市场规律,将农业的项目选择、基地建设、产品加工、销售流通等置于大市场的环境中运作,以市场为导向,靠市场去调节,依市场谋发展,全面推进农业产业化经营。

五是要加强科学管理,不断加大科技含量,提高科学管理效益,彻底转变传统落后的生产经营管理方式,全面采取科学先进适用的生产经营管理方式。

二、组织和壮大龙头企业

龙头企业是农业产业化的主要组织载体和依托力量,龙头企业的发展状况决定了整个农业产业化的推进速度、推进质量和效果。为此,要在培育农业龙头企业中,切实采取以下措施:

一是要坚持积极引导、大力扶持、放手发展、逐步完善、不断增强的方针,培育市场牵龙头、龙头带基地、基地联农户的产加销一条龙、贸工农一体化的龙头企业,力求在各个区域、各种产业,培育出经营管理先进、科技力量雄厚、经济实力强大的现代化龙头企业。

二是坚持"扶优、扶强、扶大"的原则,按照"统筹规划,突出重点,择优扶强,效益优先"的要求,做强做大一批企业,扶持一批"大"(规模大、带动力大)、"高"(技术含量高、附加值高)、"外"(外向型)、"新"(新产品)的龙头企业,重点是扶持那些机制好、产品竞争力强、为农户提供系列服务、与农户利益关系稳定密切、带动面广、出口创汇多、采用高新技术的农业龙头企业,支持有条件的农业龙头企业通过参股、控股、兼并、合作、租赁等形式,扩大规模,增强实力,发展成为大型农业龙头企业集团。

三是因地制宜办好农业龙头企业。要充分考虑不同地区、不同产业、不同发展阶段的特点和实际,通过分类指导、典型示范、政策引导的办法加快发展农业龙头企业。坚持新上项目与资源开发相结合,立足实际新上一批具有地方特色、有市场前景、牵动力大、辐射能力强的龙头企业,使其真正发挥产业链条中的龙头作用。

四是按产权清晰、权责明确、政企分开、管理科学的要求建设农业龙头企业,使其成为自主经营、自负盈亏、自我约束、自我发展的市场主体。

五是要以经济利益为纽带,按照市场经济规律办事,使龙头企业与广大农户形成"风险共担、利益共享"的新机制,保护企业和农户的利益,充分发挥龙头企业对农民增收的带动作用。这是农业产业化持久发展的内在动力。

三、大力发展科技兴农

一是把推进农业产业化经营和科技兴农紧密结合起来。大力发展名、特、优、新品种,发展无公害绿色食品、反季节高效益产品等。大力发展节水农业、生态农业、组培育苗技术,稳步发展基因农业。在有条件的地方创办农业高科技示范园区。

二是农业龙头企业要成为加强农业技术开发与推广的新的生力军。中部地区应该进一步创造条件把农业龙头企业、农业科研院所、农业科技大户和中介服务组织推向市场经济前沿,使龙头企业成为吸纳科技人才、转化科技成果、推广先进技术、开发高新技术的主体,逐步建立以农业龙头企业为主体,以大专院校、科研院所为依托的新型农业技术开发与推广体系。

三是切实抓好科技培训,不断提高农民素质。农业科技培训不仅要加强成套农业技术培训,还要提高农户的市场意识、合作意识、信用意识、质量意识,使广大农民真正适应农业产业化发展的需要,从根本上增强农业的竞争力。

四是以信息化推进农业产业化。要加快农业信息网络建设,为农业产业化经营提供生产、技术、销售、气象等信息服务。农业信息网络要以中高级批发市场为骨干,以专业网络公司和农业龙头企业为依托,覆盖广大农户。支持农业龙头企业建立网站,发展网上交易与电子商务。各级政府要大力支持网络建设,加强信息处理,建立中长期信息发布制度。各媒体要重视农业信息传播。

四、创新农业生产经营体系,培育壮大市场竞争主体

一是要围绕主导产业,发展专业合作组织。中部地区各地基层要引导农民自愿组建专业合作社或专业协会。市、县农口部门要以农技推广单位为载体,引导组建行业协会,把农业生产、加工、销售、科技推广各环节紧密联结起来,把农民与市场、与企业紧密联合起来,实现小生产与大市场的有效对接,增强农业竞争力。

二是要加快培育新型农民组织。对需要加工的农产品,通过"企业＋生产基地＋农户"或"企业＋专业合作社＋农户"的模式组织农业生产。由企业加工并销售加工产品,实现产加销一体化。对于不需要深加工的农产品,由专业合作社统一组织包装和运销,形成"市场＋专业合作社＋农户"的生产经营模式。

三是要强化现有农村集体组织和社区组织的经济功能,改变目前中部地区农村集体经济组织在管理社区经济活动时看似"有组织",其实"无组织"的状况,正确引导规范,使其逐步发展成为农村合作经济组织,真正成为组织和引导分散经营的农户参与市场竞争主体。

四是要充分发挥农村专业户、经纪人以及龙头企业等在生产经营过程中的龙头作用、组织作用,通过他们推进农业和农村组织化程度,扩大经营规模,增强市场谈判的力量,减少市场风险,谋求更大的市场份额。中部地区各级政府应从政策上培育大型农业企业,鼓励形成跨区域乃至跨省的行业协会和农民合作经济组织。

五、转变政府职能,加强宏观调控

一是要明确政府定位。农户和企业是产业化经营的主体,政府的主要职责是宏观调控,"有所为,有所不为"。"有所为"是指政府在发展农业产业化经营过程中,遵循WTO农业规则,积极参与和调控,制定有关政策法规,着力创造有利于农业产业化经营的发展环境。"有所不为"是指政府作为国家行政机关要摆正自己的位置,政企分开,不直接干预农户和企业的具体生产经营活动。从实际情况来看,就是要做到"引导、支持、保护、调控"四个方面的要求,为农业产业化经营创造一个良好的外部环境。

二是中部地区各级政府必须切实抓好科学规划、政策引导、典型引路。一要调整优化产业结构,扶持支柱产业健康发展;二要坚持以集镇为依托,以产品集散地为基础,培育市场;三要稳定土地承包制,推行土地流转制,落实优惠扶持政策;四要加强领导服务,提供生产经营服务,搞好科学技术服务;五要组织推动城镇带乡村,共同搞好城乡一体化、产业化建设,保障城乡工农业经济协调发展。

六、实现农业产业化与城乡一体化的结合发展

农业产业化与城乡一体化的内在联系决定了二者必须结合才能共同发展。农业产业化与城乡一体化虽然是两个不同的概念,但却有着十分密切的内在联系,即二者是一种相辅相成的关系,也就是说,只有农业产业化的实施,才能使城乡一体化有实质性的突破;也只有城乡一体化的发展,才能促进和加快农业产业化的进程。农业产业化的发展为城乡一体化的发展寻找到了最佳结合点,城乡一体化的发展为农业产业化拓展了发展空间。二者互为发展条件,相互联系,相互促进。

一是农业产业化和城乡一体化的结合发展,可以稳定中部地区农业发展的基础,提高农业自身的积累和发展后劲,避免农业与工业、城市与乡村的对立。"两化"结合发展的路子,非常适合我国和中部地区农村的实际情况,既不改变家庭承包经营这一农村基本经济制度,又能把千家万户农民组织带动起来共同发展,它们所形成的规模效益,比单纯的规模经营要大得多,发展也快得多,从某种意义上讲,这就是中国特色农业的规模经营和集约化经营。

二是农业产业化和城乡一体化的结合发展,有利于农业剩余劳动力的转移和农业综合效益的提高。农业剩余劳动力问题,一直是我国和中部地区农业发展面临的重大问题。农业剩余劳动力问题不解决,农业的经营规模就难以扩大,经济效益就难以提高。城乡一体化与农业产业化的综合发展,将为我们提供一条解决这一难题的有效途径。

三是农业产业化与城乡一体化的结合发展,可以促进农村产业结构的调整和优化。作为农业产业化与城乡一体化结合载体的小城镇建设的发展,有利于优化农业产业布局,提升农业科技含量,拉长农业产业链条,形成支柱产业提高农村工业化水平;有利于促进交通、通讯、教育、文化、体育、旅游、饮食、信息、金融、保险等第三产业的快速发展;有利于优化农业产业结构,促进"两高一优"农业的发展。

四是农业产业化与城乡一体化的结合发展,可以搞活流通,增加农民的收入。从农村市场经济的发展趋势来看,农业增产和农民增收对流通的依赖性越来越强。农业增产和农民增收要靠流通组织来实现;农业结构调整要靠流通组织来指导;产业化经营要靠流通组织来推动。城乡一体化的市场中心地位及其辐射功能与农业产业化的商品化动力及其市场导向机制的结合,使得二者相得益彰,可以有效地实现这一目标。

七、加快农产品加工业的发展

农产品加工业是实现农业产业化经营的重要环节,在农业产业化过程中具有十分重要的地位和作用。而中部地区农产品加工业发展相对滞后,农产品的加工能力不高,农产品加工率只有40%,精深加工比例只有30%左右,农产品加工业产值与农业产值之比还不到1:1,而发达国家农产品加工业产值与农业产值之比大都在(2.0~3.7):1,这已经成为制约中部地区农业产业化的一个重要因素。因此必须加快中部地区农产品加工业的发展,把中部地区的农

业资源优势真正转化为产业与经济优势。

一是鼓励和扶持农业产业化龙头企业发展农产品加工业以及与之相配套的农产品储藏、保鲜、运销业,逐步形成适合不同区域特点的农产品生产和加工产业带。扶持农产品加工龙头企业开展创名牌活动,依托品牌开拓市场和提高竞争力。引导和鼓励中小加工企业实行联合、改组、改造,通过体制和技术创新,提高市场竞争力。

二是促进农产品加工企业提高农产品加工创新能力。鼓励和扶持农产品加工企业与科研院所、大专院校对接,组建技术创新机构,提高集成创新能力。鼓励有条件的龙头企业建立产品研发中心,开展超前研究,储备科技成果,不断增强农产品加工业的核心竞争力。培植农产品加工示范企业,大力发展科技含量高、加工程度深、产业链条长、增值水平高、出口能力强、符合综合利用和循环经济要求的产品和产业。适应农产品国际市场的需要,建立和完善严格的质量安全体系,严格按照国家和国际标准组织生产。

三是建立稳定的原料基地。要把农业产业结构调整和发展农产品加工业结合起来,按照区域化布局、专业化生产、标准化管理的发展思路,突出地方特色,充分发挥区域比较优势,以农产品加工企业为龙头,建立一批与加工企业相配套的粮油、蔬菜、果品、畜禽、蛋奶和水产品等原料基地,促进农产品加工业发展。鼓励农户、专业合作经济组织与农产品加工企业形成稳定的利益联结关系,降低农民的违约率,为企业提供稳定的原料来源。要结合原料基地建设,按照区域化布局、专业化生产、标准化管理、产业化经营和社会化服务的发展思路,在原料集中产区建立专业性或综合性的农产品加工业集群,发挥群体优势和规模效应。

四是中部地区各级政府要积极创造条件支持农产品加工业的发展,要在资金、技术、人才、政策、环境等多方面为农产品加工业发展创造条件,特别要在落实扶持政策方面加大检查和督办力度,促进农产品加工业的持续稳定发展。

第六章 特色农业与中部地区农业产业结构调整

农业生产是一种生物性生产,农作物的生长需要建立在区域适宜性的基础上。因此,区域自然、社会和经济要素的复杂组合,形成了农业的多种区域适宜性。在这种情况下,中部地区只有抓住能发挥区域优势的特色农业,优化农业区域布局,形成区域特色经济,才有生命力与竞争力。因为经济学的基本原理告诉我们:特色就是竞争力,特色就是效益。所以,在当前及今后相当长一个时期,中部地区要大力发展特色农业,把它作为全面推进农业产业结构调整、增加农民收入的"突破口"和"切入点",促进中部地区崛起。

第一节 特色农业是推进农业产业结构调整的有效途径

一、特色农业的基本内涵及其分类

目前,有关特色农业的内涵尚无统一的界定,仍是众说纷纭。通过对相关资料进行检索,比较有代表性的定义有以下几种:

(1)所谓特色农业,即是指以市场为导向,以效益为中心,借助科技创新和资源异质化,在推动主导产业标新立异和品牌产品系列化的过程中,实现高效持续发展的新型农业运作模式。这种模式可以说是农业市场化的必然选择。

(2)特色农业是人类通过社会生产劳动,利用一个地区自然环境提供的优越条件(如气候条件和土壤条件等),促进和控制生物体(包括植物、动物和微生物)的生命活动过程来取得人类社会所需要的、具有地方特色的和高附加值的产品的生产部门。它是农业范畴的扩大和向更高层次的发展。根据农业的概念和内涵,特色农业的内涵应包括农业生产业、农业工业和农业商业。农业生产业是特色农业的主体部门,包括作物业、林木业、畜禽业、水产业、低等生物业5个部分。农业工业包括农用工业、农后工业两种与特色农业密切有关的工业。农用工业是指为特色农业生产服务的工业,如化肥、农药、农机、农膜等;农后工业是指特色农产品加工工业。农业商业包括特色农业的生产资料市场、特色农产品的内贸和外贸市场等。此外,特色农业还要涉及农业金融、农业科技、农业教育、农村基本建设、农业行政管理与政策等内容。

(3)所谓特色农业,是指一定区域在发展市场经济中,利用比较优势,遵循市场规律,通过竞争而形成具有特色的农业生产部门、农业产加销经营系列以及能产生聚合效应、产业关联效应的农业结构,形成在国内外市场有竞争力的特色产业、特色企业(经济组织)和特色产品(产品系列)。

(4)特色农业是以追求最佳效益(即最大的经济效益和最优的生态效益、社会效益)和提高产品生产竞争力为目的,依据区域内整体资源优势及特点,突出地域特色,围绕市场需求,坚持以科技为先导,高效率配置各种生产要素,以某一特定生产对象或生产目的为目标,形成规模适度、特色突出、效益良好和产品具有较强市场竞争力的非均衡农业生产体系。它的发展是适应当前社会消费需求、世界经济一体化和全球农业市场细分需要的必然结果。

(5)特色农业是以当地的自然条件、社会条件和经济条件优势为基础,以传统优势品种为龙头,以市场为导向,发展市场竞争力强、高效优质高产、具有一定规模或产业化经营的可持续农业。

(6)农业部制定的《关于加快西部地区特色农业发展的意见》明确指出:"特色农业是指具有独特的资源条件、明显的区域特征、特殊的产品品质和特定的消费市场的农业产业。"

(7)特色农业是按照市场经济的客观要求,依托当地独特的地理、气候、资源、产业基础和条件形成的。相对于常规农业而言,特色农业具有一定规模优势、品牌优势和市场竞争优势,是主导一定区域农村经济发展的高效农业。

(8)特色农业是一个系统的产出工程,是以产业化经营为表征的市场农业和以质量、效益为标准的高效农业,是突出品牌效应的精品农业。它既包含产业规模,也包含体制和组织的创新。

(9)特色农业是具有区域地缘、工艺特色和高新技术特色的农业产业总称。

(10)特色农业是指为了适应特定的农业生产条件,以效益为中心,以市场需求为导向,充分利用自然资源、人文环境、区域、技术、管理等方面的比较优势,围绕"特色"进行农业生产或提供服务,从而提高产业核心竞争力的新型农业发展形式。

(11)特色农业是以资源、气候、土地条件、环境、特殊物种优势为基础,根据市场经济的客观要求而发展起来的具有鲜明地域生产特征和独特产品品质的市场化的高效农业。发展特色农业的过程,其实质就是发挥区域比较优势,形成产业竞争优势的过程。

(12)从理论上讲,特色农业是一种有特殊性、有区域性、有竞争性的农业生产和流通模式,它是市场经济的一种表现形式。

(13)特色农业是指利用本地资源优势,开发新的产品或从事具有本地区特点的农业生产活动,具体包括都市农业、旅游(观光)农业、精品农业、水体农业、立体农业、绿洲农业、旱地农业等。

(14)所谓特色农业,是指能够满足市场特殊需求和服务的产前、产中、产后相关部门的总称。

(15)特色农业是以区域性资源、气候环境优势为基础,以追求经济、社会、生态的最佳效益为目标,以特色农产品生产为核心,采用独特的生产工艺及方式,所形成的地域特征突出、产品特征鲜明、市场竞争力较强的农业产业体系,是人们立足于区位优势、资源优势、环境优势和技术优势,根据市场需要和社会需求发展起来的具有一定规模的高效农业。

(16)特色农业是一个系统的产业工程,是以产业化经营为表征的市场农业,以质量和效益为标准的高效农业,是突出品牌效应的精品农业;包含产业规模,包含体制和组织的创新;必须有产业载体,形成规模经济。

从上述定义可以看出,特色农业主要包含以下几个基本特征:

(1)特色农业与常规农业相比,生产具有鲜明的地域性。一般来说,特色农业是由特种材料(种子、种畜、种苗)、特种生产农(工)艺,在特定的区域条件(土壤、气候等)下形成的,这种特定的区域条件就决定了特色农业的地域性。如果特色农业像常规农业那样广泛分布的话,它就不能称为"特色"。

(2)市场导向性。坚持以市场为导向是特色农业发展的指针。农业产业结构调整的方向与特色农业的基本定位,应以产品或服务的市场容量为基准,既要立足本地市场,又要面向外地市场;既要满足国内市场,还要开拓国际市场,在此基础上进行科学的生产规划和营销设计。

(3)产品的独特性、优质性、多样性。首先,特色农业所生产的产品具有独特品质,这是特色农业区别于常规农业的显著标志,是特色农业发展追求的首要目标。所谓产品的独特品质,就是要做到"人无我有"、"人有我优"。其次,特色农业所生产的产品具有优良的品质。特色农业是面向市场的农业,产品的优质是其存在和发展的基础,它要求其生产的产品在健康、外观、口感、营养等各方面应是优质的。第三,特色农业的产品具有多样化的特点。特色农业不仅是满足人们的基本食物需要,而且是满足人们更高的、日益增长的多样化需求,这是特色农业能够发展壮大的市场基础。

(4)以效益为中心。推动特色农业发展的驱动力量是对经济效益的追求,而且这种效益与常规农业相比,一般有一个"势差",高于常规农业的投资回报,否则生产者就不愿意创新由常规农业生产转入特色农业开发。为此,要以建设高效农业为中心,着力在优化结构、提高效益上下功夫,拓宽特色农业的路子,延长农业产业链,不断提高土地产出率、农产品商品率和农业附加值,最终实现经济、社会和生态效益的统一。

(5)产业的规模性。产业有特色,才有生命力,才能在激烈的市场竞争中立于不败之地,但是只有特色没有规模,是无法将这种潜在的资源优势变为现实的经济优势,那种"多而全"的农业生产模式已经被证明是失败的。因此,特色农业的发展必须要具有一定的规模,才能形成规模效应。

我国特色农业发展至今已经取得了较快的发展,在实践中也出现了多种发展模式,比如根据三次产业在农业产业化过程中的不同作用,将其划分为自然资源开发型、市场主导型和加工工业带动型3种类型。

(1)自然资源开发型。这种模式主要是通过农业自然资源的开发利用及其农产品深加工,形成产业优势,以农产品的基地化、专业化生产为基础,通过扩大生产规模,带动市场和以之为原料的加工工业的发展,并最终形成产加销、贸工农一体化的特色农业产业链。

(2)市场主导型。是指在区域特色农业发展中,以第三产业发展作为主导因素。具体讲,就是在贸工农体系中,以贸为主导因素;在产加销体系中,以销为主导因素。区域特色农业的形成与发展,以专业市场的培育与发展为主线,通过专业市场的推动或拉动,形成"专业市场+特色农业"或"销售体系+企业群"的区域经济发展模式。专业市场的培育和发展,十分有利于特色农业的形成;特色农业的发展,又反过来进一步促进专业市场的形成。

(3)加工工业带动型。是指在区域特色农业发展中,以第二产业的发展作为主导因素。具体来讲,就是通过大力发展农产品加工企业和培育龙头企业,对初级农产品进行精深加工,并向前、向后延伸,形成集工、贸为一体的产业经济体系,从而带动区域农业产业的整体发展。龙头企业外接市场,内联农户,提高了资源利用率,提升了产业整体素质,带动农民增产增收,极大地推动了农业产业化的形成和发展。

此外,也可以根据农业生产的不同要素组合将特色农业分为特色产品农业、景观农业、区位农业、工程农业、示范农业、循环农业6种发展模式。

(1)特色产品模式。特色产品模式是指凭借特色自然资源,开发特色农产品,把独具地方特色和有良好市场前景的农产品培育为知名品牌和主导产业的农村经济发展模式。

(2)景观农业模式。景观农业是一种利用当地的农业资源,提供与旅游业相结合的,包括休闲、观光、娱乐、教育等在内的一种特殊服务的农业形式。发展景观农业,能优化农村经济结构,促进农业生态环境保护,从而实现经济效益、社会效益、生态效益的高度统一。从服务形式上看,景观农业包括观光农业、休闲农业、体验农业等。

(3)区位农业模式。区位农业就是指按照不同区域的地理特征和区位条件,进行科学的生产分工和区域布局,发展具有比较优势的农产品生产,从而实现区域生产专业化,形成具有特色的专业化产业带。我国地域广阔,区域差异显著,由于不同区域的农业区位因素不同,因此要基于区位比较优势,明确各区域农业发展方向与重点,组织农产品生产。

(4)工程农业模式。工程农业是指以生物技术和工程技术为支撑,利用独特的生产设施进行农业生产的农业形式,包括设施农业、节水农业、旱作农业、精准农业等形式。

(5)示范农业模式。示范农业是在城郊或农村的一定区域范围内,由政府、企业、农户、外商投资兴建的,以农业科研、教育和技术推广单位为技术依托,以展示现代农业科技和管理为主要目标,引进优质品种和高新农业技术,集中开发和推广示范而形成的农业技术研发推广基地、中试基地、生产基地,以此推动农业发展的一种农业经营形式。主要包括新品种引种示范、科技推广示范、规范化生产示范和标准化管理示范。其特征是通过示范点的成功做法,用于培训和宣传,引导技术成果大面积推广,多以政府和科研单位推动为主。目前,在我国普遍推行的有农业科技园区、农业标准化生产示范基地、无公害农产品生产示范基地和绿色食品标准化生产示范基地。

(6)循环农业模式。循环农业是应用循环经济理念,科学地组织管理农业生产的发展模式。具体来说是指在农村社会、经济和自然资源所构成的复合生态系统内,农业生产要素投入、生产流程和农产品消费及其废弃的全过程中,把传统的"资源消费—产品—废弃物排放"的线形增长模式,转变为"资源消费—产品—再生资源"循环生态型的农业发展模式。循环农业与生态农业、有机农业类同,都是追求农业的绿色化生产,尽量减少环境污染,实现经济可持续与生态可持续的统一。循环农业遵循减量化、再使用、再循环三原则。我国南方的"猪-沼-果"三位一体的生态家园模式和北方的"太阳能-沼气-种植-养殖"四位一体的生态家园模式,都是循环农业的一种实践。

二、特色农业是推进农业产业结构调整的有效途径

(一)发挥区域比较优势,发展区域特色农业是农业产业结构调整的重要内容和关键环节

首先,农业产业结构本身呈现复杂的地区差异,任何地区的农村产业结构都是在自然、经济、社会因素综合作用下形成和发展的。所以,即使在相似的农业发展水平下,也会因上述因素的不同而产生各异的产业结构。其次,根据比较优势原则,每个地区都有自身现实的或潜在的优势,结构调整的目的并不是实现全国的大一统,而是要充分发挥当地的区位、资源、经济、市场、技术等方面的比较优势,扬长避短,大力发展具有市场竞争力的特色产业、优势产品,并努力提高其商品化、专业化、集约化水平,提高加工深度,逐步形成具有鲜明区域特色的主导产品和支柱产业,使农业区域不论大小,均有自身特色。第三,当前我国和中部地区农业生产结构性矛盾日益突出,一方面是农产品的品种趋同,产品总体质量不高,不能满足市场对农产品优质化和多样化的需求;另一方面是一些大宗低质产品销售不畅,大量积压,而农民仍在大量生产,造成农产品"卖难"和农业比较效益下降。因此通过多层次结构调整,逐步形成特色明

显、竞争力强的农业专门化区域,这是提高我国农业增长质量和效益的重要途径。

(二)大力发展特色农业有利于农民增收

从当前我国农业生产的现状来看,农业的产业结构、产品结构、区域结构趋同是许多农产品"卖难"的重要原因,它加剧了农产品的恶性竞争,导致农业比较效益下降,最终导致农民增产不增收,收入增长速度远远低于城市居民的收入增长速度。而发展特色农业能使农业及其产品特色明显,市场竞争力增强,从而有利于农民增收。另一方面,发展特色农业拓展了农村劳动力的就业空间,也为农民增收创造了环境和条件。以湖北省恩施州为例,该州板桥镇以种植中药板党闻名,种植面积从以往常年维持的2 000亩迅速上升到2002年的2.6万亩,年产量达到1 200余吨,价格也从以往的15元/公斤升至30元/公斤,2002年板党产值突破5 000万元,农民人均板党收入1 500多元。受其拉动,目前该镇种植结构调整面积达7万亩,高效经济作物面积占种植总面积的65%以上,全镇农民人均纯收入接近2 000元,成了高山的富裕之乡。而以种植良种茶叶闻名的该州芭蕉乡灯笼坝村,2002年全村营造茶园1 800余亩,户均茶园3.9亩,全村464户农户中有361户茶叶收入过万元,其中茶叶收入3万元以上的有88户,5万元以上的有50户。2002年农民人均纯收入2 761元,成了远近闻名的"小康村"。

(三)发展特色农业有利于实现传统农业向现代农业的转变

传统农业是指一种落后农业,用著名发展经济学家舒尔茨的定义就是:"完全以农民世代使用的各种生产要素为基础的农业可称为传统农业。"特色农业完全不同于传统农业,它是农村经济中有较强支撑力度的产业,其产品拥有较大市场份额,有较高的产业关联度,能带动相关部门的发展和提供较多的就业机会,有较高的科技进步贡献率和良好的市场开发潜力,因而特色农业是区域经济中最具成长活力的产业之一。通过发展特色农业,可以促进农业增长方式由粗放型向集约型转变,实现传统农业向现代农业的过渡。

(四)发展特色农业可以促进农业剩余劳动力的转移

特色农业本身作为就业载体就能转移大量的农业剩余劳动力,又由于特色农业是面向市场的农业,商品化程度高,要求的服务也要多些,这就带动了一大批农民从农业生产中分离出来,从事产前、产中、产后的服务,这也为农业剩余劳动力的转移找到了新的出路。值得特别指出的是,通过这种渠道转移农业剩余劳动力还可以缓解过剩农业人口大量向城市流动转移引起的人口膨胀、交通拥挤、环境恶化、就业困难、水资源缺乏、社会治安难等问题。

(五)大力发展特色农业有利于农业产业化经营

特色农业是区域农业产业化经营的基础,围绕特色农产品的开发,形成支柱产业,延伸农业产业链,重点发展有特色的农产品的加工和销售,形成农业产加销、贸工农一体化经营。在农业产业化经营的框架中,特色农业不仅有品种和质量的优势,而且,其优势还体现在保鲜、储藏、加工、食品安全卫生技术和开拓市场的能力方面。因此,区域特色农业是提升农业产业化经营水平和效益的重要支撑。以湖北省恩施州为例,该州通过发展特色农业,带动了农业产业化经营。如湖北希之源生物工程有限公司作为一家开发生产绿色富硒食品的民营高科技企业,自2000年成立后的短短两年时间,已拥有原料种植基地1万亩,年产值3 000万元,公司主产品"希之源玉米爽"畅销全国各大中城市,并已走向海外市场。湖北恩施宏业魔芋开发有限责任公司是专业从事魔芋产品加工和深度开发的民营企业,目前已拥有11条魔芋加工生产线和年产魔芋精粉2 000t、葡甘聚糖1 500t、膳食纤维源胶囊100万瓶的生产能力,其主要产品魔芋精粉、葡甘聚糖等以出口为主,已在日本、韩国、东南亚及欧美市场站稳了脚跟。

(六)大力发展特色农业是提高农业国际市场竞争力的重要举措

随着经济的全球化和我国加入WTO,我国农产品既面临着外国农产品的激烈竞争,又获得了打入国际农产品市场的良好机遇。一方面我们可以在统一规范的市场规则下更好地将我们的特色产品打入国际市场,这是有利的一面;另一方面,开放农产品市场会对主要农产品的生产产生一定影响,增加了解决农村社会经济矛盾的难度。因此,要遵循国际农业产业转移规律和WTO规则,充分发挥区域比较优势,大力发展具有特色的产品,形成区域化、专业化生产,以提高我国农产品国际市场竞争力。

第二节 中部地区特色农业的发展现状评价

特色农业的评价和分析,旨在针对一定区域内的农业发展现状,分析农业生产优势在区域内的分布,得出农业生产在该区域内的最优化布局,为各地的特色农业发展提供决策参考依据。通过对不同地区不同农业生产状况的比较,得出农产品在评价区域内的综合优势度,结合农业产业化的状况以及资源、生态适宜性分析,从而确定最优生产区,以便更好地消除长期以来中部地区农业和农村经济结构中存在的简单雷同状态,有利于大力发展以特色农业为核心的区域化农业经济,充分发挥中部地区各地方优势。

一、中部地区特色农业发展现状的综合优势度评价

特色农业是比较优势原理在农业领域的具体运用,发展特色农业就是充分发挥地区比较优势,将潜在优势转化为现实优势,将资源优势转化为经济优势,比较优势就是特色,比较优势就是竞争力,没有比较优势就没有特色可言,在特色农业的发展中要特别注重比较优势的发挥。因此,在评价与分析中部地区特色农业发展现状时,首先必须评价中部地区农业综合优势度,以此来确定中部地区农业的比较优势。

由于禀赋资源不同,中部六省农业在历史发展进程中,形成了各自的地方传统产品和特色优势。我们运用比较优势指数分析的方法,对中部六省主要传统农产品生产进行对比分析。

(一)种植业生产的比较优势

种植业是中部农业生产的传统优势,可以通过生产综合比较优势指数来衡量。生产综合比较优势指数为规模指数和单产指数的几何平均值,规模指数反映某地区某种农作物生产的规模和专业化程度,当该指数大于1时,表示该地区该种农作物生产的规模及专业化程度高于全国平均水平;单产指数反映某地区某种农作物单位面积土地平均产出能力,当该指数大于1时,表示该地区该种农作物单位面积土地平均产出能力高于全国平均水平。

规模指数=(某地区某种农作物播种面积/某地区农作物总播种面积)/(全国某种农作物播种面积/全国农作物总播种面积)

单产指数=某地区某种农作物单产/全国某种农作物单产

生产综合比较优势指数=(规模指数×专业化指数)$^{1/2}$

2006年中部六省主要农作物生产综合比较优势指数见表6-1。

表 6-1　2006 年中部六省主要农作物生产综合比较优势指数

项目		山西	安徽	江西	河南	湖北	湖南
稻谷	规模指数	0	1.27	3.23	0.23	1.53	2.51
	单产指数	0.75	0.98	0.88	1.14	1.17	0.99
	综合指数	0.04	1.12	1.69	0.51	1.34	1.58
小麦	规模指数	1.31	1.58	0.02	2.41	0.74	0.05
	单产指数	0.76	1.00	0.36	1.24	0.67	0.46
	综合指数	1.00	1.26	0.09	1.73	0.71	0.15
玉米	规模指数	1.87	0.44	0.02	1.06	0.35	0.19
	单产指数	0.98	0.80	0.71	1.04	0.87	0.95
	综合指数	1.35	0.59	0.11	1.05	0.55	0.43
豆类	规模指数	1.18	1.46	0.38	0.52	0.48	0.43
	单产指数	0.66	0.74	0.99	0.77	1.33	1.29
	综合指数	0.88	1.04	0.61	0.63	0.80	0.75
薯类	规模指数	1.41	0.58	0.34	0.46	0.88	0.75
	单产指数	0.53	1.08	1.30	1.39	1.10	1.27
	综合指数	0.86	0.79	0.67	0.80	0.98	0.98
棉花	规模指数	0.84	1.26	0.36	1.66	1.62	0.61
	单产指数	0.87	0.83	1.16	0.83	0.89	1.20
	综合指数	0.85	1.02	0.65	1.17	1.20	0.85
油菜籽	规模指数	0.04	2.08	1.78	0.60	3.35	2.16
	单产指数	0.51	1.08	0.56	1.24	1.04	0.82
	综合指数	0.15	1.50	1.00	0.86	1.87	1.33
麻类	规模指数	0.06	0.81	0.81	0.53	1.87	3.90
	单产指数	0.46	0.82	0.50	0.96	0.69	0.82
	综合指数	0.16	0.82	0.64	0.71	1.14	1.79

资料来源:《中国统计年鉴(2007)》和《中国农村统计年鉴(2007)》.北京:中国统计出版社,2007。

稻谷:2006 年,江西、湖南、湖北、安徽的生产综合比较优势指数均大于 1,其中江西为 1.69,居中部地区首位,湖南、湖北、安徽分别为 1.58、1.34 和 1.12,说明这 4 个省的稻谷生产均具有区域比较优势。从规模指数看,中部六省中的江西、湖南超过了 2,湖北、安徽超过 1,表明江西、湖南、湖北、安徽四省水稻生产的集中化、规模化程度在全国占有明显优势。从单产指数看,中部六省中的湖北、河南超过了 1,表明这两省水稻单产水平在全国占有比较优势,种植水平较高。

小麦:2006 年,中部六省中的河南、安徽、山西的生产综合比较优势指数均大于 1,其中河南为1.73,安徽为1.26,山西为1.00,说明这3个省的小麦生产在全国具有区域比较优势。其他3个省份小麦生产综合比较优势均较弱,其中江西综合比较优势指数为0.09,基本没有优势可言。

玉米:2006年,中部六省中山西、河南的生产综合比较优势指数大于1,其中山西为1.35,河南为1.05,说明这两省的玉米生产在全国具有区域比较优势。其他省份的综合生产比较优势指数均远低于1,玉米生产不具有区域比较优势。

豆类:2006年,中部六省仅安徽的生产综合比较优势指数大于1,说明其豆类生产在全国具有区域比较优势。另外,山西豆类生产的规模指数为1.18,超过全国平均水平,但由于单产指数较低,为0.66,所以其综合生产指数仅为0.88,低于全国平均水平。湖北、湖南两省的豆类生产的单产指数大于1,分别为1.33和1.29,但由于规模指数偏低,故不具有区域比较优势。

薯类:2006年,中部六省的生产综合比较优势指数均小于1,说明中部六省的薯类生产在全国均不具有区域比较优势。在中部六省中,山西薯类生产具有规模优势,规模指数为1.41,但由于单产指数仅为0.53,所以其综合比较优势指数为0.86,低于全国平均水平。其他省份薯类生产的单产指数均超过1,但规模指数较低,故综合生产比较优势指数均低于1,其中,湖北、湖南两省的综合生产比较优势指数均为0.98,接近1,是中部地区六省中最高的。

棉花:2006年,湖北、河南、安徽的生产综合比较优势指数大于1,分别为1.20、1.17和1.02,说明这3个省的棉花生产在全国具有区域比较优势。另外,湖南、江西的单产指数均大于1,分别为1.20和1.16,其棉花生产比较优势不明显是由于规模指数不高,说明这两省棉花生产的集中化、规模化水平低于全国平均水平。

麻类:2006年,湖南、湖北的生产综合比较优势指数均大于1,其中湖南为1.79,湖北为1.14,说明这两个省的麻类生产具有区域比较优势。从规模指数看,中部六省中的湖南、湖北大于1,其中湖南为3.90,远远超过了全国的平均水平,表明湖南麻类生产的集中化、规模化程度在全国占居绝对优势地位。从单产指数看,中部六省均小于1,其中河南为0.96,居中部六省第一位,接近全国平均水平;湖南、安徽均为0.82,在中部六省中属于较高水平的省份。

油菜籽:2006年,湖北、安徽、湖南的生产综合比较优势指数均大于1,其中安徽为1.50,湖北为1.87,湖南为1.33,说明这3个省的油菜籽生产具有区域比较优势。从规模指数看,中部六省中湖北大于3,安徽、湖南大于2,江西大于1,其中湖北为3.35,远远超过了全国的平均水平,表明湖北油菜籽生产的集中化、规模化程度在全国占有明显优势。从单产指数看,河南、安徽、湖北均大于1,其中河南为1.24,居中部六省第一位。

(二)林业生产的比较优势

林业生产的比较优势可以通过林业生产综合优势指数来衡量。林业生产综合优势指数的构造方法及内涵与种植业基本相同,也为规模指数和专业化指数的几何平均值。规模指数反映某地区某种林业生产活动规模,当该指数大于1时,表示该地区该种林业生产规模大于全国平均水平;专业化指数反映某地区某种林业生产占整个林业生产的比重与全国平均水平的比值,当该指数大于1时,表示该地区该林业生产活动集中化、专业化水平高于全国平均水平。

规模指数=某地区某种林业(牧业)生产活动产值/全国某种林业(牧业)生产活动产值按省平均值

专业化指数=[某地区某种林业(牧业)生产活动产值/某地区林业(牧业)总产值]/[全国

某种林业（牧业）生产活动产值/全国林业（牧业）总产值］

生产综合比较优势指数＝(规模指数×专业化指数)$^{1/2}$

2006年中部六省林业生产综合比较优势指数见表6-2。

表6-2 2006年中部六省林业生产综合比较优势指数

地区	规模指数			专业化指数			综合优势指数		
	营林	林产品	竹林采伐	营林	林产品	竹林采伐	营林	林产品	竹林采伐
山西	0.87	0.17	0.02	2.98	0.53	0.06	1.61	0.30	0.03
安徽	2.01	1.72	1.53	1.14	0.98	0.91	1.51	1.30	1.18
江西	2.23	1.78	2.43	1.08	0.75	1.21	1.55	1.16	1.71
河南	2.60	0.92	2.28	1.45	0.48	1.23	1.94	0.66	1.67
湖北	1.08	0.40	0.90	1.39	0.59	1.16	1.23	0.49	1.02
湖南	2.16	2.10	2.35	1.08	0.88	1.07	1.53	1.36	1.59

资料来源：国家统计局农村社会经济调查司.《中国农村统计年鉴(2007)》.北京：中国统计出版社,2007。

营林：中部地区六省的综合比较优势指数均大于1,这说明中部地区营林生产在全国具有区域比较优势,其中河南为1.94,居中部六省首位,其规模指数为2.60,也居中部六省首位。

林产品：中部地区六省中,排前三位的湖南、安徽、江西的综合比较优势指数分别为1.36、1.30和1.16,湖南在全国的区域比较优势最明显,其规模指数为2.10,安徽、江西次之。从专业化指数看,中部地区林产品均不具备比较优势,其中安徽、湖南在中部地区具有一定的相对优势。

竹林采伐：中部六省中,排前五位的江西、河南、湖南、安徽、湖北的综合比较优势指数分别为1.71、1.67、1.59、1.18和1.02,在全国具有区域比较优势,其中江西、河南和湖南三省的优势最明显,其规模指数分别为2.43、2.28和2.35,专业化指数分别为1.21、1.23和1.07。

（三）牧业生产的比较优势

牧业综合比较优势指数的构造方法及内涵与林业相同。根据表6-3数据分析,在中部六省中,主要畜牧养殖具有区域比较优势的省份按综合比较优势指数大小排序,生猪养殖有湖南、河南、湖北、江西、安徽,指数分别为2.09、1.54、1.53、1.19和1.13；牛养殖有河南、安徽,指数分别为3.31和1.20；羊养殖有河南、安徽,指数分别为2.66和1.33；奶产品有山西、河南,指数均为1.03；家禽饲养有河南、安徽、湖北、湖南,指数分别为1.48、1.26、1.07和1.07。综合看,河南在畜牧业生产方面具有明显的区域比较优势。

猪养殖：中部地区是我国重要的生猪产地,除山西外,其余五省生猪养殖的规模指数均大于1,其中湖南、河南均大于2,说明中部地区生猪养殖具有明显的规模优势。从专业化指数来看,除河南外其余五省的专业化指数均大于1,其中湖南为1.55,居中部地区首位,这说明中部地区生猪养殖在全国具有专业化优势。

牛养殖：从规模指数来看,河南、安徽规模优势明显,其中河南牛饲养的规模指数为5.66,规模优势相当突出。从专业化指数来看,河南、安徽专业化优势明显,其余四省均不具有区域比较优势。

羊养殖:从规模指数来看,河南、安徽规模优势明显,其中河南羊饲养的规模指数为4.56,规模优势也相当突出。从专业化指数来看,河南、山西、安徽专业化优势明显,其余三省均不具有区域比较优势。

家禽饲养:中部地区是我国重要的家禽饲养产地,除山西、江西外,其余四省家禽饲养的规模指数均大于1,其中河南的规模指数大于2,说明其家禽饲养具有明显的规模优势。从专业化指数来看,除安徽外其余五省的专业化指数均小于1,这说明中部地区家禽饲养在全国具有专业化优势并不明显。

奶产品:从规模指数来看,除河南规模优势明显外,其余五省奶产品均不具备规模优势。从专业化指数来看,除山西专业化优势明显外,其余五省均不具有区域比较优势。

表6-3　2006年中部六省牧业生产综合比较优势指数

项目		山西	安徽	江西	河南	湖北	湖南
规模指数	牛养殖	0.28	1.33	0.55	5.66	0.59	0.77
	猪养殖	0.38	1.27	1.09	2.64	1.67	2.81
	羊养殖	0.43	1.47	0.08	4.56	0.29	0.46
	奶产品	0.60	0.15	0.13	1.78	0.16	0.10
	家禽饲养	0.25	1.40	0.81	2.54	1.16	1.45
专业化指数	牛养殖	0.83	1.09	0.67	1.93	0.50	0.42
	猪养殖	1.13	1.01	1.31	0.90	1.41	1.55
	羊养殖	1.26	1.21	0.10	1.55	0.24	0.25
	奶产品	1.76	0.12	0.16	0.60	0.14	0.06
	家禽饲养	0.72	1.14	0.96	0.86	0.98	0.79
综合优势指数	牛养殖	0.48	1.20	0.61	3.31	0.54	0.57
	猪养殖	0.66	1.13	1.19	1.54	1.53	2.09
	羊养殖	0.74	1.33	0.09	2.66	0.26	0.34
	奶产品	1.03	0.13	0.14	1.03	0.15	0.08
	家禽饲养	0.42	1.26	0.88	1.48	1.07	1.07

资料来源:国家统计局农村社会经济调查司.《中国农村统计年鉴(2007)》.北京:中国统计出版社,2007。

(四)渔业生产的比较优势

渔业综合比较优势指数的构造方法及内涵与林业相同。由于中部地区六省均属于内陆省份,因而这里只是考察了淡水产品的比较优势。根据表6-4数据分析,在中部六省中,渔业生产具有区域比较优势的省份按综合比较优势指数大小排序,水产品养殖有山西、河南、湖南、湖北,指数分别为1.12、1.09、1.03和1.01;水产品捕捞有安徽、江西、湖北,指数分别为2.30、1.14和1.01。综合看,湖北在水产品的养殖和捕捞方面在全国范围内均具有区域比较优势。

表 6-4 2006 年中部六省渔业生产综合比较优势指数

地区	规模指数		专业化指数		综合优势指数	
	水产品养殖	水产品捕捞	水产品养殖	水产品捕捞	水产品养殖	水产品捕捞
山西	1.07	0.39	1.18	0.16	1.12	0.08
安徽	0.91	1.79	0.59	2.95	0.73	2.30
江西	0.97	1.23	0.99	1.06	0.98	1.14
河南	1.05	0.58	1.14	0.35	1.09	0.45
湖北	0.97	1.23	1.04	0.82	1.01	1.01
湖南	1.02	0.87	1.05	0.76	1.03	0.81

资料来源：国家统计局农村社会经济调查司．《中国农村统计年鉴(2007)》．北京：中国统计出版社，2007。

水产品养殖：从规模指数看，山西、河南、湖南水产品养殖具有一定的规模优势，而地处长江中下游的安徽、江西、湖北三省却不具备规模优势。从专业化指数看，山西、河南、湖北、湖南四省具有专业化优势，安徽和江西优势不明显。

水产品捕捞：从规模指数来看，安徽、江西、湖北水产品捕捞具有一定的规模优势。从专业化指数来看，安徽和江西具有明显的专业化优势，其中安徽为 2.95，在全国具有明显的区域比较优势。

根据上述中部地区比较优势的分析，结合中部地区各省"十一五"规划中关于优势产业带和产业区的选择，可以发现中部地区特色农业在农产品选择方面基本上是合理的，在农产品生产的规模优势、专业化优势等方面均符合特色农业发展的要求。

二、中部地区特色农业发展现状的资源及生态适宜性评价

（一）资源适宜性

从第四章的论述中可以看出，中部地区自然资源丰富，从总体上适合于农业生产。表 6-5 反映了中部地区自然资源禀赋的状况，从总体上看，中部地区自然资源禀赋指数仅次于东北地区，高于东部和西部地区；从土地资源来看，中部地区仅次于西部地区，高于东北和东部地区；从水资源来看，中部地区最为丰富；从气候资源来看，中部地区仅次于东部地区；从生物资源指数来看，中部地区也要比东部地区高。这样一种良好的自然资源禀赋，给中部地区发展特色农业创造了良好的条件。

表 6-5 2005 年四大区域自然资源禀赋状况

地区	土地资源指数	水资源指数	水土资源匹配指数	气候资源指数	生物资源指数	自然资源禀赋
东部地区	19.47	44.91	93.80	60.85	18.69	48.29
中部地区	38.91	51.99	86.81	55.62	24.66	51.60
西部地区	57.99	50.47	64.32	38.28	41.33	44.78
东北地区	29.50	44.07	92.93	30.71	61.53	55.48

资料来源：中国科学院可持续发展战略研究组．《中国可持续发展报告》．北京：科学出版社，2006。其中四大区域数据由作者计算。

但从目前的利用状况来看,中部地区自然资源的利用存在低水平的过度利用和利用效率较低并存,采取的是一种粗放式经营。以湖北省为例,在已利用土地中,利用效率低下、粗放经营的现象也极为普遍,低产田、低产园、低产林、低产水面大量存在。据调查,湖北省中低产田面积占耕地的71.1%,这些低产田的产量仅及当地高产田产量的60%~80%。林地利用率只有60%左右,与一般80%的水平相差较大。可养水面利用率为80.08%,其中可养湖泊、水库的放养率分别为65.8%和63.3%。这样一种粗放式的生产方式使得中部地区农业的资源优势无法有效地转变为产业优势,阻碍了中部地区特色农业的发展。

(二)生态适宜性

随着国家退耕还林、还草、还湖工程等的开展和生态农业、循环农业等的绿色环保农业方式不断得到推广,中部地区农业生态环境有了一定程度的改善,但这并不意味着可以高枕无忧,中部地区农业生态环境依然脆弱,随着城市化进程的加快和水土流失,耕地面积不断减少,湖泊湿地面积在不断萎缩,如洞庭湖、鄱阳湖两大湖泊湖水面积正在大面积萎缩,而且时常出现干涸现象,生物的多样性受到严重危胁。据统计,建国50多年来,我国共有200多种高等植物灭绝,约4 600种高等植物处于濒危状态。随着农业生产中大量化学物质如化肥、农药等的使用,一方面使得农产品的品质不断下降,安全性难以得到保障;另一方面也使得土壤板结,肥力下降,水源污染等。如我国五大淡水湖泊之一的巢湖,近几年来水质维持在劣五类水平,其中主要原因就是农业面源污染。根据安徽省合肥市环境保护局的估计,巢湖污染源约60%来源于农业生产。此外,农业生产废料如秸秆、禽畜粪便等由于再利用率低(目前秸秆再利用率仅20%左右,禽畜粪便污水也只有20%进行了不同程度的处理),大量的农业生产废料通过直排或直接焚烧处理,对农村地区水源、大气等产生了巨大的污染。

三、中部地区特色农业发展现状的农业产业化水平评价

目前,我国农业生产正在由传统农业向现代农业转变,农业产业化已经成为农业生产的一种重要经营方式,因而特色农业的发展除了从上面两个方面进行评价以外,还有一个最为重要的方面就是从农业产业化角度进行评价。根据第五章关于中部地区农业产业化现状的分析,可以看出,虽然目前中部地区农业产业化取得了较快的发展,但与发达地区相比,依然存在不少问题,从而阻碍了中部地区特色农业的发展。

(一)农产品加工业水平还不高,有待于进一步提高

农产品加工业是发展特色农业的重要环节,但从总体来看,中部地区农产品加工业发展相对滞后,农产品的加工能力不高,农产品加工比重低,以粗加工为主、精深加工少,增值率低,产业链短,农产品加工率只有40%,精深加工比例只有30%左右,农产品加工业产值与农业产值之比还不到1:1,而发达国家农产品加工业产值与农业产值之比大都在(2.0~3.7):1,这已经成为制约中部地区特色农业发展的一个重要因素。以中部地区农业大省河南为例,该省小麦加工能力虽然占小麦生产总量的2/3,但主要还是以面粉加工为主,而且产品品种少、档次低。吉林的大成公司可以加工出变性淀粉、淀粉糖、赖氨酸、化工醇等系列产品,而河南则主要是把玉米用来加工饲料,相比之下附加值较低。新蔡县农产品加工企业中,80%以上为初加工产品。如红薯、小麦等农产品仅仅是粗整理后向外销售,而加工成粉条、粉面,精产品等占的比例极小,由于产业链条短,产品附加值低,企业利润低,农民增收少。因此必须加快中部地区农

产品加工业的发展,把中部地区的农业资源优势真正转化为产业与经济优势。

(二)龙头企业数量少,规模小,辐射带动能力不强

以河南为例,该省除双汇、莲花、三全、思念等企业外,大部分企业规模还不够大,产品质量档次还不够高,与农业生产和消费大省的地位不相适应。与同为农业大省的山东相比有较大差距。据统计,山东省符合农业部统计标准的农业产业化龙头组织达 11 268 家,销售收入超亿元的企业 884 家,被列入全国重点龙头企业 44 家,河南分别只有 9 102 家、287 家和 23 家。新蔡县 22 个乡镇近百个产业化企业中,真正形成一定规模的不足 30%。

(三)特色农业基地建设仍显不足

近几年来,中部地区农产品基地建设不断优化,逐步形成了按区域化布局的优势农业产业带,促进了特色农业基地的建设。但相比东部沿海地区,中部地区特色农业基地建设仍显不足,以全国农产品加工业示范基地为例,中部地区共 42 个,占全国总数的 19.1%,这与中部地区农业总产值占全国的比重相比,明显偏低,这就在一定程度上限制了中部地区特色农业的发展。

(四)农产品市场建设发展相对滞后

农产品市场是发展特色农业的重要环节,也是实现农产品最终价值的关键。为此,近几年来中部地区高度重视农产品市场体系网络建设,通过依托基地建市场、多元投入办市场、组织农民闯市场,逐步形成以农副产品专业批发市场为核心,以产地批发市场、农贸市场为基础,以农民贩销大户为依托的市场营销体系。但与东部沿海地区相比,中部地区农产品市场建设明显滞后,严重影响到中部地区特殊农业的发展。2006 年,全国前 100 家农产品综合市场中,中部地区仅 9 家,全国前 20 家肉食禽蛋市场中,中部地区仅 4 家,这与中部地区农业生产基地的身份极不相符,在很大程度上限制了中部地区农产品的流通,使得相对部分农产品出现滞销。而且,在农产品流通过程中,有大量农产品因为采摘、运输、储存不当导致损耗。有数据表明,我国水果、蔬菜在采摘、运输、储存等环节上的损失率在 25%~30% 之间,如以这个比例计算,我国每年约有 1 亿多吨果蔬腐烂掉,而发达国家的果蔬损失率则控制在 5% 以下,美国果蔬在物流环节的损耗率仅有 1%~2%。中部地区由于农产品市场建设滞后,这一比例更大。

第三节 促进中部地区特色农业发展的建议

一、选择和培植有区域特色的主导产品和支柱产业

构建特色农业,最关键是确定专业化发展方向,特别是选择主导产品和支柱产业,而主导产品往往是一个地区特色农业最基本的要素和标志。要根据中部地区各地的农业比较优势,充分突出区域特色,因地制宜地发展具有明显优势的特色农业,形成规模,创出品牌,进而发展成为支柱产业,促进中部地区农业向区域化、专业化、产业化和规模化方向发展。当然,在具体实施中应该统筹规划,合理选择和培育最具优势的主导产品和支柱产业来构建特色农业,而不是面面俱到,搞成特色不特。

二、推进农业产业化来发展特色农业

农业产业化经营是对农业生产实行区域化布局、专业化生产、市场化经营、社会化服务、企业化管理的一种经营形式,它通过公司、基地和农户的纽带关系,集种养加、产供销、内外贸、农科教为一体,能更好地适应市场的需要,促进农民增收。目前在发展中部地区特色农业中尤其是要发挥龙头企业、专业技术协会等方面的作用,加快农产品加工业的发展,延长农业的产业链条,推动农业产业结构升级。要特别注意特色农业产业化经营中龙头企业的培育建设和运行中各方面利益的衔接,真正发挥农业产业化经营的作用。

三、依靠农业科技创新来发展特色农业

特色农业之所以"特",不仅在于农产品的地域特色,更重要的是农产品自身的"质"要有特色,而这在很大程度上取决于科技含量的高低和科技创新力度的大小。因此,发展特色农业必须要以科技进步为支撑、以科技创新为动力。要积极调整农业科技创新的方向和重点,把过去那种注重普通农产品产量的提高转移到注重特色农产品的品质改善上来,加快针对特色农产品的品质、生长发育特点以及环境要求的科技创新;要加大农业科技示范园的建设力度,推广示范是已被实践证明最有效的创新扩散方式之一,要将其建设成"引进品种、展示技术、创新机制、吸引农业投资、引导产业结构调整和培训农民、基层干部、农技人员的基地",发挥辐射带动作用;要加快对技术人才的培训,真正提高劳动者的素质;要加强和完善农业信息体系,在加大市场信息、科技信息、产业政策传播的同时,还要加强信息的预测和分析,从而真正发挥其在特色农业经济中的服务和引导功能;要推进农业标准化建设,加强农产品质量监测,为增强农产品市场竞争力打好基础。

四、充分发挥农民的主体地位

农民是农业生产的具体经营者,在特色农业的形成和持续发展过程中,始终起着主体作用。针对当前中部地区农民素质较低、生产分散、组织程度低等特点,要采取强有力的措施,不断提高中部地区农民的文化素质,通过龙头企业、中介组织等把农民组织起来,充分发挥他们在特色农业中的主体作用,同时还应建立农产品市场信息、产后加工、销售的服务系统,以便提高特色农业产品的经济效益,使特色农业持续健康发展。

五、强化政府的引导和支持

中部地区农村市场经济发育还很不完善,相对于国内外大市场,广大农村普遍存在的以农户家庭分散经营为主的生产模式使农户在激烈的市场竞争中处于不利地位,农户生产的盲目性大,市场风险强,因而需要政府的正确引导和大力支持,这是我国目前发展特色农业的客观需要。具体地说,就是要求政府部门转变职能,加强政策引导,各级涉农部门要转变观念和指导方式,把工作重心切实转移到为调整农业结构、构建区域特色农业提供有效指导和服务上来,从依靠行政手段指挥转向充分运用法律手段和经济杠杆调控,并通过财政投向、扶持政策、信息引导等手段强化宏观指导。

六、以市场为导向,适时调整特色农业发展战略

特色农业是一个相对的动态的概念,随着国内外经济和社会条件的变化,特色农业发展的外部环境条件也将发生变化,从而对特色农业也提出新的要求和内容,要求产品更新换代,改良提高。因此,在市场经济条件下,只有适应这种产业发展环境的客观变化,不断调整特色农业发展的战略,从而促进中部地区农业产业结构的不断优化。否则,中部地区特色农业的发展可能只是"昙花一现"。

七、加快农产品市场建设,搭建农产品信息平台

中部地区农产品市场建设应按照科学发展观、建设新农村和发展现代农业的要求,紧紧围绕农业增效、农民增收和农业产业结构调整的中心任务,充分利用国内国际两种资源和两个市场,强化基础建设,开发整合资源,创新管理与运行机制,提升服务功能,构建适应社会主义市场经济发展要求的农业信息和农产品市场体系。建设中应坚持政府主导、扶持与市场化运作相结合,突出重点与整体推进相结合,改造提升与新建相结合,硬件建设与制度创新相结合等原则,全面加快农产品市场建设。在加快农产品市场建设的过程中,加快农村信息基础设施建设,建立统一的软硬件平台,通过对农业信息的标准化处理,整合农业、农村市场的信息资源,尽快建立功能齐全、体系完备、高效共享、反馈灵敏的农业信息体系,实现信息共享和交换,使农产品流通更加快速和顺畅,从而促进中部地区特色农业发展和农业产业结构的合理化。

八、与生态环境保护和动植物资源的可持续利用相结合

天然、无污染的生态环境是确保特色农产品尤其是绿色产品品质的前提条件,同时,发展特色农业所依赖的资源有许多是珍贵的动植物资源,如不注意合理开发利用,将给资源的永续利用带来极大危害,甚至危及长远发展。因此,中部地区在发展特色农业过程中,必须要正确处理发展特色农业与保护野生动植物资源和生态环境的关系,特色农业的发展应以动植物资源的永续利用和生态环境的改善为前提,而不是以破坏为代价。积极发展无公害产品和绿色食品,大力推广使用有机肥、生物农药,防止"三废"和化肥、农药对农田和动植物的污染。加强特色农产品所处的生态环境质量的动态监测,在特色农产品生产的重要区域,建立生态环境监测网点,建立高效、快速的环境监测预警系统。

第七章　农民专业合作经济组织与中部地区农业产业结构调整

"民为邦本,本固邦宁"。中国最大的"民"就是以农业作为赖以生存和发展的农民,稳定了农民,就稳定了农村;组织了农民,就组织了社会。农民专业合作经济组织作为推进社会主义新农村建设、发展现代农业的重要制度供给,自 20 世纪 80 年代初期诞生以来,就与过去农业旧的合作化——人民公社有着本质的区别,它以家庭承包经营和农民自愿为基础,按照"民办、民管、民受益"的原则,把农民组织起来共同从事农产品的生产、加工、储藏和销售,为农民提供产前、产中和产后的各种服务,从而焕发出了无限的生命力,成为推进农业产业结构调整、促进农民收入增长的一个重要载体。

第一节　农民专业合作经济组织的内涵、特征及其分类

一、农民专业合作经济组织的内涵

自 1844 年 10 月 24 日罗奇戴尔公平先锋社(Rochdale Equitable Pioneers)成立以来,合作经济作为一种理念、一种思潮,已经遍及全球。我国农民合作经济组织作为国际合作经济运动中的有机组成部分,其定义的界定也应该以研究国际合作经济运动作为逻辑基点和历史起点。在国际合作经济界,并没有农民专业合作经济组织这一概念,通常他们把农民的合作经济组织定义为合作社。作为一种制度安排,目前关于合作社最新最权威的定义是 1995 年国际合作社联盟(ICA)代表大会所作出的,即"合作社是自愿联合起来的人们,通过联合所有与民主控制的企业来满足他们共同的经济、社会、文化的需求与抱负的自治联合体,他们按企业资本公平出资,公正地分担风险、分享利益,并主动参与企业民主管理"。在国内合作经济界,对于农民专业合作经济组织也有不同的界定,有农民合作经济组织、农村合作经济组织、农民专业合作经济组织、农民专业合作社、新型农民合作经济组织等。尽管这些称呼不尽相同,但实际上,这些称呼的组织在本质上是一致的,都是指农民为了谋求、维护和改善其共同利益,按照自愿、公平、民主、互利等原则,通过共同经营活动建立起来的经济组织。因此,本书采用 2006 年 10 月 31 日通过的《中华人民共和国农民专业合作社法》关于农民专业合作社的定义来界定农民专业合作经济组织的内涵,即农民专业合作经济组织"是在农村家庭承包经营基础上,同类农产品的生产经营者或者同类农业生产经营服务的提供者、利用者,自愿联合、民主管理的互助性经济组织。它以其成员为主要服务对象,提供农业生产资料的购买,农产品的销售、加工、运输、贮藏以及与农业生产经营有关的技术、信息等服务"。

二、农民专业合作经济组织的基本特征

农民专业合作经济组织作为我国特有的概念,是国际合作经济运动的一个有机组成部分,因而其基本特征既具有国际合作社的基本特征,又具有我国农民专业合作经济组织自身的特征。

(一)国际合作社的基本特征

1995年9月,曼彻斯特"国际合作社联盟成立100周年代表大会"通过的《关于合作社特征的宣言》中,归纳起来主要有5个方面的基本特征。

1. 要有统一的合作社的基本价值观

必须是自助、民主、公平和团结,合作社的社员价值观必须是诚实、守信、有社会责任和关心他人。

2. 要有统一的合作社的基本服务功能

必须是主要为社员服务、提供社员经济社会发展上的需求。

3. 要有统一的合作社的基本原则

国际合作社联盟明确了7项基本原则:自愿和社员资格开放、社员民主管理、社员经济参与、自治和自立、教育培训和提供信息、合作社之间的合作、关心社区。

4. 要有统一的产权结构

合作社是社员联合所有的经济组织。一是不管是社员会员制,还是实行股份制,加入合作社的方式都是公平的;二是产权上拥有平等权利;三是民主控制合作资金,包括投资决策、剩余分配、集体资金积累、资金所有等。

5. 要有统一规范的内部管理制度

合作社是社员民主控制的组织,有一整套规范的民主管理制度,以保证合作社的内部运行。

(二)我国农民专业合作经济组织的基本特征

1. 农村家庭承包经营是农民合作的基本前提

家庭经营最适合农业生产的特点,可以容纳多层次的生产力,与农业现代化并不矛盾。家庭承包经营是我国农村改革的最重要制度性成果,是与社会主义市场经济体制相适应的农村基本经营制度的基石,是我国农业和农村经济持续发展的根本保障和制度基础。只有长期坚持家庭承包经营,农民才会拥有基本的保障,这样他们才有可能去寻找新的经营方式和致富途径,这正好构成了农民合作的起点。林毅夫就曾指出:"未来的改革应该巩固农户的地位,并通过其他制度安排的完善来促进家庭农作。"在家庭承包经营的基础上,农民才是相对独立的商品生产者,才有可能依照自由、自愿的原则组织成立农民专业合作经济组织,来解决农业生产所面临的产前、产中和产后困境,解决生产经营过程中一家一户办不了、也办不好的事情,为家庭承包经营提供有效的服务。实践证明,发展农民专业合作经济组织,只有不改变农户的土地承包经营权和农民的财产所有权,切实按照合作制的基本原则,规范内部章程,完善经营机制,提供有效服务,才能够帮助成员增加收入,才能得到越来越多的农民的信赖和参与,才能受到农民的广泛欢迎。从另一个侧面讲,农民兴办专业合作经济组织,不但不会削弱家庭承包经营,而且会进一步发挥家庭承包经营的潜力。

2. 农民专业合作经济组织应遵循的基本原则

根据《中华人民共和国农民专业合作社法》第三条的规定,农民专业合作经济组织应遵循五项基本原则:①成员以农民为主体;②以服务成员为宗旨,谋求全体成员的共同利益;③入社自愿、退社自由;④成员地位平等,实行民主管理;⑤盈余主要按照成员与农民专业合作社的交易量(额)比例返还。

3. 专业性

农民专业合作经济组织是同类农产品的生产经营者或者同类农业生产经营服务的提供者、利用者,自愿联合、民主管理的互助性经济组织,因而它只是这一类产品或服务产业链上所进行的资金、技术、劳动力等生产要素的重新组合,农民参与合作的目的就是从农民专业合作经济组织中得到专业生产所必需的各种服务,因而具有很强的专业性。

4. 经营形式灵活多样

由于我国农业生产受生物性和地域性等的制约,因此无论是生产还是销售环节,都存在很大程度的不确定性,加上农业生产的长周期性,这就要求农业生产和经营要具有极大的灵活性,要因地制宜,随时在管理上采取灵活的应变措施,要求农业劳动者比工业劳动者在生产过程中要有更多的独立性和自主性。这种生产特点反映到组织形式上就要求农民专业合作经济组织要具有形式的多样性、反应的灵敏性与行动的灵活性;在合作形式上,不仅有劳动、产品联合的,还有资本入股和土地经营权入股的;在合作领域上,涵盖了农林牧渔各业和生产加工和农业的开发建设;在合作内容上,有侧重于技术服务的,有侧重点于产品营销,也有实行产加销一体化经营的;在利益关系上,有实行服务让利的,有以最低保护价保利的,有按交易量返利的,有按股分红的。总的看,不论哪种形式,都急农民所急,想农民所想,有效地解决了农户生产经营中的实际困难。

5. 坚持遵循市场经济规律,充分尊重和激发农民创造精神

农民专业合作经济组织是按照"民办、民管、民受益"的原则发展起来的,自愿、民主、平等、互利是它生命力的保障,农民是专业合作经济组织的主体,组成、参加专业合作经济组织完全自愿,不应采取行政手段强制撮合,使农民独立自主、进出自由地开展劳动合作、资本合作、技术合作和营销合作等。农民有选择合作的自由,也有选择不合作的自由,合作的程度和合作的规模完全由参加合作组织的农民自己决定,农民真正参与管理,实行民主决策、民主管理和民主监督,从组织上保证农民会员的利益在专业合作经济组织中能得到充分体现,政府不应向专业合作经济组织指定领导人,也不应干涉专业合作经济组织内部事务的处理。这就要求必须强调发挥市场机制在资源配置中的基础作用,发挥农户市场主体的作用,充分尊重农户的生产经营自主权。通过这样一种自主、自立、自治的合作,必然会激发农民创造性,带动农民增收致富。

6. 实现共同富裕的是根本目标

农民专业合作经济组织成立的根本目的就是为了满足社员共同的经济和社会发展需求,维护家庭财产,实现共同富裕。因此,各地在促进和发展农民专业合作经济组织发展过程中,坚持了这一正确方向,通过强弱联合,富贫联合,起到富帮穷,富带穷,先富带后富,从而不断促进共同富裕。

三、农民专业合作经济组织的类型

农民专业合作经济组织的分类并没有统一的标准,按照不同的标准,农民专业合作经济组织有不同的分类。

(一)按照组织的形成背景划分

按照组织的形成背景划分,我国农民专业合作经济组织的组建和发展模式,大体有 4 类:

1. 由政府有关技术部门发起建立的农民专业合作经济组织

这种模式主要是由在农委、农技站、科协等政府经济技术服务部门和涉农部门的推动下形成的,主要分布在一些科技含量高的经济作物种植领域,如药材、特色水果、特种养殖等。这类组织的优势是在技术人才、设备、场地、管理等方面能得到职能部门的直接扶持。但是,作为一种政府主导型的制度创新,农民专业合作经济组织从一开始就与各政府部门衍生出十分复杂的关系,这种模式的大部分组织,基本上由政府或部门的领导担任社长或会长,行政色彩过于浓厚,农民真正得到的实惠不多。

2. 由供销合作社发起建立的农民专业合作经济组织

在农民专业合作经济组织的建设上,全国供销社系统发挥了重要作用。2004 年末,供销社除了拥有本系统 2.5 万多个各级组织之外,还积极主办、领办专业合作社、专业协会 10 961 个,会员 162.71 万个,其中:农产品行业协会 6 612 个,农民个人会员 77.48 万人;组织农民兴办专业合作社 19 149 个,加入合作社的农户 499.53 万户。但是,在对诸多供销社领办的专业合作经济组织的考察中发现,形式上的"民办"而实质上的"官办"这个合作经济的肿瘤,在许多专业合作经济组织内部蔓延开来。在专业合作经济组织中首先看到的不是农民而是供销社,有些地方的专业合作经济组织已蜕变为供销社为自己谋利益的招牌,农民在组织中没有获得多少实际的利益。

3. 由龙头企业发起建立的农民专业合作经济组织

龙头企业发起建立的农民专业合作经济组织是在 20 世纪 90 年代初兴起的一种农业产业化模式,这种模式以企业为龙头重点围绕一种或几种农产品的产加销,与生产基地和农户实行有机联合而形成的一种合作经济组织形式。这类农民专业合作经济组织主要的功能就是在农产品加工企业和生产农户之间架设桥梁,一般采用"公司+农民专业合作经济组织+农户"的组织形式。其特点是"龙头"伸向国内外市场,"龙尾"摆向千万家农户,充分利用龙头企业的市场优势,把生产、收购、加工、运输和销售等各个环节联结起来,形成紧密的产加销一条龙、农工贸一体化的生产经营体系。这种合作经济形式促进了生产要素的合理流动和优化组合,能充分实现专业化分工的好处,是目前实现农业产业化采用较多的一种生产组织方式。但龙头企业与合作经济组织之间存在着对接障碍,主要表现在利益分配机制不完善和诚信缺失,尤其是缺乏维护农民利益的制度保障,农户的地位并没有得到改善,龙头企业占有明显优势,收入分配向龙头企业倾斜而不是农户,农民所得大部分是一次性合同收购的收益,二次分配没有或者很少,龙头企业可以将增量利润的一部分分给农户,但主动权在公司。这种组织形式属于合作经济组织发展的低级阶段。

4. 由农村中的专业户、经销大户等自发建立的农民专业合作经济组织

这类农民专业合作经济组织是在农业生产专业化发展的基础上逐渐形成的,主要集中在一些商品性较强的经济作物领域,如水果、蔬菜、水产养殖等。通常是由生产大户和技术能手

等骨干发起成立,目的是将当地从事同一作物生产的农户联系起来,共同抵御市场风险。这类合作形式的主要特点是存在着明确的组织核心——生产大户。在寻求交易时,生产大户从自己的利润最大化角度出发,会尽可能地签订有利于保护生产者合法权益的贸易合同,其他相对规模较小的农户也会在交易中受益。这类组织符合我国农村分散居住和家庭亲缘观念的特点,内部管理和监督依赖于"地缘性"和"亲缘性",是目前存在数量较多的组织形式。但是这类农民自发的经济合作组织由于没有政府的直接支持,在社会地位和经济地位上都受到一定影响。各个政府职能部门如农业、工商、税务等对组织的多头管理很不利于其发展。此外,其运作基本依赖与掌控在生产大户手中,对生产大户的要求很高,制度也不够完善。

(二)按照组织的目标功能划分

按照组织的目标功能不同,一般把农民专业合作经济组织划分为生产投入型合作经济组织、市场营销型农民合作经济组织和综合型农民合作经济组织。

1. 生产投入型农民专业合作经济组织

生产投入型农民专业合作经济组织是为了解决农户在产前和产中与市场之间的交易费用问题以及产中农户之间换工等的需要而组成的一类农民专业合作经济组织。这类合作经济组织的规模一般较小,运转也较灵活。但其缺点也很明显,那就是该组织对其他类型的合作经济组织特别是市场营销型合作经济组织的依赖程度较高。

2. 市场营销型农民专业合作经济组织

市场营销型农民专业合作经济组织主要是为了解决农户在产后就自己生产的农产品与大市场进行交易的问题。这种合作经济组织实际上就是一种纯粹交易上的联合。该合作经济组织的规模一般较大,交易量也大,不仅存在本组织与市场的交易,而且还往往存在本组织与其他合作经济组织的交易,存在本组织与其他非本组织社员的交易。正是由于这种合作经济组织具有上述交易的开放性,从而使得它能有效地促进交易效率。在促进交易效率的同时,该合作经济组织也能获得一定的经济利益。从我国农业的实际情况来看,市场营销型的合作经济组织是中国农民所迫切需要的一种新型农业合作经济组织。因为农产品的流通问题已经成为了我国农民迫切希望解决的大问题。

3. 综合型农民专业合作经济组织

综合型农民专业合作经济组织是生产同类农产品的农户为了解决产前、产中和产后所出现的交易问题而组织起来的一种合作经济组织。该合作经济组织的社员一般为生产同类农产品的农户,其生产规模往往较小,因此它们不仅需要解决产后的农产品的市场流通问题,而且还要解决产前的农业生产资料的采购问题和产中的各农户间的换工和协作问题等。由于该合作经济组织的规模较小,而管理环节往往较多,因此其交易效率往往没有前两种类型的高。由于我国农民专业合作经济组织尚处于起步阶段,一些农户对大规模的专业合作经济组织有一定的"恐合"心理,因此建立规模较小的综合型专业合作经济组织也许更适合于那些生产同类农产品的农户的需要,所以这种类型的适用范围也较广。

(三)按照组织的形式划分

从组织形式上进行分类,目前实践中的农民专业合作经济组织大体可以归纳为社区型、专业合作型和股份合作型3种类型。

1. 社区型农民专业合作经济组织

社区型农民专业合作经济组织是从组织所服务对象的范围来考察,该类组织的服务对象是一定范围的农村社区。我国的社区性农业合作经济组织是由过去的人民公社体制中的生产大队或生产队演变而来的,它是以土地集体所有制为基础,以乡、村区域为范围,以双层经营体制为特征,以管理土地和集体资产以及为社员服务为主要职能的农业集体经济组织。

2. 专业合作型农民专业合作经济组织

专业合作型农民专业合作经济组织是从组织的合作领域角度来考察,主要包括农民专业合作社、专业协会等。

(1)专业协会型农民专业合作经济组织,是指从事专项农产品生产、销售、加工的农民,按照自愿互利原则,以产品和技术为纽带,组建的社团型合作经济组织。凡是从事专业生产并达到一定规模的农民均可自愿入会,协会对会员进行无偿或低偿服务,入会农民根据协会的要求进行生产、销售。协会又包括两种形式:一是技术协会,主要对会员进行实用技术培训,提供信息、物资服务,帮助会员销售产品;另一种是合作协会,主要根据合作社的原则,具有社团性和合作制双重性质,是合作经济的初级形态。

(2)专业合作社型农民专业合作经济组织,是指从事专业生产的农民平等持股、自我服务、民主管理、合作经营的经济组织。专业合作社一般制度较健全、管理较规范、与农民利益联系较紧密。农民入社需交纳一定股金,合作社除按股付息外,主要按购销产品数量向社员返还利润。

3. 股份合作型农民专业合作经济组织

我国的股份合作型农业合作经济组织是于20世纪80年代中后期,随着农村生产力的巨大解放和农业生产社会化程度提高、农村商品经济的发展而产生的。它是由若干从事某种农业专业生产的农户,以资本、劳动和生产资料相结合的方式组建起来,把集体资产折成股份,以股份的形式分配给组织成员,期末实行按股分红和按劳分配相结合的盈余分配方式。股份合作型农民专业经济组织兼有合作制和股份制的双重特征,但既不同于传统意义上的合作制,也不同于一般意义上的股份制。它与股份制企业至少有3个重要差别:一是在合作方式上,既是资金的联合,又是劳动的联合;二是在股份配置上,是劳股结合制,不允许少数人控股;三是在分配方式上,既实行按劳分配,又实行按股分红。

第二节 农民专业合作经济组织是推进农业产业结构调整的重要载体

作为一种农村经济组织的创新和有效率的制度安排,农民专业合作经济组织的本质就是处于弱势地位的农民,在自愿互助和平等互利的基础上,通过经济联合的方式,将家庭经营的个体劣势转化为群体优势,在更大范围、更广空间实现资源的优化配置,实现外部利益的内部化和交易费用的节约,减少经济活动的不确定性,在一定程度上实现农业的规模生产,打破市场垄断,共享合作带来的外部利润。正是基于这些外部利润的存在,自20世纪80年代末以来,农民专业合作经济组织这一微观组织形式,首先在中国经济发达地区出现,并逐渐向中部地区辐射、蔓延,它对提高中部地区农民组织化程度、降低交易费用、提高中部地区农民谈判地位、增强应对自然与市场风险能力、实现规模效益都发挥了重要的作用,已经成为推进农业产业结构调整的一个重要载体。

一、有利于节省农户的市场交易费用,降低农业生产总成本

所谓交易成本,是指进行交易所增加的购买价格之外的成本,这些成本可以是货币、时间,也可以是某些不方便。在新制度经济学看来,只要存在市场交易行为,就必然会产生交易费用。随着中国农业的市场化进程加快,分散的、单个农户参与市场的交易不确定性增大,有时费用极为高昂。这些费用包括:高昂的市场信息费用,包括搜集、处理和传播信息的费用;价格搜寻费用,包括要素购买价格与产品销售价格;购买服务费用,包括购买灌溉、植保、防疫及其他生产技术等各种生产服务的费用;形成交易的谈判费用,包括签约、监督等的费用;等等。一项实证研究表明,农户交易成本高已成为中国农业增长面临的突出问题,市场经济条件下中国农业不仅必须降低生产成本,而且更应该降低交易成本。而农民专业合作经济组织的出现,可以将那些交易费用较高的市场分工活动卷入组织内部分工,由此实现市场内部化,节省了交易费用,包括农民专业合作经济组织内部的固定分工节约了寻找交易对象的费用,农民专业合作经济组织的统一安排代替了讨价还价,农户和其他生产要素所有者与企业之间的长期合同减少了在市场中多次反复地订立契约的麻烦,等等,从而降低农业生产的总成本。

二、有利于推进农业的规模经营,提高农业生产效益

农业规模经营有两种基本方式:农户家庭内部的规模经营和农户家庭外部的规模经营。农户家庭内部的规模经营就是指在农户家庭内部实现土地、资金、技术等生产要素的集中,它是农业规模经营最基本和最直接的形式;而农户家庭外部的规模经营是指农业生产者联合和合作形成的规模经营。中部地区农业发展的一个典型特征就是人多地少,农村人口占总人口的60%以上,是我国人均耕地面积最小的地区,因而实行大范围的农户家庭内部规模经营并不切合中部地区的实际,而农户家庭外部规模经营通过农民专业合作经济组织,把分散的农户家庭经营联合起来,可以在不改变家庭联产承包制的基础上,引导农户围绕共同的市场需求进行专业化和区域化生产,从而实现农民农业生产的组织化、专业化和适度规模化,并且通过协调农民的市场行为,提高农产品的市场价格,防止农民之间的恶性竞争。此外,农民专业合作经济组织还可以通过扩大农业生产分工、协作的广度和深度,提高农业劳动力和生产资料的利用效率,降低农业生产成本,提高农业生产的效益,增加了农民收入。据河南省农业厅统计,该省加入合作组织的农户,目前户均收入水平达到 15 000 元左右,比非社(会)员户的收入高出50%左右,增收效果十分明显。

三、有效地提高农民的组织化程度

中国农村改革与发展的实践表明,要解决已经存在多年的小规模与专业化、小生产与大市场、分散化与社会化的矛盾,靠一家一户不行,单纯靠政府也不行。国际经验表明,发展农民专业合作经济组织,提高农民的组织化程度,是农民参与市场竞争的一种现实选择。这是因为市场经济并不是放任自流的经济,市场竞争要求各个市场主体都必须具备较高的组织化程度,市场竞争能力的强弱是与组织化程度成正相关的。分散的小农户因其规模小、素质低、实力弱,

进入市场与交易对手进行谈判的地位不平等,中间商很容易利用这一特点盘剥农户,在农产品销售上实行买方垄断,在农用生产资料的供给上实行卖方垄断,迫使农户成为农产品低价出售的接受者和农业生产资料高价销售的接受者。严峻的现实教育了农民,促使他们联合起来,建立各种类型的农民专业合作经济组织,使之作为一个比较强势的整体参与市场交易,以增强农户在产品市场和要素市场讨价还价的博弈能力,有效地遏止侵害农民合法权益的各种机会主义倾向,提高农户的地位,有效地抵御来自各方面对农户利益的不合理侵蚀,改善农户在市场中的不平等地位,形成农户利益的自我保护机制。此外,农民专业合作经济组织还可以增加农民与政府对话的渠道。依靠合作的力量,通过组织争得政府在财政、税收、金融等方面的支持,并对政府的决策施加更大的影响,进而提高农民的政治地位,以获得平等的国民待遇,实现真正的城乡一体化。

四、有效地降低和规避各种农业经营风险

随着中国农业市场化改革的不断深化,分散经营的农业生产者和大市场之间的矛盾逐渐突出,一家一户的小生产很难逾越自然风险和市场风险,导致农业生产常常发生大起大落的周期性波动,严重影响到国民经济的稳定和农民自身的经济利益。通过建立农民专业合作经济组织,则可以有效化解农业生产所面临的各种风险,提高农民抵御风险的能力。首先,可以降低和规避各种市场风险。如单个农户经营规模小,搜寻信息成本高。通过联合可以采取单个农户不可能使用的信息手段,找到稳定的农产品销售渠道,大大降低生产的盲目性,增加经营过程的稳定性,减少市场风险。其次,可以提高抵御自然风险的能力。农民专业合作经济组织可以通过成员之间的相互帮助,尽快恢复生产,有效地减轻自然灾害对农业生产者造成的损失。再者,可以减少技术风险。在激烈的市场竞争中,提高科技含量是增强产品竞争力的关键。但每项新技术的采用都伴随一定的风险。农民专业合作经济组织可以有效地提高技术普及的广度和深度,尽量避免技术的失败,最大限度地发挥新技术所具有的增产增效潜力。如河南省新野县蔬菜专业合作社自1997年建社以来,先后引进了荷兰比久公司等7家外国公司20余个蔬菜品种,推广了配方施肥、生物农药、无公害产品标准化生产等15项种植模式技术,使产品的技术含量和标准化程度明显提高,获得了商务部农产品进出口经营权,产品行销西北、东北市场并出口俄罗斯。

五、有利于发展现代农业

社会化、信息化、标准化和产业化是当今世界农业发展的潮流和趋势,是发展现代农业的重要内容。农民专业合作经济组织作为一种现代农业产业组织形式,能够打破所有制、区域和行业界限,实现生产要素在更大范围、更宽领域的流动和重组,解决农业信息化建设中"最后一公里"问题,推进农业生产的社会化、信息化、标准化和产业化,提高产业竞争优势,从而提升中部地区农业的综合效益。

六、有助于提高农民自身的素质

目前阻碍我国社会主义新农村建设的重要因素之一,就是我国农民的综合素质低下。提高农民的素质、教育和培训农民有很多途径,但是发达国家的经验表明,农民专业合作经济组织是对农民进行教育培训的一种行之有效的载体,1995年"国际合作社联盟成立100周年代

表大会"所通过的合作社基本原则中就包括教育、培训和提供信息原则。可见,当代世界各国的农民专业合作经济组织已经把对农民的教育和技术培训当作一项基本任务和职能了。通过农民专业合作经济组织的建设和合作制的运作,一方面,可以使农民在科技推广、分工协作、组织管理、市场营销、对外联系以及民主决策等方面得到锻炼,这既有利于农民科技意识、营销能力和合作精神的培养,又可以增强农民的民主意识与参与意识,提高农民自我组织、自我服务、自我管理、自我教育的能力;另一方面,农民专业合作经济组织由于成员与组织之间的直接利益联结,有利于调动农民参加培训的积极性,同时专业合作经济组织能发挥合力,优化投资结构,便于组织农民培训,培育适应现代农业发展需要的新型农民。此外,农民专业合作经济组织为人才提供施展才华的舞台和空间,推动农村人才在实践中成长。因此,我国农民专业合作经济组织的发展,为农民学习市场经济、学习科学技术、学习民主管理、提高自身素质提供了一所好学校,为农业和农村经济的发展积累了人力资本,对推进农业产业结构调整、促进农民收入增长提供了强有力的支持。

七、有利于促进农业剩余劳动力转移

通过建立农民专业合作经济组织,为农业生产提高产前、产中和产后服务,发展新产业,或延长原有产业的经营链条,或扩大现代生产规模,有效地促进了农业第二、三产业的发展,使一部分农业剩余劳动力得到就地转移,提高了农民的整体收入水平,促进了农村城镇化水平的提高。

八、有利于改善和加强政府对农业产业结构调整的调控

农民专业合作经济组织是沟通政府与农户的桥梁,为政府加强对农业产业结构调整的调控和引导提供了组织载体,是各级政府对农业产业结构调整进行宏观调控的有效支点。由于我国农业的广泛分散性,使政府的调控政策难以直接面对千家万户的个体农户,而农民专业合作经济组织正好可以充当政府在实施各项政策时通向农民的桥梁,政府的宏观调控信号可以通过农民专业合作经济组织进行更为有效的传递。一方面,作为农民利益的代表,农民专业合作经济组织可以积极开展与政府机构对话,反映广大农民的意见和要求,从而为政府开展工作提供可靠依据,还有利于推动政府职能与领导方式的变革;另一方面,政府也可以依靠农民专业合作经济组织,把党的农业政策有效地传递到千家万户,从而提高政府调控农业产业结构调整的有效性。

第三节 中部地区农民专业合作经济组织的现状与问题

一、中部地区农民专业合作经济组织的现状

经过农村改革开放近30年的发展,中部地区各地农民专业合作经济组织从松散到紧密,农民专业合作社从无到有,发展势头迅猛,数量规模不断扩大,农民合作经济组织的覆盖面扩大,呈现了逐步加快发展的态势,其内容已涉及农业生产的各个方面、各个环节,效果十分明显,已经成为中部地区农业经济的重要组成部分。

(一)山西省

截至2007年9月底,山西省在工商部门登记注册的农民专业合作社达到了3 850个,入社成员10.8万人,带动农户74.9万户,占到山西省农户总数的11.8%。2006年山西省农民专业合作社成员人均年收入3 887元,比山西省农民人均年纯收入3 180.9元增加706.1元,高出22.2%。这些合作社中有116个取得了无公害农产品、绿色食品和有机食品认证,145个注册了商标,统一了品牌。山西省以产业为依托、以品牌为导向的农民专业合作社规模逐步扩大,合作成效日益显著,在发展现代农业和建设社会主义新农村中的重要作用日益凸显。

(二)安徽省

实行家庭承包责任制后,安徽省早在1982年就出现了农民专业合作组织,当时的天长县界牌镇17户农民联合创办了改革后安徽第一个农民合作组织——水产研究会。20多年来,安徽省农民专业合作组织稳步发展,逐步壮大,特别是近几年来,发展步伐逐年加快,截至2007年10月底,安徽省已建立各类合作经济组织达到5 000多个,加入合作经济组织的成员达到150万人,带动农户333万户,分别占安徽省总农户数的11%和26%。农民合作意识明显增强,要求加入合作经济组织的愿望较为强烈,形成了多类型合作、多形式发展的格局。一是农村能人(大户)创办型,约占安徽省合作经济组织总数的60%以上;二是龙头企业带动型,约占10%;三是涉农部门牵头型,约占25%;四是有关社会经济组织领办型,约占5%;五是跨村合作和联合办社型占25%以上。在服务内容和方式上也不断创新,由过去主要为成员提供生产技术、信息服务为主,逐步向农资购买、推进标准化生产(加工)、农产品收购、组织运销等多环节、全方位拓展。现有合作经济组织中,单纯从事技术信息服务的约占30%,从事生产、加工、运销的占70%,其中实体型合作经济组织占58%左右。

(三)江西省

经过20多年的发展,目前江西省有比较规范的各类农民专业合作经济组织3 639家,拥有社员和会员63.2万人,其中农民社员和会员52.6万人,带动农户99.2万户;合作组织拥有资产9.7亿元,2006年销售收入42亿元,农民社员和会员人均年纯收入6 750余元。按行业划分,种植业1 371家,占总数的40.8%;畜牧业832家,占总数的22.9%;渔业476家,占总数的13.1%;其他845家,占总数的23.2%。合作内容也由过去单一的生产技术合作,已逐步过渡到以产加销综合服务为主体,用品牌向流通、加工领域纵深发展。江西省3 639家农民专业合作组织中,以产加销综合服务为主的1 252家,占总数的34.4%;以提供技术、信息服务为主的848家,占总数的23.3%;以生产为主的723家,占总数的19.9%;以加工服务为主的563家,占总数的15.5%;以运销仓储为主的253家,占总数的7%。新登记成立的515家专业合作社中,有合作社自主品牌的占75%,获得无公害、绿色、有机食品论证的占72%。

(四)河南省

河南省农民专业合作经济组织的发展是伴随着农村家庭承包责任制的推行,产生于20世纪80年代,形式主要以为农民提供种养殖技术服务的专业技术协会为主。随着市场经济的深入发展,20世纪90年代,河南省农民专业合作经济组织得到快速发展,数量大幅增加,截至2007年,河南省有农民专业合作经济组织8 473家,成员总数达到183万户,占河南省农户总数的9.2%,带动农户数量755万户,占河南省农户总数的近45%。生产基地种植面积达到3 523万亩,畜禽饲养量21 013万头,水产养殖面积703万亩。有的地方农民专业合作社数量在1年间就增加了1倍以上。如焦作市2006年在工商部门登记注册的农民专业合作社达到151个,较2005年增加1.5倍。随着市场的不断开拓,一些农民专业合作社已开始跨区域开展合作,服务社员的范围已从本乡本村为主转向跨乡镇、跨县域拓展,服务范围也从单一的生产资料购买、生产技术服务等合作,向开展标准化生产、进行无公害基地认证、实施产品质量追溯以及产后的产品市场流通、整理加工、品牌包装等经营领域的合作拓展,较好地把产前、产中、产后的各个生产和经营环节统一起来。

(五)湖北省

湖北省农民专业合作组织兴起于20世纪80年代中期,截至2007年,湖北省农民专业合作组织发展到4 998个,比2006年底新增623个,增幅14.2%;湖北省入会(社)总人数221万人,比去年底增加20万人,增幅9.9%;农民专业合作组织成员户平均增收2 500元以上。湖北省农民专业合作组织呈现多主体带动、多领域发展、多行业联合、高标准建设的良好态势。农民专业合作组织从农民之间的合作为主,逐步发展到吸收大专院校、科研单位、销售市场参加,形成既有专业大户联合,又有龙头企业带动、科技人员领办、社区组织牵头的多主体带动格局。其中,专业大户联合型是湖北省农民专业合作组织发展的主体,湖北省共2 748个,占总数的55%;社区组织牵头的合作组织有799个,占总数的16%;科技人员领办的699个,占总数的14%;龙头企业带动的500个,占总数的10%;其他252个,占总数的5%。按照行业划分,湖北省农民专业合作组织已涉及种植、养殖、农机、加工、储运、水利等多个方面。其中,种植业2 379个,占总数的47.6%;畜牧业1 235个,占总数的24.7%;渔业255个,占总数的5.1%;农机204个,占总数的4.1%;其他925个,占总数的18.5%。从合作内容上看,已由单纯的生产环节扩大到产前、产中、产后各个环节,从过去提供一项或几项服务,发展到实行产加销综合服务。据统计,湖北省农民专业合作组织以提供信息、技术服务为主的有1 749个,占总数的35%;提供生产及销售服务的3 249个,占总数的65%,其中,产、加、销一体化服务的由去年的218个增加到现在的749个,占总数的15%。如湖北省京山县常家洞茶叶生产合作社,以谋求茶农共同利益为核心,开展资金、技术、生产、加工、销售一体化的自我服务,大力实施精品名牌战略。该社生产的"常家洞"牌茶叶直销省内外多家大型超市、批发市场,2007年出口创汇16.5万美元。再如仙桃市张沟镇养鳝专业合作社,组织当地农户428户,建成占地3 000m²的鳝鱼交易大市场,发展养鳝面积2 500亩,成员户均纯收入3万余元,较非成员户平均增收6 000元以上。

(六)湖南省

湖南省农民专业合作组织大都起步于20世纪90年代中后期,近几年呈加速发展态势。截至2007年10月底,湖南省累计有农民专业合作组织7 833个,其中专业合作社2 990个,专业协会4 843个,共有成员220.90万个(户),其中农民成员208.39万户,占湖南省总农户数的15.03%。按组建主体划分,主要有4种类型:农民合作创办型有3 858个;农村集体经济组织举办型有1 775个;龙头企业带动型有530个;技术服务部门领办型有1 134个;其他类型536个。目前,农民专业合作组织已涵盖农村种、养、加、旅游、劳务、运输、信息、技术、销售等多个领域,形成了"建一个社,兴一方产业,活一方经济,富一方百姓"的新格局。农民专业合作组织一方面将千家万户的农民连成一片,变小生产为大生产;另一方面又将农民与龙头企业连成一体,架起了生产、加工、销售的桥梁,延伸了产业链,有力地推进了农业产业化经营。如桃江县竹业协会率领455个会员、8 500多个农户,依托竹林资源优势,一手抓资源培育,一手抓产业开发,使产业规模不断扩大,产品档次不断提升。2006年该县竹林面积发展到72万亩,竹产业总产值达15.14亿元,占该县工农业总产值的40%,竹业增加值达9.08亿元,占该县GDP的35%,成为县域经济的主导产业,推进了特色产业的规模经营。

二、中部地区农民专业合作经济组织面临的问题

虽然说目前中部地区农民专业合作经济组织已经表现出加速发展的态势,但与农业发达国家的发展水平和建设社会主义新农村的要求相比还存在相当差距,突出表现在以下几个方面:

(一)覆盖面偏低,规模不大,合作紧密性还不强

由于中部地区农民专业合作经济组织起步较晚,起点较低,因而相对于中部地区的2亿多农民和目前的中部农业产业规模来说,数量还是太少,覆盖面太低,规模不大,入社农户占乡村总户数的比例小,相当一批合作经济组织仅仅停留在生产环节或技术方面的简单合作,并没有解决把农民组织起来进入市场的问题,成员之间的联合多以松散型为主,合作组织与农户之间的联系不紧密,达不到提高农民组织化程度的目的,在发展产业经营、带动农户抵御市场风险方面的能力十分有限。

(二)分布不平衡,跨行业、跨地区的专业合作经济组织缺乏

目前,农民专业合作经济组织在中部地区的发展是不平衡的,尤其是在一些重点产业和优势区域发展不足,各种农民专业合作经济组织基本都属于孤立的基层组织,有一定规模和符合中部优势农产品发展规划需要的跨地区、全行业性的专业合作经济组织缺乏,使得中部地区农民谈判地位难以提高。这种状况与农业市场经济的发展、农业现代化发展的需要和应对国际竞争的需要差距还很大。

(三)内部治理机制不健全,规范性发展不足

由于中部地区农民专业合作经济组织还处于合作创建的初始阶段,这就使得大多数农民专业合作经济组织的内部运作不够规范,治理机制不完善。一是规章制度不健全,许多农民专业合作经济组织没有规范的章程,缺乏内部管理、监督制度,有的组织虽然制定了规章制度,但制度建设缺乏必要的科学性、合理性,管理机构、组织成员及领导之间的责权利缺乏明确的界定,导致运行过程中的混乱;二是组织机构和民主决策机制不健全,相当多的农民专业合作经济组织未按合作制原则设立组织机构,有的合作组织虽然按照合作制原则设立了会员大会、理事会、监事会等组织机构,但在实际运行中却形同虚设,日常管理中不能贯彻合作制的基本原则,民主决策、民主管理、民主监督的机制并没有良性运转,自我发展、自我约束、自我保护的作用难以充分发挥;三是一些农民专业合作经济组织产权模糊、权责不清、收益分配机制不完善,会员之间利益关系松散,没有建立"利益均沾,风险共担"的合作伙伴关系,导致会员利益无法得到有效的保障,导致中部地区农民专业合作经济组织缺乏吸引力和凝聚力。

(四)农民专业合作经济组织的发展存在严重的资源短缺问题

这主要表现在3个方面:一是农民专业合作经济组织资本筹措渠道狭窄,其发展面临巨大的资金瓶颈。目前,中部地区农民专业合作经济组织通过政府支持和信贷方式获取资金十分困难,其获取资金的主要途径为:社员自筹、外部股金和自我资本积累。但是,由于中部地区农

民收入水平较低,还不到全国的平均水平,自身经济实力有限,无法聚集大量股金;大多数农民专业合作经济组织规模较小,从而利润较少,在合作组织的盈余分配中所提取的公共积累比较少;农民专业合作经济组织所从事的基本上都是与农业相关的、由一些在经济上仍然属于弱势人群经营的弱质产业,风险大,效益低,很难在非社员中筹得大量资金等原因,中部地区农民专业合作经济组织难以获得足够的资金支持,这就使得其一些正常的业务活动无法开展,不可能支持会员发展新产业和扩大经营规模,更不可能建立自己的经济实体和扩大服务内容。可以说,资金融通问题已成为中部农业合作经济组织发展极为重要的制约因素。二是市场信息渠道不畅影响了中部农民专业合作经济组织的发展。由于缺乏一个功能强大、反应灵敏、组织严密的市场信息服务网络,中部地区农民专业合作经济组织很难及时得到权威、准确的技术与市场信息。由此,中部地区农民专业合作经济组织在普及技术、安排生产、进行社会化服务等方面均带有很大的盲目性,市场销售也存在很大的风险和随机性。三是中部地区农民文化素质低,合作意识弱。一方面,由于中部地区农民专业合作经济组织还处于初创阶段,广大农民对合作组织的认知程度不高,文化素质和经营管理能力都较低,市场经济意识、守信用守合同的意识淡薄,随意毁约的情况经常发生。农民的这种功利意识在一定程度上使中部地区农民专业合作经济组织的运作难度加大。另一方面,中部地区相当多的农民专业合作经济组织带头人文化素质不高,适应市场经济的意识和能力不强,懂技术、会管理、市场开拓能力强的复合型人才更是缺乏,这就使得合作经济组织内部难以建立起科学合理的规章制度和规范化的管理程序。

(五)农民专业合作经济组织发展过程中政府角色模糊,"越位"、"错位"、"虚位"现象并存

一是"越位"。从目前中部地区农民专业合作组织的创办主体来看,除少部分由农民自己创办以外,大部分农民专业合作经济组织的创办主体是基层政府及其相关部门。这样一种由政府及其相关部门"领办"农民专业合作经济组织的状况,使得这些部门往往不仅在名义上,而且在事实上充当了农民专业合作经济组织的领导人,或者指派领导人,导致不少农民专业合作经济组织具有浓厚的官办色彩。一些农民专业合作组织政社不分,政府或者职能部门成为农民专业合作经济组织的"上级",农民主体虚置,农民社员参与管理和监督写在章程中,但形同虚设。一些农民专业合作组织严重违背"民办、民管、民受益"的基本原则,偏离为农民服务的方向,成为基层政府或部门甚至某些个人的致富工具。由于农民群众没有参与决策和监督的权力,一些农民专业合作经济组织甚至被搞垮。二是"错位"。在目前,中部地区的政府由于没有完全摆脱计划经济的惯性,政府领导还习惯于对经济活动中的具体事务进行干预,政府行为还存在"错位"现象,对农民专业合作经济组织行政干预过多,力度过大,使其发展缺乏自主权,而在政府该管的领域诸如引导、规范、扶持等工作做的较少,农民真正得到的实惠也不多。三是"虚位"。这主要表现在:中部的一些地方政府忽视农民专业合作经济组织的作用,未能承担起为农民专业合作经济组织提供充足的公共物品、良好的基础设施和服务等职能,地方政府行为存在口号化倾向,很多政策并没有得到真正落实。

第四节 发展中部地区农民专业合作经济组织的政策建议

针对当前中部地区农民专业合作经济组织发展的现状,根据《中华人民共和国农民专业合

作社法》和近几年中央一号文件的精神,结合农业发达国家和国内一些先进地区发展农民专业合作经济组织的成功经验,在坚持家庭联产承包责任制和"民办、民管、民受益"原则的基础上,大力发展中部地区农民专业合作经济组织,使之成为推进中部社会主义新农村经济和促进中部农民收入增长的重要平台。

一、强化农民专业合作经济组织内在机制的建设

农民合作组织内在机制的核心是合作组织的章程和组织机构的建设与完善,主要包括:建立完善的农民专业合作经济组织的章程;建立以社员为主体的、明晰的产权制度;建立健全社员(代表)大会为最高权力机构、理事会为执行机构、监事会为监督机构的组织机构;建立健全财务管理制度、实行财务公开制度等,以真正实现民主管理、民主决策和公平的利益分配。

二、规范政府行为,建立和完善政策支持体系

在发展农民专业合作经济组织的过程中,中部地区政府必须对自身角色正确定位,即要引导而不强迫,要扶持而不干预,要参与而不包办,做到"有所为,有所不为"。一方面,农民专业合作经济组织是农民的自助合作组织,其所有者与服务对象都是农民,因而农业专业合作经济组织发展中的政府行为应始终以尊重农民意愿为前提,以市场为导向来推动政府职能转变,不该管的事情应由农民和专业合作经济组织自己解决。另一方面,农民专业合作经济组织由于种种原因往往带有局限性、不规范性及发展的缓慢性,需要政府的宏观引导和协调,各地政府应根据本地区农业发展的规划,结合经济发展的实际,总结本地区农业发展的优势、特点和专业合作组织发展的现状,制订出近期和较长时期专业合作组织发展的规划。有关部门要运用经济的手段和政策的导向作用,完善对合作组织的指导、协调、服务功能,并充分发挥重点合作组织的示范和带动作用。同时,政府应该落实对各种农民合作组织的支持和保护,包括财政、金融、税收等方面各项支持政策。

三、促进农民专业合作经济组织的能力建设

目前中部地区农民专业合作经济组织发展较快,而目前农民的素质难以满足其需要,因而要加强合作经济方面的教育、研究和培训工作。一是加大农村义务教育、职业教育和成人培训的投资力度,普遍提高农村人口受教育的水平和专业技能,培养符合专业合作经济组织需要的新型农民。二是建立合作教育与培训体系,提高中部地区农民特别是专业合作经济组织实际管理者的合作水平。三是通过宣传、教育等多种手段,培育农民的合作精神、契约精神,全面激活农民自身的自主、自立、自强意识和群体意识,为中部地区农民专业合作经济组织的发展和健康运行奠定必要的思想文化基础。

四、拓宽资金渠道,鼓励各种社会力量参与

当前资金问题已经成为中部地区农民专业合作经济组织发展的一大瓶颈,因而应该在坚持"民办、民管、民受益"的基础上,通过构建合理的利益分配机制,开拓新的筹资渠道,积极吸引各种社会力量集资入股农民专业合作经济组织,政府应该在政策上给予相应的优惠和适当财政补贴等,以鼓励其他社会力量参与农民专业合作经济组织的发展,这是缓解当前中部农民专业合作经济组织资金缺乏的一个有效途径。

五、加强国际交流与合作

要借鉴国外发展合作组织的经验,同时加强对外交流与合作,促进中部地区农民专业合作经济组织对外的联合和合作,帮助中部地区农民专业合作经济组织拓展市场和发展空间。

第八章 农业剩余劳动力转移与中部地区农业产业结构调整

第一节 农业剩余劳动力转移是农业产业结构调整的重要内容

一、农业剩余劳动力概念的界定

剩余劳动力的概念最早出现在20世纪50年代阿瑟·刘易斯的二元经济理论模型中。刘易斯在1954年发表的《劳动力无限供给条件下的经济发展》的论文中认为,在发展中国家,传统农业部门土地极其有限,人口增加十分迅速,劳动力十分丰富。其中有一部分劳动力的边际生产力是非常低的,甚至有些低到零,而增加或减少这些劳动力对总产量并无影响。在这种情况下农业劳动者的收入水平很低,只能维持自己和家庭的最低生活水平,即生存费用水平,正是这种生存收入决定现代工业部门的工资界限。城市工业部门的收入水平稍高于农业部门的生存收入,在农村劳动力极为丰富的条件下,只要工业部门扩大生产规模,就可以雇到所需劳动力。正是在这个意义上,刘易斯把传统农业部门中那些"维持生计"、"边际生产力为零甚至为负"的劳动力称之为剩余劳动力。如果从传统农业部门抽出一定数量的劳动力,并不会降低农业总产出。

20世纪60年代初,美国发展经济学家拉尼斯和美籍华人学者费景汉在刘易斯农村剩余劳动力转移理论的基础上,提出把农村剩余劳动力转移划分为3个阶段:①农村劳动边际生产率等于零阶段(类似刘易斯理论)。在此阶段中,由于农业总产出没有减少,粮价和工资不会上涨,因而农村剩余劳动力转移到工业部门不会遇到困难。②农业劳动边际生产率大于零小于农业平均固定收入阶段。在此阶段中,农村仍然存在着剩余劳动力,这些剩余劳动力和第一阶段的剩余劳动力,都必须转移到工业部门,转移的规模越大,将会使工业资本家的利润越低,最终引起经济增长和劳动力转移过程减缓甚至停滞。③农业劳动边际生产率等于和大于农业平均固定收入阶段。在此阶段中,农村剩余劳动力全部转移到工业部门,农民和工人的收入水平一样都由劳动边际生产率来决定。这时,传统的农业经济就进入了发达的资本主义经济阶段。

拉尼斯-费景汉理论的意义在于它发展了刘易斯理论,它是刘易斯二元结构模型的继承与发展,因而学术界习惯性地将它们合称为刘易斯-费-拉尼斯模型。这个模型已经成为二元经济条件下农业剩余劳动力流动与转移的基本分析框架。

但是,刘易斯-费-拉尼斯模型存在一个致命的缺陷,就是其基本假设发生了错误,正如菲律宾大学教授欧西马所说:"刘易斯考虑问题的目的是如何把西方工业革命的经验移用到亚非拉欠发达国家中来。因此,它的最大错误在于他假设在这些国家也存在着18到19世纪的欧洲工业化时期那样的情况：劳动力的供给和需求都非常大，似乎是无限的。例如英国，发生了圈地运动，农业资本主义化，大批农民被驱赶出来，流入到工业部门中。他没有考虑到现在的发展中国家与那时的早期工业化国家的情况大不相同。"因此，国内学者针对刘易斯等人的"零值边际劳动率"定义与大多数发展中国家农业发展的事实不符的缺陷，提出了农业剩余劳动力的相关界定，但到目前为止，依然是众说纷纭。比如，有学者认为，当一个国家（地区）农业劳动者人均耕地面积长期呈下降趋势时，就认为该国（或地区）存在农业剩余劳动力。这是因为按劳动力平均耕地面积的变动与按区域人口平均耕地面积变动是有区别的，即劳动力平均耕地面积的下降不一定意味着人均耕地面积的下降。只要农业劳动力人数增加得比耕地面积更快，使劳动力人均耕地面积下降，农业剩余劳动就仍然存在。也有学者根据马克思必要劳动与剩余劳动理论，认为农业剩余劳动力是指在既定农业资源和既定农业生产技术水平条件下，农业劳动力中无法实现其劳动与劳动条件必要、充分而且有效结合的那部分劳动力。简言之，农业生产所必需的或适当的劳动力以外的部分为农业剩余劳动力。还有学者认为，农业剩余劳动力是指农村各产业部门（包括农业、非农产业）中不充分就业的劳动力，所谓劳动力的不充分就业则是指每个单位农村劳动力每年有效工作时数（包括农业、非农产业的一切经济活动所耗费的有效时数，但不包括经济活动以外的时间消耗，如煮饭、洗衣、就餐、娱乐、闲暇等活动的消耗时数）低于公认的单位农村充分就业劳动力年度有效工作时数标准，即制度工时数的一种状态。在本书中，笔者采用第二种定义来界定农业剩余劳动力，即与农业劳动力资源实现最佳配置后的状态相比在农业中就业的多余劳动力，是农业总劳动力除去农业生产必需的劳动力后剩余的劳动力。

在目前相当部分文献中，农业剩余劳动力和农村剩余劳动力被混为一谈。本书认为，两者存在联系也存在区别。根据第一章关于农业产业与农村产业的界定，可以看出，农业劳动力与农村劳动力之间是有区别的，农业劳动力是指在农业产业中就业的劳动力，包括在传统的农业部门和与传统农业相关联的非农产业部门；而农村劳动力则是指在农村范围内就业的第一、二、三产业的劳动力。两者存在相互交叉的地方，比如传统的农业部门，农村经济体中与农业相关联的产业部门等；但也有所区别，即农村经济体中还存在与农业无明显关联的产业部门。而另一方面，现代农业产业并不仅仅分布在农村，在城市经济体中也存在大量与传统农业相关联的产业部门，如食品加工业、纺织服装业等。

由于农业劳动力中既存在传统的农业产业，也存在大量的非农产业，从我国目前的现状来看，剩余劳动力主要存在于传统的农业产业中，我国第二、三产业虽然也在一定程度上存在剩余劳动力，但目前还主要是一个吸纳的阶段，因此本书假定我国第二、三产业并不存在剩余劳动力。根据这一假定，所谓农业剩余劳动力实质上就是指传统农业中存在的大量相对的、隐性失业的劳动力。从这一角度上讲，农业剩余劳动力与农村剩余劳动力之间是没有区别的。

二、农业剩余劳动力转移是农业产业结构调整的重要内容

根据第一章的界定，所谓产业结构，从广义上讲，就是一个国家、一个地区各产业部门和各产业部门内部的质的联系及其相互之间的比例关系。由于社会生产从本质上讲是各种经济资源在各产业部门间的一种配置，因而产业结构首先反映的就是资金、技术、劳动力等生产要素在各产业部门之间的分布，产业结构的调整就是重新调整各种经济资源在各产业部门之间的配置状况，使之达到一种更优的状态。而劳动力的转移只不过是劳动力在各产业部门之间的

一种再配置,从这个角度上讲,劳动力转移就是产业结构调整的一个组成部分。具体到传统的农业部门,在 17 世纪工业革命以前,人类是以农业为主的传统社会经济结构。农业在所有产业部门中占据着绝对统治地位,它是社会财富的主要来源,而工商业只占很小的比重。但随着科学技术的进步和社会生产力的发展,传统农业在经济发展中的地位不断下降,非农产业的地位不断上升,这是产业结构调整的基本规律。伴随着这种结构调整,大量的农业剩余劳动力从传统的农业部门不断向非农产业转移。从表 8-1 可以看出,随着传统的农业产业在国民经济中的地位不断下降,农业剩余劳动力在不断地向非农产业转移。伴随着这一过程,农业产业结构也在不断优化,加速由传统农业阶段向现代农业阶段过渡,并最终进入现代农业阶段。通过对发达国家农业生产的考察就可以看出,农业剩余劳动力的转移不仅是农业产业结构调整的必然趋势,同时也是促进农业产业结构调整的重要前提,两者是一种互动的关系。

表 8-1 六国劳动力在三次产业中分布比较   单位:%

国家	产业	19世纪70年代	20世纪10年代	20世纪50年代	20世纪70年代	20世纪90年代	21世纪(2002)
中国				(1952)	(1978)	(1995)	(2002)
	第一产业			83.5	70.5	52.2	50.0
	第二产业			7.4	17.3	23.0	21.4
	第三产业			9.1	12.2	24.8	28.6
日本		(1872)	(1912)	(1958)	(1971)	(1990)	(2002)
	第一产业	85	62	37	16	7	5.5
	第二产业	5	18	26	35	34	29.7
	第三产业	10	20	37	49	59	75.9
美国		(1870)	(1910)	(1950)	(1971)	(1990)	(2002)
	第一产业	50	31	12	4	3	2.5
	第二产业	25	31	35	31	26	21.6
	第三产业	25	38	53	65	71	75.9
英国			(1911)	(1951)	(1971)	(1995)	(2002)
	第一产业		8	5	2	2	1.7
	第二产业		47	47	40	25	24.1
	第三产业		45	48	58	72	74.2
德国				(1950)	(1971)	(1995)	(2002)
	第一产业			23	8	3	2.6
	第二产业			44	48	25	32.5
	第三产业			33	44	72	64.9
法国		(1866)			(1971)	(1990)	(2002)
	第一产业	43			13	5	1.6
	第二产业	38			39	30	24.5
	第三产业	19			48	65	73.9

资料来源:史忠良,《新编产业经济学》,北京:中国社会科学出版社,2007。

一方面,农业产业结构调整对农业剩余劳动力的转移产生一种推力。首先,从发达国家农业产业结构调整的经验可以看出,农业产业结构调整首先是稳定和促进传统农业的生产,这是农业剩余劳动力转移的前提。这是因为农业所提供的剩余劳动和剩余产品,是一切社会分工和进一步发展的先决条件或前提,具有不可替代性。农业劳动生产率越高,农业剩余劳动或农业剩余产品就越多,就越能支撑工业和其他部门的发展,农业剩余劳动力才能顺利转移。马克思就曾指出:"农业劳动是其它一切劳动独立存在的自然基础和前提","农业劳动不仅对于农业领域本身的剩余劳动来说是自然基础……而且对于其他一切劳动之变为独立劳动部门,从中对这些部门中创造的剩余价值来说,也是自然基础","超过劳动者个人需要的农业劳动生产率,是一切社会的基础"。其次,在现代农业体系下,农业结构调整并不仅仅局限于传统的农业部门,更多地通过发展与农业相关联的非农产业,实现农业产业化,从而带动这个农业向更高层次发展,这就会对劳动力产生一种吸纳效应。因此,随着农业产业化的不断推进,可以就地解决一部分农业剩余劳动力的转移。第三,农业产业结构的调整本身会对农业劳动力产生一种挤出效应。农业产业结构调整的过程,实质上就是科学技术不断进步的过程,随着大量高新技术在农业生产中,尤其是传统农业部门中的使用,使农业对劳动力需求逐步减少,从而产生了大量可供转移的农业剩余劳动力,这就为农业剩余劳动力向非农产业转移提供了一个重要的前提条件,即挤出效应。

另一方面,农业剩余劳动力的转移对农业产业结构调整产生一种拉力。首先,农业剩余劳动力转移是提高农业劳动生产率,促进农业产业结构调整的必然选择。从发达国家农业产业结构调整的经验可以看出,农业劳动生产率的提高是其基本前提,而农业劳动力生产率的提高是多种因素共同作用的结果。如果假定其他因素不变,农业劳动生产率的提高一般取决于3个因素,即耕地面积的扩大、单位面积产量的增长和劳动力数量的减少。在前两个因素一定的情况下,减少劳动力数量无疑是提高农业劳动生产率的必然选择。实际上,发达国家农业劳动生产率的提高有相当部分来自于农业生产规模的扩大,而其中的重要原因就是由于农业剩余劳动力转移。其次,劳动力资源状况决定了产业发展的选择路径。产业的发展与一个国家的劳动力资源状况有密切的关系。各产业要进行生产并取得产出,就必须有一定的投入,这些投入,即进行物质资料或服务品生产时所必须具备的因素就是生产要素,而这其中的劳动力又是最基本的要素之一。从发达国家农业产业结构调整的经验可以看出,在人少地广的国家,如美国、澳大利亚等国,在发展农业生产时通常都是选择高度机械化作业;而在日本等人多地狭的国家,更多地是利用高新技术来推动农业生产。因此,像我国这样一个人多地少的国家,完全采用大规模机械化来进行农业生产并不适合,还是应该因地制宜地来选择适合于各地实际的农业发展道路。第三,伴随着剩余劳动力的转移,就业结构将发生变化,这将引起劳动者收入结构的变化,最终改变先前的社会需求结构,并引起消费结构和总量的改变,使消费表现出质量的提高、多元化、个性化的消费特点和趋势,最终导致产品结构、产业结构发生调整变化。

第二节 中部地区农业剩余劳动力转移的总体特征

一、中部地区农业剩余劳动力的估算

目前学术界对测算中国农业剩余劳动力的方法通常有以下几种:国际标准模型法,耕地劳动比例法,数据直接计算法以及农业技术需要法。其中,数据直接计算法包括直接观察法、古

典估算法、乔根森估算法等方法。

第一，国际标准模型法。国际标准模型法由钱纳里和赛尔昆两位经济学家提出，他们通过对许多国家有关数据进行回归分析，得到与不同人均国内生产总值相适应的各部门劳动力份额和各部门产值份额的"国际标准结构"，并用所研究的国家的农业劳动力份额与该"国际标准结构"相比较，从而得出该国农业剩余劳动力较"准确"的估计值。有学者用中国农业部门的劳动力总数与相同 GDP 水平上的国际标准进行比较，算出中国剩余劳动力的数量，在 2003 年，中国农业剩余劳动力的比例及总数分别为 14% 和 4 500 万人；到 2005 年末，按这一方法计算，中国农业剩余劳动力规模为 7 223.606 万人。该方法虽然能在一定程度上反映我国经济结构和就业结构偏离"标准态"的程度，但人均国内生产总值相似的国际比较条件却忽视了中国农业生产条件的异质性，因而这种方法估算出来的农业剩余劳动力，有一定的参考价值，但准确度不高。故这种估算方法在理论界并不常用。

第二，耕地劳动比例法。这是一个比较简单、应用较为广泛的农业剩余劳动力估算方法。它是通过估算一国农业生产中耕地数量与有效劳动数量的比例来计算农业中的剩余劳动力，同时也考虑农业技术进步因素。有学者运用这一方法对中国的农业剩余劳动力数量进行了估计，认为 2004 年我国有 1.8 亿~2.1 亿农业剩余劳动力，剩余率为 58%~68%。不过，这一方法没有考虑到农业技术进步对农业劳动力的排斥存在差异。一般来说，节约劳动型的技术进步会使这一比例增大，而节约土地型的技术进步会使这一比例减小。而目前研究中大多考虑的是节约劳动型的技术进步，因此可能存在高估。

第三，农业技术需要法。该方法根据中国 22 种农业生产活动中的技术和成本参数估计了农业生产所需要的劳动力数量，然后再用统计年鉴中的农业劳动力数字减去这一估计值，就得到了剩余农业劳动力数量。需要注意的是，这种方法中定义的农业范围较窄，仅包括种植业、畜牧业、园艺业、淡水养殖业和捕捞业。这样估计的结果比对包括农林牧副渔在内的广义农业的估计结果要小。

第四，直观观察法。该方法通过细分和观察农业劳动力就业结构及年龄结构现状，来对农业究竟还剩余多少劳动力，以及这些剩余劳动力的人口结构状况如何作出判断。通过观察，有学者得出目前我国农业劳动力中尚有近 3 亿人没有实现转移。通过对农业劳动力结构的观察，真正剩余的农业劳动力中 50% 是 40 岁及以上的经济活动人口，因而推算农业劳动力剩余比例只是 11.7%。

第五，古典估算法。该方法依据二元结构下农业部门与非农部门之间存在的效率差异，假定农业部门生产效率提高至某一特定水平，如与非农部门效率相同，或相当于非农生产效率的 1/3，比较此时所需的农业劳动投入与实际劳动投入，将其差额作为剩余劳动数量的估算。按照 OECD 的估算，如果农业部门生产效率提高到与非农业部门相同的水平，我国剩余劳动力的数量约为 2.75 亿；如果与其他东亚国家一样，提高到非农部门 1/3 的水平，则剩余劳动力的数量约为 1.5 亿。国际比较法是根据其他国家的工业化经验，确定不同发展阶段的收入水平与农业就业比重的对应关系，再由我国实际收入水平推断符合国际经验的农业就业比重，进而估算剩余劳动数量。国内有学者则根据钱纳里等归纳的经济发展经验，估计 2003 年我国农业剩余劳动力数量为 4 500 万，剩余劳动力比率为 14%。古典法和国际比较法的问题在于设定的估算标准缺乏合理的依据。古典法对农业生产效率提高比例的假定具有一定的随意性，而不同假定的估算结果差异很大。经济发展模式是对各国经济发展经验的归纳，考虑到不同国第六,乔根森估算法。乔根森是新古典经济学的代表,但他认为,刘易斯提出的边际生产力为零的剩余劳动力是不存在的,而边际生产力大于零的剩余劳动力是可能存在的。如何测算这部分边际生产力大于零的剩余劳动力的数量呢?国内学者一般是先求出整个经济系统中收益最大化(即资源达到最优配置)时所需要的农业劳动力数量,再与农业中实际存在的劳动力数量相比,得到剩余劳动力数量。有学者使用这种方法估算了1994年的全国农业剩余劳动力总规模,得到了相似的估算结果,剩余劳动比例约为25%,剩余劳动力数量约为1.2亿。

本书采用耕地劳动比例法来简要测算中部地区农业剩余劳动力的规模。根据国家统计局的测算,我国劳均播种面积大约为$1.0\sim1.5hm^2$,结合中部地区农业生产条件较为优越、机械化水平与全国平均水平大致相当的现状,本书采用一个趋中的劳均播种面积,中部地区劳均播种面积为$1.25hm^2$。2006年,中部地区农作物播种面积为4 794.1万hm^2,按农业劳动力平均计算共需3 835.3万农业劳动力。而截至2006年末,中部地区农村劳动力资源总量为14 582万人,农村从业人员为13 043万人,其中第一产业从业人员占76.8%,为10 017.024万人[①],除去从事林牧渔业的劳动力(由于中部地区林牧渔业从业人数较少,假定这部分劳动力不存在剩余),中部地区从事种植业的劳动力约为8 514.47万人[②],则中部地区种植业共剩余劳动力约4 679.17万人,约占中部农业劳动力总量的54.96%。当然,这是根据中部地区目前农业劳动生产率水平作出的一个静态的估计值,可能与实际剩余值有些差异。不过,中部地区农业剩余劳动力规模较大,这一点是可以肯定的。

事实上,从中部地区农村就业人员非农业就业状况就可以非常清楚地反映出中部地区农业劳动力剩余的状况。从表8-2可以看出,2004年,中部地区非农业就业占农村就业人员的比重平均为36.88%,约有63.12%的劳动力仍在从事农业生产;而在农业技术进步大致相当的情况下,东部地区非农业就业占农村就业人员的比重平均为51.58%。如果假定在目前的农业生产技术条件下东部不存在农业剩余劳动力,那么中部地区目前至少还需要转移14.7%劳动力到非农产业部门。但事实情况是东部地区依然存在大量的农业剩余劳动力,比如山东、河北,它们与上海、北京、浙江等省市依然存在30%左右的差距,由此就可以看出,中部地区农业剩余劳动力的规模相当大,已经成为制约中部地区农业产业结构调整的一个重要制约因素。

二、中部地区农业剩余劳动力转移的总体特征

(一)中部地区农业剩余劳动力的规模相当大,转移压力巨大

从上面的分析可以看出,中部地区农业剩余劳动力的规模相当巨大,而且考虑到中部地区城市化对耕地的占用、农村人口的自然增长、农业劳动生产率的提高等因素的影响,这一规模还有进一步扩大的趋势。虽然说中部地区目前已经有相当部分农业劳动力转移到非农产业就业,但相对于巨大的剩余劳动力规模,转移的数量与速度还远远不够,如何转移仍然是中部地

---

① 数据来源于第二次全国农业普查数据。
② 根据《中国农业发展报告(2007)》对农业劳动力村均就业情况的统计,2006年中部地区村均从事农林牧渔业的劳动力有451.4人,其中383.9人从事种植业,占总就业人数的85%,其余67.5人从事林牧渔业,占总就业人数的15%。按照这一比例,中部地区2006年末从事种植业的人数约为12 394.7万人。

区农业产业结构调整必须要解决的问题。

表 8-2　2004 年非农业就业人员占农村就业人员的比重　　　　单位:%

40~75		30~40		14~30	
上海	73.7	安徽	38.3	青海	28.6
北京	66.2	山西	37.3	甘肃	27.9
浙江	63.3	四川	37.3	吉林	26.0
江苏	57.4	辽宁	36.7	黑龙江	25.1
天津	54.2	湖南	33.1	海南	23.7
广东	48.2	陕西	32.9	内蒙古	22.5
福建	44.9	广西	32.5	西藏	19.4
河北	42.3	贵州	32.3	云南	16.6
山东	41.9	河南	31.4	新疆	14.1
重庆	41.2	宁夏	31.4		
湖北	41.1				
江西	40.1				

资料来源:鲜祖德.《中国农村劳动力调研报告(2005)》.北京:中国统计出版社,2005。

(二)农业剩余劳动力的转移主要是跨省流动,就地转移不足

从中部地区农业剩余劳动力转移的流向来看,主要是跨省流动,就地转移规模较小。根据第二次全国农业普查的数据(表 8-3),2006 年,中部地区由于本地经济发展水平较低,农业剩余劳动力转移的距离较远,其中跨省流动农民工所占比重达 67.6%,高于全国及其他三大区域,省内流动的所占比例还不到 34%。在跨省流动的农民工中,中部地区有 70% 以上的流向了东部沿海地区,60% 以上流向了大中城市。

表 8-3　2006 年全国及四大区域农村外出从业劳动力流向及从业情况　　　　单位:%

流向及从业情况		全国	东部地区	中部地区	西部地区	东北地区
外出从业劳动力从业地区构成	乡外县内	19.2	29.9	13.5	15.2	26.9
	县外市内	13.8	18.4	9.9	12.4	31.5
	市外省内	17.7	33.1	9.0	12.8	24.2
	省外	49.3	18.6	67.6	59.6	17.4
外出从业劳动力产业构成	第一产业	2.8	2.5	2.2	3.6	4.2
	第二产业	56.7	55.8	57.1	58.4	44.3
	第三产业	40.5	41.7	40.7	38.0	51.5

资料来源:第二次全国农业普查数据公报,载中国统计信息网。

(三)农业转移劳动力的就业行业较为集中

据第二次农业普查数据,中部地区农业转移劳动力的就业主要分布在第二、三产业,第一

产业比重仅2.2%。而在第二、三产业中,外出农民工就业的行业也相对集中。根据劳动和社会保障部2007年年初进行的"农村外出务工人员就业情况调查",结果显示,2006年外出就业的农民工主要分布在制造业、建筑业、社会服务业、住宿餐饮业、批发零售业等行业,其中以制造业最为集中,占整个农村劳动力外出就业总数的43%。

（四）农业剩余劳动力转移的方式发生了一定程度的改变

长期以来,中部地区农业劳动力外出就业主要表现为两种形态:一是"候鸟式",农村劳动力外出务工以年为单位在城乡和地区之间流动;二是"兼业式",即农村劳动力利用农闲季节短期的、季节性的外出务工。但进入21世纪以来,中部地区"候鸟式"转移的农业劳动力比例明显增大,完全脱离农业生产、长年在外打工的农村劳动力稳定增加,农民务工的兼业性减弱。根据劳动和社会保障部的调查,以常年外出计算的农村劳动力的转移全国平均水平为18.1%,这表明转入非农产业的全部农村劳动力中,已经有接近40%的属于常年在外从事非农产业。其中中西部地区转出比例约为13.6%,低于全国平均水平。

三、制约中部地区农业剩余劳动力转移的因素

制约中部地区农业剩余劳动力转移的因素很多,有制度方面、宏观环境方面以及农民自身方面等。

（一）制度因素

城乡二元经济结构是制约农村剩余劳动力转移的主要原因。新中国成立初期,在当时的历史条件下为迅速发展经济,国家实施了城乡分割的二元经济结构,通过严格的户籍制度与各种票据制度将农民束缚在土地上,限制了农民的流动。城乡二元经济结构（倒不如说是农业、农村和农民）在特定的历史条件下为国家的经济发展作出了巨大贡献,但随着历史条件的转变和经济的发展,城乡分割的二元制度决定了农村居民在社会保障、就业与其他方面的不平等,阻碍农村剩余劳动力的城市化进程。

1. 城乡二元的户籍制度

把城乡人口和劳动力分隔开的制度安排,最重要的是户籍制度。在中华人民共和国成立之初,人口的城乡流动和自由迁移是不受限制的。1949—1957年期间,市镇人口增加的总量中,70%～80%是由农村向城市迁移构成的,与当时发展中国家的一般情形相类似。然而,为了保证农村中有足够的劳动力生产农产品,同时也为了把城市里享受低价格农产品的人数限制到最少,需要设立一些制度约束城乡人口及劳动力的流动。1958年全国人民代表大会通过了《中华人民共和国户口登记条例》,确定在全国实行户籍管理体制。从此形成了几乎延续至今、阻碍人口迁移和劳动力流动的制度框架。这种城乡二元的户籍制度是形成城乡二元结构的基础,它人为地在城市和农村之间划分了一条界限,阻碍了农村剩余劳动力的合理流动,延缓了农村城市化的进程,妨碍了人口城镇化的正常进行。

2. 农村社会保障制度的缺失

由于城乡二元结构,导致在城乡之间存在巨大的社会保障差异,尤其在农村,现行农村社会保障体系覆盖面窄、层次低、范围小、社会化程度低。目前,农村以养老、医疗为重点的社会保障工作仅在小范围实施,没有在全国大范围内推广,社会保障基金调剂范围较小,医疗保障只是社区化而不是社会化,农村社会保障功能差,而且大部分乡镇企业、私有企业以及有农村

劳动力就业的国有、城镇集体及三资企业对农村劳动者的社会保障体系还没有完全建立。这种情况,使国家无法对全体农业劳动力提供基本的生活保障,不能有效维护劳动者的基本权益,从而无法彻底解决农民的后顾之忧,这在一定程度上也阻碍了农业剩余劳动力的转移,迫使其只能采取"离乡不离土"的转移方式。

3. 城乡分割的就业制度

当前,全国统一就业市场发育程度还不高,在就业政策上偏重于城市劳动力。面对不断加大的城镇就业压力,一些地方政府采取了限制农村劳动力进城务工的措施,包括对农民在城市就业进行行业限制,有些行业不允许农民进入,严格控制对农民发放营业执照和对农民进行定期性清理,等等。农民进城的就业壁垒使农民的就业机会减少,阻碍了农业剩余劳动力的转移。例如,北京市劳动局从1996年起每年都发出通告,公布限制外来人员就业的行业和工种,1996年限制的行业和工种是15个,到2000年时陡然增加到103个。另外,民工也没有被纳入城市就业培训范围,缺乏分享现代化的知识、信息和技术的机会,无法融入先进的生产力系统中,在这样一种背景下要谋取固定的工作,应该说可能性较小。

(二) 宏观环境因素

1. 中部地区经济发展水平有限,就业结构与产业结构之间存在偏离,制约了农业劳动力就地转移的数量与规模

中部地区之所以就地转移比例不高,一个重要原因就在于中部地区经济发展水平与东部沿海地区相比,还存在相当差距,经济结构调整滞后,农业剩余劳动力转移不足。从表8-4可以看出,2006年,中部地区三次产业增加值构成为14.8∶48.7∶36.5。从第一产业看,比重高于全国平均水平3%,更远高于东部地区。从第二产业看,比重与全国平均水平基本持平,但低于东部地区。从第三产业看,比重低于全国平均水平3%,更低于东部地区。与产业结构相对应,2006年,中部地区第一产业的就业人数比例要高于全国平均水平3.8%,远远高于东部地区;而第二产业的就业人数比例要低于全国平均水平2.6%,更低于东部地区;第三产业的就业人数比例也低于全国水平1%,远远低于东部地区。可以看出,中部地区产业结构与就业结构之间存在明显的偏离,说明中部地区劳动力转移还相当不足。

表8-4 2006年中部六省的三次产业GDP结构与就业结构   单位:%

地区	三次产业GDP构成			就业人员构成		
	第一产业	第二产业	第三产业	第一产业	第二产业	第三产业
山西	5.8	57.8	36.4	41.0	26.4	32.6
安徽	16.7	43.3	40.0	45.9	22.4	31.7
江西	17.0	50.2	32.8	39.1	27.5	33.4
河南	16.4	54.3	29.3	55.4	22.1	22.5
湖北	15.2	44.9	39.9	42.4	19.5	38.1
湖南	17.8	41.7	40.5	53.6	17.5	28.9
中部地区	14.8	48.7	36.5	46.2	22.6	31.2
全国	11.8	48.7	39.5	42.6	25.2	32.2

资料来源:国家统计局.《中国统计年鉴(2007)》.北京:中国统计出版社,2007。其中河南、湖北、湖南就业人员构成为2005年数据,中部地区数据为作者根据上述数据计算。

2. 乡镇企业与非农产业发展落后

改革开放以来,乡镇企业和农村的非农产业已成为我国农业和农村经济的一根重要支柱,是增加农民收入的主要来源之一,也是农业剩余劳动力转移的一个重要途径。东部沿海地区之所以农业劳动力非农就业比例高,乡镇企业的发展是其中一个主要原因。但从中部地区乡镇企业的发展来看,中部地区乡镇企业与农村非农产业的发展还相对滞后。从表3-19可以看出,2006年,中部地区六省以占全国总数28.7%的企业和27.5%从业人员,只创造了21.3%的增加值和利润额,总产值和上交税金的贡献则更低,只占全国的17.6%和16.0%。这说明中部地区乡镇企业经济发展已远远落后于东部沿海地区,从而在一定程度上阻碍了农业剩余劳动力的转移。

3. 中部地区滞后的城市化水平

由于中部地区经济发展相对滞后,使得中部地区城市化水平明显落后于全国平均水平。2006年,全国城市化率为43.9%,而中部地区才38%,城市化滞后影响农业剩余劳动力的转移。①城市化滞后,使农业剩余劳动力游离于城镇之外,导致农业剩余劳动力就地分散转移,既不稳定,也不经济。农业劳动力向利益高的非农业部门转移是必然趋势,然而由于城乡分割体制的限制,农民进企业打工基本上是"离土不离乡"。就地转移,半径不大,农民既不能将非农产业看作自己的长期生存保障,非农产业也不能给农民提供稳定的工作机会。②城市化滞后制约了中部地区乡镇企业的发展。由于城市化发展滞后,农村工业被迫就地发展,形成布局过于分散、缺乏外部规模经济效益的乡镇企业;另一方面,乡镇企业的职工仍然是农民,本身文化素质就不太高,没有条件、也没有动力学习,业务水平提高不上去,更加造成乡镇企业整体素质不高,发展缓慢,吸纳农业剩余劳动力的能力下降。③城市化滞后制约了第三产业的发展。由于城市化滞后,使就业潜力巨大的第三产业吸纳就业的能量难以释放,农业剩余劳动力就业受阻。第三产业要求服务对象相对集中,它在人口居住分散的乡村地区的发展余地有限,而且成本高。由于城市化进程缓慢,直接影响了第三产业的发展,而第三产业反过来又减弱了对农业剩余劳动力的吸收。④城市化滞后使农村的剩余资金游离于生产之外。农村发展了,农业的生产力提高了,农村的存款在一年一年的增长,而农民的实际生活水平却没有随之一步步地提高。这里固然有农民消费习惯的因素,但很重要的原因就是因为农民手里的剩余资金无法创造出更多的效益,农民不舍得把辛辛苦苦挣来的钱用于消费。目前滞后的城市化水平,无法吸引农村的剩余资金,而推进城市化,使农民积极参与到经济建设中来,吸引农村的剩余资金用于生产,是促进经济发展、促使更多的农业剩余劳动力转移的有效措施。

4. 中部地区农业产业化的水平还较低

从第五章的论述中可以看出,虽然中部地区农业产业化已经取得一定的成效,但与发达地区相比,还处于农业产业化发展的初级阶段,农产品加工业、农业服务业等发展还相对滞后,对农业剩余劳动力的吸纳能力还相对有限。

(三)农民自身的原因

除了制度方面、宏观环境方面的原因以外,中部地区农民自身也存在一些阻碍剩余劳动力转移的因素。一是思想观念方面,中部地区农民已有观念落后,新观念淡薄,表现为思想封闭、顽固保守,由于受封闭的自然经济影响,在农民头脑中形成根深蒂固的小农思想意识,使得他们往往习惯于传统的生产经验,不愿接受新事物,对市场经济、新兴的农业科技、现代化的生产方式和经营管理产生排他性。这势必造成一种恶性循环:农民只从事种植业—无非农就业机会—大量剩余劳动力滞留农业领域—农业劳动生产率低下—农民增收困难、购买力低下—农村市场无法启动、拉动内需受阻—农民无非农就业机会,使得原本落后的地方更落后。二是中部地区农业劳动力的素质较低,平均受教育年限还不足9年,加上长期以来农村教育指导思想与生产和社会需求脱节,造成农民对新技术、新成果、新信息反应迟钝,缺乏接纳、消化、吸收能力,因而无法达到现代社会生产的要求,从而无法顺利实现转移。三是中部地区农民人力资本方面的投入相当有限,首先是由于城乡二元的教育结构,使得农村教育资源相当缺乏;其次是中部地区农民自身对人力资本的投入也很有限,人均文教娱乐用品及服务支出占总支出的比重不超过15%。许多农民自从学校毕业后,就再没有文教方面的支出了。这就使得原本就素质低下的农民很难获得素质提升的机会。

第三节 促进中部地区农业剩余劳动力转移的政策建议

一、严格控制人口增长

中部地区之所以农业剩余劳动力规模巨大,一个重要原因在于中部地区农村人口数量巨大,而且还处于不断的增长过程中。经过几千年的历史沉淀,中国已是一个成熟的农民国家,"国以农为本,民以农为生"的思想已根深蒂固。小农经济的沃土生长出了中国独特的"早婚早育,多育多男"生育文化。浓重的生育文化氛围繁衍了千百万与土地相依为命的农民,便形成"有可耕之人,无可耕之地"的人口过密与劳动力过剩的局面。有限的土地与农村人口过剩的直接后果是农业劳动力边际报酬的收缩与农民贫困化。要缓解这种状况,就必须要更新农民尤其是中部地区农民的观念,坚持不懈地继续严格执行计划生育政策,以控制农村人口过快增长的现状,做到"开流断源"。

二、实施农业重点保护政策

农业属于弱质产业,抗风险能力很差。如果缺乏保护,农业将处于不利的发展地位,造成农业的停滞。这不仅会导致耕地面积大幅减少,农业比较收益的下降,产生更多的农业剩余劳动力,而且还会由于农产品商品化率停滞不前,农业无法为更多的非农业人口提供足够的农产品供给,农业剩余劳动力将无法完成向非农业部门的转移。国际经验表明,虽然发达国家和不发达国家在国民经济总劳动生产率上悬殊甚大,但农业部门的劳动生产率的悬殊更大。相比发展中国家而言,当今最发达国家农业部门劳动生产率提高的幅度,相比其非农业部门劳动生产率提高的幅度要大得多。因此,中部地区可以参照发达国家的经验,对农业实行重点保护,实施严格的耕地保护措施,加大对农业的投入。这不仅可以提高农业的比较收益水平,降低农业剩余劳动力的相对规模,而且可以增加农产品产量,提高农产品商品化率,为工业化的加速进行创造有利条件,推进整体经济水平和整体就业结构的高度化。

三、大力推进农业产业化经营

农业产业化是以产业的方式运营农业,是一种新的生产经营方式。它要求以市场为导向,以效益为中心,实行专业化的生产、系列化的加工、一体化的经营、企业化的管理、社会化的服务,最终实现农业产业深化以及向产前、产后的延伸。农业产业化一方面可以发展农村经济,实现农业生产效率的进一步提高;另一方面又可以通过其多元化经营,以产前、产后的延伸就地安置农业剩余劳动力。事实上,农业产业化带来了农业生产专业化和社会化水平的提高,这种产业分工可以产生大量的为农业服务的产前、产中和产后部门,这些部门所吸收的就业甚至大于农业生产部门本身。以美国20世纪80年代初为例,农业产前部门就业的劳动力占农业食品系统劳动力总数的比重为11%,产中占14%,产后则占75%。为此,中部地区应调整各种农作物的生产比例,调整农业产业结构,加快资金、技术、信息以及产品的销售、运输、加工、储藏等产前、产后服务的发展,建立社会化的农业服务体系。同时,还应该注意到改革农业宏观管理体制,使当前脱节的农业产前、产中、产后相互衔接,从而提高其综合效益以及对外竞争力;进一步完善市场机制,规范中部地区基层政府行为,使其成为农业产业化的推动力;改革农村财政体制,完善农村金融体系,为中部地区农业产业化提供必要的财政与金融支持。

四、继续发展乡镇企业,加快小城镇建设

首先,继续发展乡镇企业。乡镇企业历来是中部地区和我国吸纳农业剩余劳动力的主力军,但近几年来,由于国有企业、三资企业的激烈竞争和自身治理结构的缺陷,中部地区乡镇企业普遍面临着经营困难的局面,吸纳农村剩余劳动力的能力开始弱化。为此,中部地区应当从外部和内部两方面着手,在乡镇企业内部建立起现代企业制度,实现企业与当地基层政府分离,规范企业经营管理。在乡镇企业的城镇外部环境方面,应制定并落实一些制度,为乡镇企业的发展提供必要的技术、信息、资金与人才方面的服务。此外,要推动乡镇企业向中心城镇适当集中。这不仅可以减少对耕地的占用,而且可以发挥其积聚效应,形成规模效益,通过外部经济降低各项成本,通过企业的集中聚积人气,推动第三产业的发展,扩大就业,实现劳动者就业转移与城市化的同步进行。

其次,加快小城镇建设,加速推进农村城镇化。城市化能吸收农业剩余劳动力,但当前城市中失业问题严重,且失业人口数量较多,因而吸纳能力有限。农业产业化也只能实现产业上的转移而不能实现空间上的转移。因此当前中部地区在城市化的同时,还应该大力发展小城镇,让有条件的农村城镇化。小城镇是农村的核心、大城市之卫星,是农村政治、经济、文化、信息的中心。经济学的理论与经济发展的实践证明,城市之所以比农村发达,比农村繁荣,其中最重要的一点就是城市各类生产要素与资源相对于农村来说更集中。小城镇作为连接城市与农村的纽带,打破了城乡隔离的状态,填充了城乡两地的消费断层,既能激活乡镇企业的发展,又能为农业剩余劳动力提供广阔的就业前景。为此中部地区应该加快小城镇建设,尤其是城镇功能与设施的建设,以吸引农业剩余劳动力进入城镇,发展城镇第三产业,推行网络化的发展,促进交通、通信、水电等公共基础设施的发展,以吸纳农业剩余劳动力到城镇就业。

再者,扩大中部地区城市的就业容量,提高城市化水平。大中城市要充分发挥其工业经济中心的作用,利用资金、技术密集的优势,完善城市的功能设施建设,大力发展第三产业,创造尽可能多的就业,吸收农业剩余劳动力。

五、建立有利于农业剩余劳动力转移的制度体系

"三农"问题的制度根源就在于城乡隔离的二元经济社会体制,形成了一系列歧视农民的经济社会制度,从而导致农村剩余劳动力转移在制度上存在障碍。在这种情况下,中部地区应

该进行制度创新,统筹城乡发展,给农民以国民待遇。首先,改革农村土地制度。现行的家庭联产承包责任制,曾使得我国农业获得了超常规的发展。但是这种按人头平均细化耕地、土地使用权无法流动的土地制度,已经严重制约了中国农业的进一步发展,使农户对土地缺乏投资热情,耕地难以向种田能手集中,无法形成必要的经营规模。为此,应努力实现城乡土地市场的一体化,积极探索集体建设用地的入股、租赁,逐步弱化农民对土地的眷恋,建立土地流转制度,使土地真正作为生产要素实行有偿转让,促使已经到外地工作的农民能成功转让土地,进而能形成土地的规模经营,提高农业劳动生产率。其次,推进户籍制度的改革,实行城乡统一的户籍管理制度,消除对农民就业制度、社会保障制度、医疗保险制度等方面的歧视性待遇,实现城乡之间的权力平等和机会均等。三是建立和发展农村社会保障制度,使农民在割断同土地的联系时没有后顾之忧。

六、加强农村人力资源开发,增强农业劳动力就业适应能力

大量的调查表明,文化程度相对较高的农民,收入较高,提高速度也快。他们由于能够胜任非农部门对劳动力素质的要求,在劳动力转移中处于越来越有利的地位,构成了已转移的劳动力的主体。发达国家的经验表明,农业的现代化在相当程度上取决于农民有无较高的文化素质。20世纪90年代末,发达国家的农业劳动力的平均文化程度已达到13.5年,而中部地区农业劳动力的整体文化程度在2006年仅有8.24年,有相当部分劳动力的文化程度在初中水平以下,农民的整体素质也较差。这样的劳动力文化素质已经成为实现农业现代化、推进农业剩余劳动力转移与工业化进程的障碍。因此,要解决中部地区农业剩余劳动力就业难的问题,首要就是要提高农民科技素质、岗位职业能力和经营能力,使他们在脱离农村后,能依靠自己的实力实现就业。为此,一要增加对农村教育资金的投入,变现行的教育投资单一化为多元化,以立法的形式规定各级政府的投资比例,以保证教育经费来源。二要继续抓好农村的基础教育,这是提高未来农村劳动力素质的基础。第三,中部地区作为劳动力的主要输出地区,应该主动面向多样化的市场劳务需求加强职业技能培训,多渠道、多层次、多形式开展农民职业技术教育。

七、采取多种转移方式,拓宽转移渠道

中部地区在促进农业剩余劳动力转移的过程中,应该采取多种转移方式,积极拓宽转移渠道。一是兼业转移与分业转移并举。兼业转移是指不放弃土地的转移,其好处在于可以保证农业收入的稳定,土地可灵活地进行转换,根据农业生产的季节性特征,农民在农忙时可以务农,农闲时可以从事其他职业,互不影响。这在一定程度上弥补了农民技术素质和专业知识不能提高的缺陷。其不足在于不利于农业规模化经营和人口的城市化。因此,最终还是要向分业转移过渡,实现农业剩余劳动力向城市的迁移。二是异地转移和本地转移并举。异地转移主要依靠城市工业化来吸收,本地转移主要通过农村城镇化来吸收。在促进剩余劳动力的转移过程中,要建立区域间、省际间的劳务交流,提供农业劳动力流动就业信息,开展交流活动。三是本国转移与国外转移并举。在开放的社会中,劳动力作为生产要素同其他要素一样是可以流动的。中部地区庞大的剩余劳动力队伍在满足国内需求的同时,可以向境外转移。既可以解决就业问题,又可以赚取外汇。应该利用积极全球化不断加深的大好机遇,针对发达国家和不发达国家的不同需求和劳动力市场的不同情况,逐步扩大劳动力境外输出的规模。

八、逐步建立城乡统一的劳动力市场

培育和健全市场体系是政府宏观经济管理的重要内容,劳动力市场是市场体系的重要组成部分。目前,农业劳动力转移尚处在自发流动阶段,波动性大,不易管理,供求关系不易衔接。根据中部地区农业剩余劳动力现状,迫切需要从以下几个方面入手加强劳动力市场体系和宏观调控体系建设:一要健全服务体系,为农业劳动力转移提供包括信息咨询、职业介绍、职业培训、失业保险等方面的综合服务,培育和完善劳动力市场,使分散的小农产同大市场联结起来,促进劳动力的有序流动和合理使用。二要加快劳动力市场规则的建设。三要加强政府对劳动力市场的预测、规划、调控、立法、监督,使劳动力转移走向制度化、规范化。从长远看,应该逐步建立城乡统一的劳动力市场和公平竞争的就业制度,依法保障进城务工人员的权益,真正实现农业剩余劳动力合理有序地流动。

参考文献

蔡昉,都阳. 2007 中国人口与劳动问题报告. 北京:社会科学文献出版社,2007
蔡昉. 破解农村剩余劳动力之谜. 中国人口科学,2007(2)
曹俊杰. 开放条件下区域农业结构调整与可持续发展. 北京:中国财政经济出版社,2003
曹泽华. 农民合作经济组织　中国农业合作化新道路. 北京:中国农业出版社,2006
常平凡等. 论农业和农村产业结构调整的依据. 山西农业大学学报(社会科学版),2004(3)
常青. 构建山西农业产业化合作组织体系的启示——借鉴日本农协的经验. 山西财经大学学报（高等教育版）,2007(3)
陈华山. 当代美国农业经济研究. 武汉:武汉大学出版社,1996
陈吉元. 农业产业化:市场经济农业兴旺发达之路. 中国农村经济,1996(8)
陈文科. 最广义农业:农业产业化与"农业基础地位"的依据. 理论月刊,1998(4)
陈贤昌. 中国农村再改革的途径选择:农业产业化. 长沙:湖南人民出版社,1999
陈新田. 从法国农业发展看我国中部地区农业现代化的途径选择. 理论月刊,2005(4)
程计则等. 县域特色农业发展对策研究. 山西农业科学,2002(3)
程连升. 中国反失业政策研究. 北京:社会科学文献出版社,2002
程庆能,向光涛,官民等. 特色农业显成效——对恩施市发展特色农业的调查. 见三农数据网 2003-09-22
池泽新,周晓兰. 建立中国特色农业中介组织体系——国际经验、构建原则及总体设计. 农业经济问题,2007(2)
崔占峰. 中国农业剩余劳动力转移就业问题研究［学位论文］. 福州:福建师范大学,2006
党双忍. 三农治理策论. 北京:中国农业出版社,2007
邓苹. 比较优势与江西省农业产业结构调整. 江西农业大学学报(社会科学版),2006(1)
邓小平文选(第三卷). 北京:人民出版社,1993
丁长发. 农业和农村经济学. 厦门:厦门大学出版社,2006
丁学东. 农业产业化:用工业化方式办农业. 中南财经政法大学学报,2004(1)
杜青林. 中国农业和农村经济结构战略性调整. 北京:中国农业出版社,2003
冯海发. 农村城镇化发展探索. 北京:新华出版社,2004
冯海发. 农业可持续发展的理论与实践. 北京:新华出版社,2006
傅建辉. 20 世纪我国农业经济结构变迁与效率研究——以山东省农村为例［学位论文］. 福州:福建师范大学,2006
龚仰军. 产业结构研究. 上海:上海财经大学出版社,2002
郭金兴. 1996—2005 年中国农业剩余劳动力的估算——基于随机前沿模型的分析. 南开经济研究,2007(4)
郭克莎,王延中. 中国产业结构变动趋势及政策研究. 北京:经济管理出版社,1999
郭琳,王华春. 我国农业产业结构存在的问题及其优化. 中共天津市委党校学报,2006(4)

郭生练,胡树华.中部区域创新发展战略研究报告.北京:经济管理出版社,2004
郭熙保.农业发展论.武汉:武汉大学出版社,1995
郭熙保.农业剩余劳动及其转移问题:理论思考与中国的经验.世界经济,2002(12)
国风.农村经济创新分析.太原:山西经济出版社,2001
国风.中国农村经济制度创新分析.北京:商务印书馆,2000
国家统计局.中国统计年鉴.北京:中国统计出版社,2007
国家统计局.中国统计摘要(2008).北京:中国统计出版社,2008
国家统计局河南调查总队.河南农业产业化发展的成效与问题.载中国财经信息网(http://www1.cfi.net.cn/newspage.aspx?id=20070831000699&AspxAutoDetectCookieSupport=1)
国家统计局农村经济社会调查司.中国农村全面建设小康监测报告.北京:中国统计出版社,2006
国家统计局农村社会经济调查司.中国农村统计年鉴(2007).北京:中国统计出版社,2007
国务院办公厅印发关于促进农产品加工业发展意见的通知.载重庆市政府公众信息网(http://www.cq.gov.cn/zwgk/zfgb/gb2002/23qi/200412246833.HTM)
韩立坚.欠发达地区农业产业结构调整八个类型.农村财政与财务,2001(6)
韩连贵.加强农业产业化建设,加快实现农业现代化.经济研究参考,2004(25)
韩永文.农业比较经济效益转换论.北京:经济科学出版社,1999
郝广华,孙晓强.跨越式发展特色农业.经济与管理,2001(6)
何国长.产业化经营:我国农业结构调整的根本出路.兰州商学院学报,2004(5)
何景熙."开流断源":寻求充分就业的中国农村劳动力非农化转移理论与模型.人口与经济,2001(2)
何景熙.不充分就业及其社会影响.中国社会科学,1999(2)
何逊峰,傅国华,朱炎亮等.海南农业产业结构分层次实证分析.华南热带农业大学学报,2007(2)
侯发卫.论农村产业结构调整与农业产业化.现代农业装备,2005(8)
胡锦涛.高举中国特色社会主义伟大旗帜 为夺取全面建设小康社会新胜利而奋斗——在中国共产党第十七次全国代表大会上的报告.人民日报,2007-11-26
胡树华,汪秀婷.中部农业发展战略思考.软科学,2004(6)
胡文海.中部五省地区农业发展战略研究.农业系统科学与综合研究,2006(1)
黄廷安.对农业产业结构调整的分析与思考.湖南农机,2006(9)
惠小勇,刘铮.我国农业和农村经济结构发生三大变化.瞭望,2003(40)
纪韶.中国农业剩余劳动力数量最新估计和测算方法.经济学动态,2007(10)
贾生华,张宏斌.农业产业化的国际经验研究.北京:中国农业出版社,1999
江西省农业产业化调研组.关于加快我省农业产业化发展的调研报告与政策建议.载江西省人民政府网站(http://www.jiangxi.gov.cn/gb/jxzwgw/xgwt/userobject1ai103188.html)
江泽民论有中国特色社会主义(专题摘编).北京:中央文献出版社,2002
蒋昭侠.产业结构问题研究.北京:中国经济出版社,2005

金浩.农业过剩劳动二元经济发展.天津:南开大学出版社,2004
金万才.黑龙江省农业产业结构调整研究[学位论文].沈阳:沈阳农业大学,2003
景跃军.战后美国产业结构演变及与欧盟比较研究.长春:吉林人民出版社,2006
赖作莲.农业产业化与农业产业结构调整问题.陕西农业科学(农村经济版),2000(10)
李昌来.农业、农村、农民问题研究.北京:中央编译出版社,2005
李成贵.农业生产结构及其变革的国际比较.世界农业,1996(8)
李道亮.中国农村信息化发展报告.北京:中国农业科学技术出版社,2007
李恒.结构性增长、结构贸易与中国农村剩余劳动力转移.华中科技大学学报(社会科学版),2007(2)
李纪恒.农业产业化发展论.北京:中共中央党校出版社,1998
李金良,贺洪海.必须大力发展特色农业.经济师,2000(5)
李莉.科技:欠发达地区农业产业结构调整的强大动力.安徽农业科学,2007(12)
李莉.农业产业结构调整中的人力资源开发探析.沈阳工程学院学报(社会科学版),2006(3)
李丽,乔永信.我国中西部地区农业产业结构现状及调整对策.安徽农业科学,2007(12)
李双胜.农业产业化是中部崛起的突破口.经济与社会发展,2007(3)
李文科.从十方面把握现代农业发展.农民日报,2007-09-25
李兴稼.论农业产业结构调整的基本原则.北京农学院学报,2004(1)
李泳.国际直接投资与中国农业产业结构升级.中国农村经济,2006(5)
梁山.特色农业:壮大县域经济实力的最佳选择.河北学刊,2003(11)
林善浪,张国.中国农业发展问题报告:问题·现状·挑战·对策.北京:中国发展出版社,2003
林善炜.中国经济结构调整战略.北京:中国社会科学出版社,2003
林炎志,杨庆才.农村新型合作经济组织概论.长春:吉林人民出版社,2006
刘斌,张兆刚,霍功.中国三农问题报告.北京:中国发展出版社,2005
刘朝明.中外农村产业结构比较研究.北京:中国社会科学出版社,1992
刘翠杰等.浅谈农业产业结构调整的客观必然.乡镇经济,2007(5)
刘怀廉.农村剩余劳动力转移新论.北京:中国经济出版社,2004
刘建国,胡放之.浅议资源与环境约束对湖北经济的影响.当代经济,2007(10)
刘建进.一个农户劳动力模型及有关剩余劳动力的实证研究.中国农村经济,1997(6)
刘建平.农业比较利益论.武汉:华中科技大学出版社,2001
刘茂松.农业产业发展的制度分析.北京:中国财政经济出版社,2002
刘茂兴,周述实.黄土地上的绿色希望——甘肃农业产业化经营研究.兰州:兰州大学出版社,1999
刘明松.武汉都市农业的产业结构调整与农业产业化.统计与决策,2006(22)
刘鹏凌,程杰,栾敬东等.农业产业群导向的中部崛起战略.安徽科技,2006(2)
刘奇.三农问策:走出制度困局.合肥:安徽人民出版社,2005
刘奇等.21世纪农业的新使命:多功能农业.合肥:安徽人民出版社,2007
刘映宏.对当前农业结构战略性调整的几个基本问题的认识.经济问题探索,2002(8)
刘勇.中部崛起战略研究.航空工业管理学院学报,2005(2)
刘志民,刘华周,汤国辉.特色农业发展的经济学理论研究.中国农业大学学报(社会科学版),

2002(1)

刘志扬.美国农业新经济.青岛:青岛出版社,2003

吕火明.论特色农业.社会科学研究,2003(3)

论农业产业化.人民日报,1995-12-11

罗必良,李孔岳,王亲安等.农业产业组织:演进、比较与创新.北京:中国经济出版社,2002

罗建.浅析我国农村产业结构的变化历程.企业家天地:理论版,2007(7)

罗利,李德,艾鹤等.以农业发展促中部崛起.现代农业科技,2006(3)

罗伟雄,胡晓群,徐赟.发达国家农业保护制度.北京:时事出版社,2001

罗正英,罗正东.县域政府在农业产业结构调整中的作用——来自云南省昆明市东川区的实证分析.中国农村经济,2004(12)

马克思恩格斯全集(第23卷).北京:人民出版社,1972,8

马克思恩格斯全集(第25卷).北京:人民出版社,1974

马克思恩格斯全集(第二卷).北京:人民出版社,1972

马克思恩格斯全集(第三卷).北京:人民出版社,1972

马克思恩格斯全集[第26卷(Ⅰ)].北京:人民出版社,1972

马克思恩格斯选集(第四卷).北京:人民出版社,1972

马晓河.我国农村产业结构变动研究.农业技术经济,1987(3)

南昌大学中国中部经济发展研究中心.中国中部经济发展报告,北京:经济科学出版社,2006

聂华林等.中国西部三农问题报告.北京:中国社会科学出版社,2006

农业部.关于加快西部地区特色农业发展的意见.经济管理文献,2002(9)

农业部发展计划司.新世纪初中国农业展望:农业部农业和农村经济发展第十个五年计划汇编.北京:中国农业出版社,2002

农业部农产品加工局.中国农产品加工业发展报告.北京:中国农业科学技术出版社,2006

农业部软科学委员会办公室.促进农民增收与全面建设农村小康社会.北京:中国农业出版社,2005

欧西马.战后亚洲发展的经验对各种经济增长理论的影响.国外经济文献摘要编辑部:国外经济文献摘要选编1983.济南:山东人民出版社,1985

帕塔木等.新疆农业关联产业发展与农民收入增长问题研究.北京:中国农业科学技术出版社,2006

潘锦云.论中部地区工业反哺农业的新思路.经济问题,2006(3)

彭聚先.农业工业化战略研究:兼论发展经济学研究的若干问题.北京:经济管理出版社,1993

彭新宇,金发忠.论特色农业的理论内涵及发展模式.湖湘论坛,2006(5)

钱长根.关于发展农业产业化组织的思考.农业与技术,2003(10)

钱平,郑业鲁.农业本体论研究与应用.北京:中国农业科学技术出版社,2006

任海琴.河南省农业和农村经济结构战略性调整浅析.河南农业,2005(11-12)

石磊.三农问题的终结:韩国经验与中国"三农"问题探讨.南昌:江西人民出版社,2005

石扬令,常平凡,冀建峰.产业创新与农村经济发展.北京:中国农业出版社,2004

史美兰.农业现代化:发展的国际比较.北京:民族出版社,2006

史忠良.新编产业经济学.北京:中国社会科学出版社,2007

舒尔茨.改造传统农业.北京:商务印书馆,1987
宋洪远."十五"时期农业和农村政策回顾与评价.北京:中国农业出版社,2006
宋伟.以产业集聚改善农业产业结构.西安邮电学院学报,2007(4)
宋再钦.我国中部地区建设现代农业的模式与对策研究.农业现代化研究,2004(1)
苏东水.产业经济学.北京:高等教育出版社,2005
苏群.农业产业化经营的组织模式与农民合作经济组织的培育.农村经济,2004(3)
隋广军.产业演进及其微观基础研究.北京:经济科学出版社,2007
孙建文.山西省农业产业结构分析.山西农业大学学报(社会科学版),2006(1)
孙建文.山西省农业产业结构实证研究.山西高等学校社会科学学报,2007(1)
孙南萌.江苏农村新型合作经济组织研究.江苏省社会主义学院学报,2007(2)
孙亚范.新型农民专业合作经济组织发展研究.北京:社会科学文献出版社,2006
谭静,陈文宽.农业产业化新论.成都:四川科学技术出版社,2006
田建文,李艳芳.农业产业化经营实施策略分析.农业经济,2003(8)
田燕.论我国农业产业结构的战略性调整,2007(1)
托马斯·罗斯基,罗伯特·米德.关于中国农业劳动力数量之研究.中国农村观察,1997(4)
王德勇,王悦华,李友华.农村城镇化发展问题探索.北京:中国农业出版社,2005
王贵宸,庚德昌等.中国农村产业结构论.北京:人民出版社,1991
王贵宸等.农村经济发展模式比较研究.北京:经济管理出版社,1992
王国霞.我国农村剩余劳动力转移问题研究——我国农村剩余劳动力的数量估算与转移规模预测.山西大学学报(哲学社会科学版),2007(4)
王海滨.在新农村建设的宏观背景下重新审视我国农业经济结构的变化趋势.经济问题探索,2007(5)
王红玲.关于农业剩余劳动力数量的估计方法与实证分析.经济研究,1998(4)
王厚俊.农业产业化经营理论与实践.北京:中国农业出版社,2007
王化信.论农业产业内涵的界定.农业经济问题,1997(1)
王积业,王建.我国二元结构矛盾与工业化战略选择.北京:中国计划出版社,1996.3
王检贵,丁守海.中国究竟还有多少农业剩余劳动力.中国社会科学,2005(5)
王建农,邓祖龙,周凌云.特色农业成为农村经济新的增长点.农业经济问题,1997(2)
王景嵫.我国农村产业结构的变化和发展状况.锦州师范学院学报,2003(5)
王军民.农业发展与中部地区崛起.武汉大学学报(社会科学版),2006(4)
王宁等.基于信息网络的农产品物流供应链管理模式研究.农业现代化研究,2005(2)
王伟,杜晓林,邓蓉等.农村经济发展问题研究:2005—2006.北京:中国农业出版社,2007
王文玺,温淑萍.主要国家农业生产结构现状与调整的主要原因分析.农业图书情报学刊,2001(6)
王文玺.主要发达国家农业生产结构的调整.世界农业,2000(11)
王向明.区域特色经济发展模式与规律研究.中国农业资源与区划,2000(3)
王小鲁,樊纲,朱恒鹏.中国的市场化进程及其对经济增长的贡献.载 Ross Garnaut,宋立刚.中国市场化与经济增长.北京:社会科学文献出版社,2007.37
王学习.农业产业化发展若干问题研究.改革与试验,1996(3)

王学真,高峰.农业国际化和农业现代化的互动发展道路:基于胶东模式的实证分析.北京:人民出版社,2007

王再文.比较优势、制度变迁与中国中部崛起.北京:经济科学出版社,2006

王昭瑞,黄振华,邹卡.中国中部地区农业产业化初探.甘肃农业,2004(5)

温晓霞,杨改河.西北地区农村产业结构升级及调整战略研究.北京:科学出版社,2005

吴东雷,陈声明.农业生态环境保护.北京:化学工业出版社,2005

吴先满,刘光平,蒋书明等.农村产业结构变迁的经济效应实证分析.现代经济探讨,2003(4)

吴亦侠等.山东农村研究报告.农村经济文稿,1994(12)

伍荣显.农村产业结构系统论.武汉:湖北人民出版社,1989

鲜祖德.中国农村劳动力调研报告.北京:中国统计出版社,2005

项仁学.国外现代农业三种模式给我们的借鉴.农民日报,2007-11-12

熊德平,冉光和.农业产业结构调整:制度经济学的解释、定义与建议.福建论坛(经济社会版),2002(10)

熊宁,曾尊固.试论调整农业结构与构建区域特色农业.经济地理,2001(5)

熊学刚.产业化:关于中国农业发展的思考.光明日报,1996-4-6

徐少华,王文献.我国农村新型合作经济组织的收入分配问题研究.工业技术经济,2007(1)

颜合洪.特色农业的内涵、形成条件和发展对策.作物研究,2001(1)

杨戈.走向现代农业——发展中国家农业创新的经济学分析[学位论文].沈阳:辽宁大学,2001

杨满沧等.论农村产业结构优化的动力——兼谈农村产业政策的制订及落实.经济师,2001(1)

杨天和,褚保金.农业科技进步推进农业产业结构调整中的政府作用探讨.南京农业大学学报(社会科学版),2005(4)

杨文钰.农业产业化概论.北京:高等教育出版社,2005

杨旭.略论农业产业化.农业现代化研究,1997(1)

姚阳.农村产业结构调整问题研究.湖南环境生物职业技术学院学报,2006(12)

叶长卫,陈杰.农村合作经济组织发展的制度分析.长江流域资源与环境,2004(3)

尹程起.农业产业化经营必须解决的六大问题.载国研网,2003-12-09

袁春新.农业工业化与农民增收:兼论南通农业的发展构想.北京:经济管理出版社,2006

袁璋.我国中部地区农业产业结构演进与调整优化方向研究[学位论文].北京:中国农业科学院,2006

约翰·伊特韦尔等.新帕尔格雷夫经济学大辞典(第四卷).北京:经济科学出版社,1992

翟义波.对新疆农业产业结构调整的思考.新疆财经学院学报,2007(2)

翟有龙.嘉陵江中游农业产业结构及其合理化初探.四川师范学院学报(自然科学版),1999(2)

占俊英,方齐云.中国农村走势:农业产业组织及技术进步与农业剩余劳动力转移.北京:中国经济出版社,2006

占俊英.农业产业化与农业剩余劳动力转移.中南财经政法大学学报,2004(1)

张海鹏,曲婷婷.我国农业结构调整中的耕地节约问题及对策.经济纵横,2008(2)

张杰.政府与市场:调整农业产业结构.科技咨询导报,2007(13)

张克俊.论特色农业的理论与发展思路——兼及四川特色农业的发展.华中农业大学学报(社会科学版),2003(1)

张丽.新疆农业产业结构调整:问题、原则与建议.新疆农垦经济,2006(12)

张孟林,王庆石.黑龙江省农业产业结构现状评价研究.黑龙江社会科学,2006(3)

张明星.发展特色农业模式促进农业产业结构调整.作物研究,2006(5)

张慎.农业产业化的实质、客观要求和历史任务.中国农村经济,1996(6)

张文开,朱鹤健.福建特色农业研究.北京:中国农业出版社,2004

张晓山,宋洪远,李惠安.调整结构·创新体制·发展现代农业.北京:中国社会科学出版社, 2007.54~55

张新明.农业区域经济发展理论与政策研究——以山东省为例[学位论文].济南:山东农业大学,2004

张秀生,陈先勇,王军民.中国农村经济改革与发展.武汉:武汉大学出版社,2005

张秀生,柳芳,王军等.农民收入增长:基于农村公共产品供给视角的分析.经济评论,2007(3)

张秀生,张平,赵伟.中国经济改革与发展.武汉:武汉大学出版社,2005

张秀生.区域经济学.武汉:武汉大学出版社,2007

赵奎,郭京堂,王慧文.论农村经济产业化.经济改革与发展,1996(10)

中共中央关于完善社会主义市场经济体制若干问题的决定.长江日报,2003-10-22

中共中央文献研究室.十四大以来重要文献选编(上).北京:人民出版社,1996

中国科学院可持续发展战略研究组.中国可持续发展战略报告.北京:科学出版社,2002、2003、2004、2006

中国农业部.关于加快西部地区特色农业发展的意见.经济管理文摘,2002(9)

中国农业部.中国农业统计资料.北京:中国农业出版社,2006

中国社会科学院农村发展研究所,国家统计局农村社会经济调查司.2006—2007年:中国农村形势分析与预测.北京:社会科学文献出版社,2007

中华人民共和国国民经济和社会发展第十一个五年计划纲要.光明日报,2006-3-17

周建华,傅晨.农民专业合作经济组织立法滞后的原因及对策.华南农业大学学报(社科版), 2005(3)

朱鹤健.闽东南特色农业开发带的诊断与设计.福建师范大学学报(自然科学版),2000(4)

朱孔山.农村产业结构调整的效应分析.农村经济,2002(6)

朱颂华.农业发展新阶段.上海:上海财经大学出版社,2002

朱贤林.论特色农业.北京农业职业学院学报,2003(6)

朱秀云.农村经济结构的自发调整与农业经济组织——以河南省农村调查为基础.经济管理, 2007(14)

资本论(第一卷).北京:人民出版社,1975

邹冬生.特色农业理论初探.作物研究,2001(1)

左晓民,黄书明.论农民在农村产业结构调整中的主体地位.商洛师范专科学校学报,2002(3)

《中国农业年鉴》编辑委员会.中国农业年鉴.北京:中国农业出版社,2006

《中国乡镇企业年鉴》编辑部.中国乡镇企业年鉴(2005,2006).北京:中国农业出版社,2005, 2006

[德]安德烈埃著.农业地理学:世界农业的构造地带与经营形式.刘西平等译.北京:科学出版社,1991

［美］W·W·罗斯托. 从起飞进入维持增长的经济学. 成都：四川人民出版社，1988

［美］阿瑟·刘易斯. 二元经济论. 北京：北京经济学院出版社，1989

［美］霍利斯·B·钱纳里. 工业化和经济增长的比较研究. 上海：上海三联书店，1989

［美］霍利斯·钱纳里，莫伊思·赛尔昆. 发展的型式 1950—1970. 北京：经济科学出版社，1988

［美］基恩·格里芬. 可供选择的经济发展战略. 倪吉祥等译. 北京：经济科学出版社，1992

［美］理查德·库尔斯，约瑟夫·乌尔著. 农产品市场营销学. 孔雁译. 北京：清华大学出版社，2006

［美］西蒙·库兹涅茨. 各国的经济增长. 北京：商务印书馆，1985

［美］亚尔·蒙德拉克著. 农业与经济增长：理论与度量. 国风，方军译. 北京：经济科学出版社，2004

［日］速水佑次郎，［美］弗农·拉坦著. 农业发展的国际分析：An international perspective. 郭熙保，张进铭等译. 北京：中国社会科学出版社，2000

［日］田岛俊雄. 中国和东亚的农业结构问题. 见：日本的农业、农民和农村论文集. 上海：上海财经大学出版社，1997

［日］小仓武一. 日本的食物问题和农业结构. 北京：农业出版社，1981

Alistar I, Robertson. The Gaps between Ecosystem Eeology and Industrial Agrieultural Ecosystems. American Journal of Alternation Agriculture, 2000, (3)

Balassa Bela. Comparative advantage, trade policy and economic development. New York: The New York University Press, 1989

Balassa Bela. The Changing Pattern of Comparative Advantage in Manufactured Goods. The Review of Economics and Statistics, 1979, (61)

Carl K, Eieher, John M, Staatz. Agricultural development in the Third World. Baltimoer: The Johns Hopkins University Perss, 1990

Chang C C. Stefanou S E. Supply Growth and Dairy Industry Deregulation. Northeastern Journal of Agricultural and Resource Economics (Agricultural and resource Economics Review), 1987, (16)

Chang C C. Water Management and the Outlook for Water Adequacy in Taiwan's Agricultural Sector. Industry of Free China, 2001, 91(11)

Chang C C. The Nonparametric Risk-Adjusted Efficiency Measurement: An Application of Taiwan's Credit Department of Farmers' Associations. American Journal of Agricultural Economics, 1999, (81)

Colin Grant Clark. Conditions of Economic Progress. London: The Macmallian Press, 1957

Deardorff A V. Weak Links in the chain of comparative Advantage. Journal of International Economics, 1979, (9)

FAO. Den Burg Manifesto and Agenda on Sustainable Agriculture and Rural Development. Rome: Congress of Agriculture and Environment Press, 1991

Hayami Y, Ruttan V. Agricultural Development. Baltimoer: The Johns Hopkins University Press, 1971

Hayami Y, Kikuehui M, Mareiano E B. Structure of rural-based industrialization: metal craft manufacturing on the Outskirts of Great Manila, PhiliPPine. The Development Economic,1998,(2)

Huffuman W E, Evenson R E. Structural, Productivity Change in US Agricultural: 1950—1982. Agricultural Economics,2001,(24)

Jones R W. Effective protection and substitution. Journal of International Economics,1971,(1)

Kali P, Kalirajan, Yanrui Wu. Productivity and growth in Chinese agriculture. New York: St. Martin's Press,1999

Keith Griffth. Alternative Strategies for Economic Development. London: The Macmallian Press Lth. ,1989

Kiminori Matsuyama. Agricultural Productivity Comparative Advantage and Economic Growth. Working Paper No. 3606, National Bureau of Economic Research

Lal R, Stewart B A. Soil degradation: A global threat. Soil Seience,1990,(2)

Liu S, Carter M R,Yao Y. Dimensions and Diversity of Property Rights in Rural China: Dilemmas in the Road to Further Reform. Working Paper, Department of Agricultural and Applied Economic, University of Wisconsin Madison,1996

Peterson. An econometrics analysis of rice consumption in the People's Republic of China. Agricultural Economics,1991,(6)

Rayner A J, Ingersent K A, Hine R C. Agriculture in the Uruguay Round: An Assessment. The Economic Journal,1993,(103)

Rostow W W. The Past Quarter-Century as Economic History and the Tasks of International Economic Organization. The Journal of Economic History, 1970,(30)

Shumway C R,Alexander W P. Agricultural product supplies and input demands: regional comparisons. American Journal of Agricultural Economics, 1988,(2)

Smolik J L, Dobbs T L. Crop yields and economic returns accompanying the transition to alternative farming systems. Journal of Production Agriculture, 1991,(4)

Syrquin M,Cheney H B. Three Decades of Industrialization. The World Bank Economy Review, 1989,(3)

Thomas L. Dobbs and John D. Cole. Potential EffeCts on Rural Economics of Conversion to Sustainable Fanning Systems. American Journal of Alteration Agriculture,1992,(2)

Tyers D, Anderson K. Disarray in World Food Markets: A Quantitative Assessment. London: Cambridge University Press,1992

Wallance,I. T.. Agricultural Future,America's Food System. NewYork,1987

后 记

本书是在我的博士论文基础上修改而成的。回想在珞珈前后 10 年的寒窗苦读,有许多美好的片断值得永远珍藏,有许多令人尊敬的老师和同学值得永远向他们学习。

要特别感谢我的导师张秀生教授,是张老师引领着我走进经济学的研究殿堂,使我在专业知识、写作能力和科研水平等方面都得到了极大地提高,而且张老师身体力行,言传身教,教给了我许多做人处事的道理。导师谦虚严谨的治学态度、宽厚细致的处事风格将对我的一生产生潜移默化的巨大影响,使我受益终身。在生活上张老师和师母姚秀群老师给予了我无微不至的关怀,及时雨般地为我排忧解难。"师恩深似海、重如山",两位老师对我的淳淳教诲、深情关照是无法用言语来表达的,在此,我只能衷心祝愿他们身体健康,合家幸福!

在研究生的 6 年间,我有幸得到了曾国安教授、王冰教授以及其他老师的悉心教导,得到了经济与管理学院赵伟讲师和刘成奎副编审、湖北农业发展银行刘振光博士等的无私帮助,在此,我向他们表示诚挚的谢意。

在研究生学习期间,我有幸结识了很多真挚的学友,在此就不一一列举,一并向他们表示感谢,感谢他们给我在学习和生活上的诸多帮助,使我紧张的学习生活增添了许多快乐。

我要感谢我的家人,特别是妻子袁莉莉和女儿王禹唐,是他们一直以来无私的奉献才使我获得继续深造的机会并顺利的完成学业,是他们一直以来的支持和鼓励才使我获得了学习和科研的动力。

感谢中国地质大学出版社的大力支持,感谢责任编辑周华付出的辛勤劳动!

王军民
2008 年 8 月于珞珈山